LA LANGUE DES MÉDIAS

Ingrid Riocreux

LA LANGUE DES MÉDIAS

Destruction du langage et fabrication du consentement

L'ARTILLEUR

collection
« Interventions »

ISBN 978-2-81000-696-0

Éditions de l'Artilleur/Toucan – éditeur indépendant
16 rue Vezelay – 75008 Paris

www.lartilleur.fr

À nos enfants

Mes remerciements vont à tous ceux, étudiants, collègues, amis, dont les questions, objections et conversations, ont nourri ma réflexion. Et à mon mari, sans qui je n'aurais pas écrit une ligne.

Cet ouvrage a trouvé naissance dans les séances de travaux dirigés que j'ai assurées durant quelques années, en Sorbonne, auprès d'étudiants se destinant aux métiers des médias. Le cours magistral étant consacré à l'histoire de la rhétorique, mon TD devait se concentrer sur la maîtrise des concepts techniques. Le jour où, dans mes exemples, « l'assassin du jeune Hakim » a remplacé « la fille de Minos et de Pasiphaé », j'ai commencé à écrire ce livre.

Sommaire

Introduction : une vitre sale

Le gag est bien connu : un personnage marche d'un pas décidé vers la sortie et soudain se heurte de plein fouet à la porte vitrée qu'il n'avait pas vue. C'est l'inconvénient des vitres trop propres : elles sont hypocrites, elles se font oublier. On regarde à travers la vitre, mais on ne regarde pas la vitre.

Ayez sur le nez ces lunettes de soleil à verres jaunes. Pour peu qu'elles soient propres et confortables, vous oublierez que vous les portez. Et vous prendrez la plage de Dunkerque pour celle de Miami. La propreté de la vitre peut donc aussi vous faire oublier, le cas échéant, qu'elle est un filtre déformant.

Mais que cette vitre soit sale, et alors elle vous saute aux yeux. Elle n'est plus la matière à travers quoi vous voyez, le plus neutre des instruments d'optique ; elle est au premier plan de ce que vous voyez. Si bien que vous finissez par regarder la vitre. Et vous constatez ce que vous n'auriez pas vu si elle avait été parfaitement propre. Oh, presque rien. Ici, une bulle dans l'épaisseur du verre, là, une écaille, une filasse, une griffe, une légère anisotropie du verre, quelques taches d'interférence... Des défauts à peine visibles à l'œil nu, mais qui déforment votre perception de ce qui se trouve de l'autre côté de la vitre.

L'information est cette vitre. Elle est le discours à travers lequel nous avons accès aux événements. On commet fréquemment l'erreur de croire que l'événement *constitue* l'information ; que l'information, c'est l'événement. Or, l'information ne préexiste pas à sa mise en mots ; le métier du journaliste, c'est précisément de « produire de l'information »[1].

Cette confusion est d'ailleurs entretenue par les médias eux-mêmes. Rappelons ce qu'était, jusqu'en novembre 2013, la signature marketing de la radio d'information publique France Info : « L'info à vif ». Ce slogan évoque avant tout l'idée de réactivité et d'instantanéité (on saisit les événements *sur le vif*) ; mais à la prendre au pied de la lettre, l'expression suggère aussi que cette radio se fixe pour but de fournir l'information « à vif », c'est-à-dire d'en donner la chair après en avoir ôté la peau. Ainsi, France Info promet de ne pas enrober l'information, de la donner de la manière la plus brute et la plus neutre possible, comme si l'auditeur se voyait offrir un accès direct à l'événement. Le slogan suscite l'illusion de l'*immédiateté* dans le sens premier du terme : absence d'intermédiaire. Voilà donc un média paradoxal dont la crédibilité repose sur le rejet de la médiation, sur la promesse d'une absence de média, c'est-à-dire de son propre effacement. De même, une expression comme « tel événement revient à la une de l'actualité » est trompeuse car elle laisse croire que l'importance de l'événement n'est pas une donnée construite, mais qu'elle serait intrinsèque aux faits eux-mêmes. En réalité, un événement ne *revient* pas à la une de l'actualité, pas plus qu'il ne *fait* la une : *on* choisit de le mettre à la une, d'en faire le titre principal. Son importance est parfois peu contestable ; mais parfois aussi, elle l'est totalement. C'est là un paradoxe amplement exploité par les médias, comme gage de leur qualité, que leur capacité à s'effacer au profit de ce qu'ils transmettent.

Un bon *média* serait donc, si l'on en croit la devise de France

Info, un média que l'on ne voit pas, qui arrive à faire oublier son existence ; on souscrirait volontiers à cette conception pleine d'humilité si elle n'éveillait un soupçon : celui que le média considéré soit comme la vitre trompeuse ou les lunettes jaunes.

Si les métaphores de l'« enrobé » et de l'« habillage » appartiennent au vocabulaire technique du journalisme radiophonique pour désigner des réalités spécifiques et non point l'information en général, celle-ci correspond toutefois exactement à l'action d'enrobage dont nous parlions plus haut. Elle consiste à mettre de la peau sur la chair flasque et insaisissable du réel. Il s'agit d'*informer* (étymologiquement : « doter d'une forme ») une réalité *informe* (étymologiquement : « sans forme »). L'événement est, en effet, une donnée extralinguistique, c'est-à-dire extérieure aux mots. L'information est la mise en mots de l'événement qu'impose la nécessité d'en parler. Elle n'existe pas en dehors de son contexte de transmission : en tant que discours, elle est produite par celui qui veut la transmettre. L'information, ce n'est pas « ce qui s'est passé » mais la communication de ce qui s'est passé. On touche là un point essentiel : contrairement à un appareil électronique ou bien à un influx nerveux, l'individu *n'émet* pas les informations. Il les *énonce*. Il a le choix de dire ou de ne pas dire. Et il a le choix, infini, des manières de dire (l'absence d'un encodage unique est, au demeurant, ce qui distingue le langage humain de celui des robots, même les plus perfectionnés, ou des animaux). L'information porte nécessairement la marque de son énonciateur parce qu'elle résulte d'une multitude de choix, plus ou moins conscients, qui président à sa formulation, lesquels dépendent en grande partie de l'image que l'informateur se fait de son auditoire et de la manière dont il espère que son information sera reçue. Pour parodier – en l'inversant – le titre d'un essai de Dominique Wolton, « informer, c'est avant tout communiquer »[2].

Or, on sait que la notion de *communication*, au-delà de la situation de partage et d'échange qu'elle désigne originellement, est aussi employée aujourd'hui pour désigner ce qu'on appelait naguère, de manière nullement péjorative, la *propagande*, qui n'est autre que la publicité appliquée au domaine de la politique : de la famille lexicale du verbe *propager*, la propagande désigne littéralement ce qu'il faut faire connaître à un maximum de gens. Si *propagande* a dû être remplacé par *communication*, c'est que le mot était devenu dépréciatif, synonyme de *manipulation* ; c'est aussi le sort qui est en train d'échoir à *communication*…

Comme nous allons le voir, le journaliste possède sa manière bien à lui de dire, de ne pas dire, de mal dire, de faire dire, de parler, de faire ou de laisser parler. Bien d'autres que moi ont déjà déploré que les journalistes n'aient ni le goût du français ni la volonté de bien l'utiliser. Au lieu de donner à entendre une belle langue, ou du moins une langue correcte, qui pourrait servir de modèle à ceux, nombreux, qui n'en maîtrisent pas bien le fonctionnement, ils entretiennent cette dégénérescence générale, voire y contribuent, en répandant, par l'autorité de leur parole, des fautes de français qui vont parfois jusqu'à la perte du sens. Mais l'examen des problèmes de grammaire, de syntaxe, de vocabulaire et même de diction doit conduire à soulever un autre aspect du parler journalistique, qui en découle directement. De même que le Journaliste reproduit sans fin les formules de ses confrères, reprend sans réflexion leurs mots, adopte par mimétisme grégaire leur parlure, de même il ne cesse de reproduire des tournures de phrases et de répéter des termes qui impliquent un jugement éthique sur les événements. Prenant pour des données objectives et évidentes des opinions qui sont en fait identifiables comme des *points de vue* propres à des *courants de pensée*, il contribue à répandre une *doxa* faite de préjugés, de stéréotypes et de présupposés qui sont au fondement des croyances de notre société. Car si le langage du journaliste fonctionne comme la vitre déformante à travers laquelle on nous montre le présent, il est aussi une fenêtre trompeuse ouverte sur le passé et sur l'avenir. Analyser le discours du Journaliste, c'est donc, d'une certaine manière, mettre au jour l'inconscient de notre société dans tout ce qu'il comporte d'irrationnel.

Non seulement sa langue reflète le délitement actuel de la parole, c'est-à-dire de ce qui rend possibles les relations humaines, mais elle cristallise aussi le paradigme de pensée de notre société : les mots du Journaliste sont porteurs de tous les préjugés de notre temps, de toutes ces vérités tenues pour évidentes quoique jamais démontrées, d'une répartition arbitraire entre les bons et les méchants, d'une hiérarchisation morale des régimes politiques, d'une vision préconçue du sens de l'histoire, etc. Observer le parler journalistique, c'est donc prendre, à un instant « t », une photographie de cette chose si bouffie d'orgueil et pourtant si labile et si éphémère qu'est l'esprit d'un monde.

Qui est-il donc, *le Journaliste*, l'être idéel dont les mots font l'objet de cet ouvrage ? Ce n'est pas une personne, c'est un caractère, au sens que Théophraste et La Bruyère ont donné à ce terme : un type humain identifiable par un certain nombre de traits permanents qui constituent des invariants repérables ; un archétype. Le Journaliste n'est pas la plume engagée de la presse d'opinion, le petit génie de la formule acerbe qui gratte pour *Minute* ou pour *le Canard Enchaîné*. Le Journaliste est la figure que l'on se représente quand on écoute France Info tous les jours. Ce personnage peut bien changer de voix, il a toujours le même ton, le même accent, il commet toujours les mêmes fautes de français, il emploie toujours les mêmes mots, il construit son discours sur les mêmes sous-entendus : il n'a pas de visage, pas de vêtement, pas ou peu de personnalité. Il est théoriquement le journaliste parfait, qui s'efface au maximum derrière le message qu'il doit délivrer. À l'instar de son discours, il est lui aussi une vitre. À la télévision, la primauté de la parole est estompée par l'impact des images, ce qui met en jeu des problématiques plus variées que le choix des mots. On ne fait pas qu'entendre le Journaliste, on le voit. Mais à vrai dire, cette mise en scène est inutile parce qu'il y apparaît absolument stoïque, en général assis. Concrètement, il n'exerce toujours sa fonction que par la voix. Mais il va de soi que son allure physique influe alors sur la réception de son discours : il est beau/pas beau, sa cravate est bien/mal assortie à sa chemise, elle a quelques kilos à perdre, elle n'aurait pas dû se saucissonner dans cette robe, elle nous impose la vue de ses bras vieillissants, etc. Plus subtilement, si le ton du journaliste radio trahit souvent son positionnement personnel par rapport au thème qu'il traite, pour le journaliste de télévision, d'autres paramètres entrent en ligne de compte, notamment tous ceux qui relèvent de la synergologie (le langage inconscient du corps). Le journaliste de télévision transparaît donc comme une personne à travers le type humain qu'il incarne. En revanche, le journaliste de radio se confond totalement avec sa fonction. Il est par excellence un être de langage et c'est en tant que tel, en tant que *type*, qu'il nous intéresse, lui et son collègue – ils disent *confrère* – de l'écran. Il n'est ni homme ni femme, il n'est ni un individu ni une profession, il est *le Journaliste*.

Il est le visage unique d'une réalité faussement plurielle : les médias. Comme le *spaghetti*, le *média* est un pluriel qu'on ignore. Abréviation de l'anglais *mass-media*, il est en fait, à l'origine, le pluriel du latin *medium*, lequel s'est, quant à lui, spécialisé dans d'autres emplois en français : *un médium* est un voyant et *médium*, adjectif, a le sens de *moyen* (le niveau médium, la taille médium). Les médias, c'est en quelque sorte, le pluriel d'un pluriel. Et pourtant, quelle homogénéité, quelle unicité de discours ! Les mêmes informations avec les mêmes mots : c'est le syndrome AFP, en quelque sorte. Sans parler des articles qui ne sont que le copié-collé d'une dépêche de cette agence internationale d'information, on ne compte plus ceux qui exploitent les mêmes ressorts, indépendamment du support et même de l'orientation supposée du média. On traque les « dérapages », on dénonce l'« extrême droite », on enquête sur l'« homophobie », l'« europhobie », le « climatoscpeticisme » etc. *Valeurs actuelles*, qui dénonce volontiers la « pensée unique », emploie néanmoins trop souvent sans précautions les notions-supports de cette pensée, comme celles d'« islamo-fascisme », de « sans-papiers », ou de « migrants », entre autres. Ou bien, quand il les remet en cause, l'hebdomadaire ne va pas au bout de sa logique et ne leur substitue, en fin de compte, aucun terme qui changerait la coloration idéologique de la désignation. « Islamo-fascisme », popularisée par Manuel Valls s'explique par la classification éthique selon laquelle le mal absolu ne peut être que *d'extrême droite/nazi/fasciste*. En d'autres termes, une mouvance politique dangereuse *ne peut pas ne pas être fasciste*. Si l'on voulait pointer l'islamisme, il fallait donc en faire un « islamo-fascisme » – on dit parfois « nazislamisme ». « Sans-papiers » est un terme forgé par les militants de la gauche radicale altermondialiste pour en finir avec la force péjorative du mot « clandestins ». Enfin, le terme de « migrants » a ceci de commode qu'il réduit des foules de personnes à leur seul déplacement. L'image ainsi suscitée est celle d'une masse à la progression inexorable et sans fin ; ils ne viennent de nulle part, ils ne vont nulle part, ils passent. Sans attache et sans objectif, sans culture et sans idéal, le « migrant » n'est pas un humain, c'est un zombie. Face aux « migrants », on se résigne : on ne peut pas les empêcher de venir, mais ils repartiront. Le mot « migrants » est particulièrement intéressant parce que, contrairement à d'autres termes, il ne convient à personne : les uns l'accusent d'enrober mensongèrement la réalité et contestent son emploi au profit de celui d'« envahisseurs »[3], quand les autres lui trouvent des « connotations négatives » et lui préféreraient celui de « réfugiés »[4]. En effet, en tant que zombie, il va sans dire que le migrant n'inspire pas de pitié. Devant la réticence des Français à accueillir les « migrants », ceux-ci furent donc rapidement rebaptisés « réfugiés ». Cela ne changeait rien au phénomène mais cela transformait sa perception. Dans les faits, une invasion peut-être militaire, mais elle peut aussi être migratoire ; et les envahisseurs sont souvent des réfugiés migrants. On désigne sous le nom d'« invasions barbares » les déferlements massifs de populations venues de l'Est qui sonnèrent le glas de l'Empire romain ; mais on les appelle également « la migration des peuples ». Aucune des deux expressions n'est mensongère : les Ostrogoths que le cinéma nous montre en envahisseurs sanguinaires et affreux faisant reculer l'armée romaine et ravageant le territoire de l'Empire avant de prendre le contrôle de l'Italie, n'étaient-ils pas avant tout des réfugiés qui fuyaient la progression menaçante des Huns ? Si le Journaliste avait été là, il aurait pu photographier un petit Ostrogoth, mort de froid dans une forêt d'Europe centrale durant cette migration-invasion. Les Romains eussent alors ouvert leurs bras et leurs portes aux nouveaux arrivants.

Migrants, islamo-fascisme, climato scepticisme, europhobie, etc. : personne ne s'interroge sur le bien-fondé de toutes ces notions ni même sur ce qu'elles désignent précisément. Ce qui compte, ce n'est pas la définition du mot, c'est le consensus qu'il entretient. On ne sait pas ce que ces termes signifient mais, comme on dit, « on se comprend, pas vrai ? ». Par politesse, on peut répondre « bien sûr ». Mais on peut aussi refuser cette connivence imposée.

Aristote disait que la sagesse philosophique trouvait naissance dans la capacité à l'étonnement. Face au discours de l'information, il est nécessaire de développer cette aptitude. S'étonner que tel événement constitue une information alors que tel autre (tellement plus dramatique, symbolique, lourd de conséquences, etc.) n'est pas même évoqué et n'apparaît que sur les sites d'information étrangers, par exemple. S'étonner qu'un événement soit présenté sous tel angle exclusivement. S'étonner de l'emploi de tel mot, de telle expression ou bien au contraire, s'étonner qu'il soit possible de parler de tel événement sans jamais les employer, etc. Avec ce principe : ne jamais accepter comme une évidence ou une nécessité ce qui relève d'un choix – donc d'une sélection, consciente ou non.

Pas plus qu'il n'est dans notre projet d'évaluer la pratique des journalistes à titre individuel, il ne saurait être question de dénoncer comme spécifiquement défectueuse l'information des médias mentionnés dans ces pages. Le but est de proposer une grille d'analyse afin de former les réflexes d'écoute. Nous avons laissé de côté les idiosyncrasies fautives (erreur que fait systématiquement tel journaliste quand il emploie tel mot) pour nous concentrer sur des phénomènes généraux et récurrents. On constatera rapidement que les phénomènes répertoriés sont d'une extrême fréquence et que les exemples sont donc uniquement choisis pour leur valeur représentative car ils définissent, par excellence, la pratique du Journaliste.

De la destruction de la langue à la fabrication du consentement ?

« Initiative... regrettable ? [...] Vous ne voulez pas condamner ce mur ?! »

Romain Desarbres

LE SYMPTÔME CSA

Le CSA, nouveau du Bellay

L'une des missions du CSA (conseil supérieur de l'audiovisuel) consiste, en application de l'article 3-1 de la loi du 30 septembre 1986[5] et conformément aux dispositions de celle du 4 août 1994[6], à veiller « à la défense et à l'illustration de la langue française » dans la communication audiovisuelle. On aura reconnu dans cette tâche le titre du célèbre ouvrage de du Bellay ; l'ambition n'est pas mince. La surveillance exercée par cette institution – de même que tous les débats ayant pour objet la qualité de la langue française parlée dans les médias – se concentre essentiellement sur le problème de la prolifération des anglicismes. Le CSA a ainsi publié, le 18 janvier 2005, une recommandation rappelant les termes des deux textes législatifs précités afin de réaffirmer « le principe selon lequel l'usage du français est obligatoire dans les programmes télévisés et radiophoniques »[7]. Jérôme Bouvier, alors médiateur de Radio France, signalant que 10 à 15 % des courriers d'auditeurs concernent l'usage de la langue française par les journalistes[8], avait même lancé, il y a peu, une consultation en ligne afin de proposer une expérience collaborative de traduction des mots anglais désignant des réalités du monde actuel auxquels manquait un équivalent français.

Un cache-sexe : la traque des anglicismes

N'hésitons pas à le dire : si les journalistes s'en tenaient à la quantité actuelle d'anglicismes mais s'exprimaient, par ailleurs, dans un français parfait, le problème de la qualité linguistique de l'information ne se poserait, pour ainsi dire, pas. Toutefois, quand un hebdomadaire comme *Valeurs Actuelles* lance une campagne de publicité avec pour slogan « Le *news* qui défend les vraies valeurs ! », on peut s'interroger : parmi ces « vraies valeurs », connaissant l'orientation du journal (droite patriote) n'y a-t-il pas l'attachement à la langue française ? Mais la vérité, c'est que la lutte contre les anglicismes n'est qu'un cache-sexe. Ainsi se demande-t-on fréquemment (et sans qu'un changement quelconque des pratiques langagières en résulte) comment en finir avec le verbe *liker* associé au pouce levé de Facebook. Peut-on vraiment se contenter d'« aimer » ? Ne faut-il pas aller chercher du côté de « recommander », suggère-t-on ? Quant à l'expression « faire du Untel *bashing* », il semblerait qu'en dépit de sa lourdeur et de sa laideur, elle ne soit sur le point de céder la place à aucune des options plus courtes et plus élégantes proposées par notre langue : *critiquer, dénigrer, discréditer, décrier, éreinter, attaquer, charger, vilipender, désapprouver, etc.* Autant de nuances qui disparaissent dans l'expression anglaise, sans qu'il faille en déduire que cela traduit un défaut de la langue de Shakespeare, puisque *to bash* a de nombreux synonymes et parasynonymes (c'est-à-dire des mots de sens proche) : *to run down, to berate, to criticize, to decry, to attack, to strike, etc.* Autrement dit, derrière le problème ponctuel de la substitution d'un mot anglais à un mot français se manifeste une tendance bien plus grave et bien plus générale : la réduction du divers à l'unique. À une réalité multiple ne correspond plus qu'un seul mot, totalement inapte à rendre compte de la variété des phénomènes observés. Voilà une vraie matière à questionnement, à remise en cause, voilà un problème qui mériterait d'être traité avec sérieux et gravité parce que, derrière la question apparemment accessoire de la richesse lexicale, on touche ici à l'éthique du Journalisme.

On le voit, pendant que l'on s'inquiète – ou que l'on feint de s'inquiéter – de la prolifération des mots anglais dans les médias, on ne se préoccupe pas de la détérioration du français qu'on y parle, dont les enjeux dépassent, et de loin, les obsessions obscures de quelques vieux grammairiens pointilleux et intraitables.

Un colloque sans lendemain

Le colloque intitulé « Quel avenir pour la langue française dans les médias audiovisuels ? », organisé par le CSA, et qui s'est tenu au Collège de France le 9 décembre 2013, n'a pas déclenché la prise de conscience attendue. Dans son discours d'introduction[9], Olivier Schrameck consacre une large partie de son propos à la question de l'hybridation linguistique et ne mentionne qu'en passant la nécessité d'empêcher l'appauvrissement du lexique et de la syntaxe. Pourtant, ce n'est pas que l'on néglige absolument le problème de la qualité de la langue ; mais ce souci sans cesse réaffirmé de préserver-notre-belle-langue-avec-sa-richesse-et-son-élégance est devenu un *topos* vide de sens (au même titre que la notion de « génie » de la langue, un joli mot qui ne coûte rien) ; c'est un sacrifice que l'on fait à quelques grincheux, un passage obligé. Sur France Info, Patrice Gélinet, conseiller au CSA en charge de la langue française se veut d'ailleurs rassurant : dans l'ensemble, la langue française est « plutôt respectée »[10]. En revanche, la tendance qui provoque vraiment les protestations, ajoute-t-il, c'est l'abus des anglicismes[11]. Le médiateur de *Radio France* acquiesce : c'est un problème majeur assidument pointé par les auditeurs. Et une fois de plus, la question des anglicismes vient éclipser celle de la qualité du français. Pourtant, le même médiateur a donné, plus tôt dans le cours de l'entretien, des exemples de courriers qu'il reçoit. Y sont dénoncés pêle-mêle les liaisons fautives (« le billet de cent-z-euros ») et le relâchement généralisé de la syntaxe (« comment y font… ? »). En citant ces deux reproches, le médiateur opère une concession *a minima*. En effet, il est impensable que ne lui aient pas été signalés des défauts plus graves, traduisant une méconnaissance des règles de la syntaxe, de la construction de certains verbes, ou du sens des mots. Selon nous, il s'agit de problèmes plus sérieux que l'anglicisation globale, dans la mesure même où ils sont, précisément, cause de celle-ci : c'est parce que le Journaliste maîtrise mal sa langue qu'il ne l'aime pas, et c'est parce qu'il ne l'aime pas qu'il ne voit pas d'inconvénient à parsemer son discours d'anglicismes.

L'exemple québécois

Au Québec, où la question linguistique est un sujet permanent (problème de l'étendue d'application de la Charte de la langue française de 1977 avec ses modifications successives, détermination malaisée du « français standard », *etc.*), les préoccupations des défenseurs de la langue française ne se limitent pas à la crainte de l'anglicisation excessive. Là-bas, les promoteurs de la francophonie ont conscience de l'imbrication des problèmes et surtout de la nécessité, pour défendre le français, d'en assurer la solidité pour en garantir la résistance naturelle. Dès décembre 2003, un rapport a été remis au ministre de la Culture et des communications du Québec par la Table de concertation sur la qualité de la langue dans les médias. Ses rédacteurs alertaient sur la faiblesse de la « compétence linguistique » chez les journalistes et disaient attendre du Ministère une « intention ferme d'accentuer la formation en français écrit et en communication orale des futurs journalistes et communicateurs »[12]. Ils suggéraient aussi de rendre possible le perfectionnement des professionnels des médias déjà en exercice, tout en tenant compte du fait que « la question de la qualité de la langue est une question sensible et on comprendra que peu de professionnels tiennent à avouer des faiblesses en français au vu et au su de leurs pairs »[13]. On imagine que les médias français gagneraient à engager de semblables réflexions ; ils aboutiraient sans nul doute à des diagnostics et préconisations similaires. Pour l'heure, nous avons signalé cet exemple venu de l'étranger uniquement pour montrer combien c'est prendre le problème à l'envers que de raisonner à partir de la question des anglicismes, en reléguant au second plan celle de la qualité du discours dans lequel ils sont insérés. Une langue bien maîtrisée par ses locuteurs, connue et estimée d'eux, avec ses subtilités de lexique, ses possibilités syntaxiques et ses difficultés propres, résiste d'elle-même à l'inflation de mots étrangers, en adopte parfois, en adapte souvent, mais endigue naturellement leur prolifération.

La mission sérieuse du CSA

Pourquoi le comportement du CSA est-il symptomatique ? Parce que cet organisme incarne, pour ainsi dire, la conscience morale du Journaliste. Il le met en garde, lui rappelle ce qui est autorisé et interdit, lui indique ce qui est grave… et ce qui l'est moins.

Tout ce qui vient d'être rappelé ne semble pas plaider en faveur d'une prise en compte massive et décisive de la question linguistique dans les médias et l'on a vu que le colloque organisé par le CSA ne marquait pas non plus un tournant en ce domaine ; d'ailleurs, presque tous les exemples qu'on lira dans cet ouvrage (et notamment au chapitre II) sont postérieurs à ce colloque. Pourtant, il serait faux de dire qu'aucune initiative n'a été prise pour enrayer la dégradation de la langue dans les médias : le 16 mars 2015, sous le patronage de Brigitte Fossey, Érik Orsenna, Augustin Trapenard, Abd Al Malik et Joyce Jonathan, le CSA a organisé la première « journée de la langue française dans les médias »[14]. On s'est félicité que beaucoup de médias « jouent le jeu »[15] (l'expression dit assez avec quelle légèreté on regarde cette question). En soignant leur français le temps d'une journée ? Même pas. « En consacrant des magazines et reportages à la langue française »[16]. Ce fut aussi l'occasion pour Patrice Gélinet de saluer en Cyril Hanouna le nouveau Villon[17]. Décidément, on ne peut pas dire que le problème ait été pris à bras-le-corps.

En revanche, il est un autre aspect du travail du Journaliste qui n'échappe pas à la vigilance du CSA. C'est ce que j'appellerais sa tâche inquisitoriale. Voici un communiqué du CSA rédigé lors de son assemblée plénière du 24 juin 2015 et publié le 29 juillet :

« Le Conseil a été alerté au sujet de propos tenus par M. Robert Ménard sur l'antenne de France 2, le 4 mai 2015, dans l'émission *Mots croisés*. Au cours du débat, le maire de Béziers a fait état de statistiques, collectées au sein des écoles maternelles et primaires de sa ville, reposant sur une distinction – effectuée en fonction des prénoms des enfants – entre les élèves qui seraient ou non de confession musulmane.

Le Conseil a considéré qu'aucun manquement de la chaîne n'était caractérisé, les propos de M. Ménard ayant, en l'espèce, fait l'objet de réponses et de protestations de la part de ses contradicteurs.

Il a toutefois regretté que la journaliste qui menait le débat n'ait pas davantage insisté sur le caractère discriminant des propos de M. Ménard à l'égard des personnes de confession musulmane, ainsi que sur l'illégalité des pratiques revendiquées par celui-ci.

Le Conseil a rappelé aux responsables de France Télévisions l'exemplarité dont le groupe public devait faire preuve dans la lutte contre les discriminations. »[18]

Comme souvent, le non-lieu prononcé dans cette affaire, blanchissant Robert Ménard des accusations de fichage discriminatoire portées à son encontre, bénéficiera d'une médiatisation bien moindre que le scandale provoqué sur la base des soupçons eux-mêmes. De plus, cette réaction du CSA est postérieure à la décision de justice. Mais il est vrai qu'elle ne vise pas Robert Ménard. Elle concerne la « journaliste qui menait le débat », en l'occurrence Anne-Sophie Lapix. Ce rôle, aurait-on pu penser, la dispensait de prendre parti dans la discussion et le CSA reconnaît justement que « les propos de M. Ménard ont fait l'objet de réponses et de protestations de la part de ses contradicteurs ». C'est la neutralité de la journaliste qui a été jugée excessive. À travers ce verdict, c'est le comportement attendu par l'instance disciplinaire de la part des bons journalistes qui se laisse entrevoir.

Ce comportement qu'illustre, sur iTélé, en décembre 2010, la réaction du journaliste Julian Bugier à Robert Ménard, alors que le chroniqueur disait regretter que la peine de mort n'existât plus : « Je ne suis pas d'accord avec vous Robert : rien ne justifie qu'on enlève la vie, à mon sens. Merci Robert. » Ce jour-là, Julian Bugier, présentateur des informations, est sorti de l'anonymat (ou plus exactement, comme on dit, il s'est fait un prénom). Il est aujourd'hui l'étoile montante de France 2.

La bonne inquisition

Tout ce que je veux dire ici se trouve exemplifié en une seconde dans une interview menée par Yann Barthès, le 15 octobre 2015, sur Canal Plus[19]. L'animateur reçoit Philippe Verdier, chef du service météo de France 2 (pas encore licencié à l'époque) pour parler du livre dans lequel il dénonce les stratégies de communication élaborées autour de la question du réchauffement climatique. L'invité commence une phrase : « J'ai été accusé d'être climato-sceptique depuis le début, j'ai fait l'objet d'une campagne de diff... » Yann Barthès le coupe : « Vous ne l'êtes pas ? ». Il pourrait adopter la posture de l'observateur et demander « que répondez-vous à ceux qui vous accusent d'être climato-sceptique ? ». Par son regard, la brutalité de son interruption, le ton de sa question et la formulation de celle-ci, Yann Barthès incarne le Journaliste par excellence, version moderne de l'inquisiteur. « Je suis victime de diffamation : depuis le début, j'ai été accusée d'être une sorcière... » – « Vous ne l'êtes pas ? » Il faut regarder cette interview. Sans aucun doute, si Yann Barthès avait le pouvoir de prononcer une quelconque sentence à l'encontre de Philippe Verdier, il le ferait, quoi que celui-ci ait pu dire pour sa défense. Et il le ferait avec le sentiment d'accomplir son devoir, en retirant à un individu dangereux sa capacité de nuisance. Quand j'ai regardé cette émission, je venais de lire le *Nom de la Rose*. La similitude entre les deux hommes m'a sauté aux yeux : je regardais Yann Barthès et je voyais Bernardo Gui.

La notion d'inquisition médiatique est un leitmotiv dans la bouche de ceux que cette même inquisition classe – sans doute pour cette raison même – à l'« extrême droite » ou désigne comme des personnes « controversées ». De fait, *a priori*, cette expression n'est guère flatteuse. Quand on décrète que la presse est la nouvelle inquisition, on critique en elle sa propension à traquer la pensée déviante qui s'écarte du « politiquement correct », on dénonce ses méthodes totalitaires et les postures homogènes et dogmatiques des journalistes. C'est dans cette perspective accusatoire que Francis Puyalte, lui-même journaliste, a rédigé un livre dont le titre est justement *l'Inquisition médiatique*[20]. Mais à y bien réfléchir, les journalistes doivent-ils vraiment s'offusquer de cette comparaison et la recevoir comme une insulte ? On sait que nos ancêtres préféraient, et de loin, être jugés par les tribunaux de la Sainte Inquisition plutôt que par la justice royale. Devant les inquisiteurs, on peut se repentir, se rétracter, embrasser la Croix et promettre que désormais, on ne contestera plus le dogme. L'inquisiteur n'est que celui qui pose *les questions*. C'est au bras séculier qu'on remet l'accusé, le cas échéant, pour le soumettre à *la question* (ce recours à la torture est fort rare). Et c'est au bras séculier qu'on le livre en dernière instance, afin que soit prononcée la sentence et exécuté le châtiment. De la même manière, le Journaliste n'a pas le pouvoir de mettre en garde à vue ni d'envoyer en prison celui qui déroge à la *doxa* obligatoire. Comme l'inquisiteur, il est celui qui interroge le suspect ; et il pose les mêmes questions que lui : « vous rendez-vous compte de la gravité de vos propos ? », « regrettez-vous d'avoir dit cela ? » Ce sont des questions qui n'auraient rien à faire dans la bouche du Journaliste s'il était seulement en charge de communiquer des informations, puisque ce sont de fausses questions. Quand le Journaliste demande à son interlocuteur : « à combien estimez-vous aujourd'hui le nombre de personnes touchées par le virus ? », il pose une vraie question. Quand il demande à quelqu'un : « regrettez-vous d'avoir tenu de tels propos ? », il ne cherche pas à obtenir une information ; il veut vérifier l'adhésion au dogme, il pose une question qui a valeur de test moral, tout en donnant à l'accusé une occasion de se rétracter, de réfuter ses propres mots et de rentrer dans le rang. Le Journaliste trouve ridicule et outrancière cette comparaison avec l'inquisiteur. C'est qu'il se représente celui-ci comme un monstre sanguinaire et borné, l'incarnation d'un obscurantisme auquel s'opposerait, justement, le libre accès à l'information. Mais sauf exception, l'inquisiteur n'est pas méchant. C'est un homme de conviction au service d'une idéologie. Comme le Journaliste. Et comme lui, il a toujours bonne conscience.

Obligation de schtroumpfer

On peut penser ici à ce grand moment de télévision inquisitoriale que fut l'interview de Marine Le Pen par Bruce Toussaint dans la matinale d'iTélé le 12 janvier 2015. « Êtes-vous Charlie ? » demande le journaliste à la présidente du FN, reprenant le mot d'ordre de la grande manifestation de la veille. Agacée, la présidente du FN répond que dans l'hypothèse où cela revient à lui demander si elle défend la liberté d'expression, la réponse est évidemment oui ; mais que cette réponse est négative, en revanche, si on lui demande ainsi d'adhérer à la ligne éditoriale de *Charlie Hebdo*. Toutefois, ce discours ne plaît pas à Toussaint qui réitère sa question. Il veut entendre un bien clair et bien scandaleux « je ne suis pas Charlie ». Le fameux « je suis Charlie » est la formule la plus vide ou, au choix, la plus ambiguë qui soit ; elle a permis de faire défiler côte à côte des gens pour qui elle n'avait pas le même sens en donnant l'illusion de l'unité. Pour les uns, elle signifiait, « à bas l'islam (ou telle forme de l'islam) », pour d'autres « à bas la République impuissante et veule », pour d'autres encore, « à bas les religions ». C'était un slogan-schtroumpf : « Schtroumpfons tous ensemble ! » – « oui, schtroumpfons ! ». Sauf que le verbe schtroumpfer n'a pas le même sens pour tous les Schtroumpfs en présence. Donc personne ne sait ce que signifie « être Charlie » ; mais il est ignominieux de ne pas être Charlie. Quelles que soient ses motivations, celui qui n'est pas Charlie tombe sous le coup d'une condamnation *a priori*. Il ne veut pas *schtroumpfer* avec les autres. Si Marine Le Pen concède qu'elle n'est pas Charlie, inutile pour elle de soigner sa justification. Son propos sera réduit au titre « Marine Le Pen affirme : "Je ne suis pas Charlie" » qui défilera toute la journée dans le bandeau au bas de l'écran.

Nous sommes encore sur iTélé le 16 juillet 2015 à 22 h 20. Romain Desarbres interroge Guillaume Larrivé sur la politique migratoire de l'Union Européenne et lui demande ce qu'il pense du mur que la Hongrie veut faire construire à sa frontière. Réponse de l'invité : « C'est une initiative de la Hongrie ». Romain Desarbres : « Initiative… regrettable ? ». Le Journaliste est gentil : il va jusqu'à suggérer les bonnes réponses à ses propres questions. On rêve tous d'un pareil jury de concours. Face à cette attitude, les hommes politiques ont trois options :

jouer la provocation en affirmant que non, ils ne sont pas opposés à cette initiative ; courber l'échine et affirmer que, bien entendu, il s'agit là d'un *mur de la honte* et que tout le monde doit le condamner *avec la plus grande fermeté* selon la formule consacrée ; ne pas exprimer de point de vue. Guillaume Larrivé choisit la troisième possibilité : « Je ne veux pas commenter les décisions d'un pays étranger ». Sa réponse est claire et le Journaliste devrait donc passer à la question suivante. Mais, après la suggestion de l'adjectif « regrettable », Romain Desarbres entend bien accomplir au mieux sa mission inquisitoriale (il ne s'agirait pas d'encourir un blâme du CSA, qui veille) : « Vous ne voulez pas condamner ce mur ? » L'invité doit saisir la perche qui lui est tendue une dernière fois, ou confirmer qu'il a consciemment et obstinément refusé de la saisir. Par calcul ou par conviction, Guillaume Larrivé ne condamnera pas le mur. Encore un qui ne veut pas *schtroumpfer*. Dans un ouvrage paru en 2011 et intitulé le *Petit livre bleu*, Antoine Buéno montrait que la société des schtroumpfs constitue un « archétype d'utopie totalitaire ». Comme un journaliste lui faisait remarquer que les petits hommes bleus n'ont pas l'air opprimés ni malheureux, il répondait qu'« on peut vivre pas trop mal dans une société non-démocratique »[21]. Une société non-démocratique où l'on ne vit pas trop mal, c'est peut-être une bonne description de la nôtre.

Torquemada bienveillant

Comme on le constate à travers ces exemples, consciencieux et appliqué dans l'accomplissement de sa mission, le Journaliste n'est pas malfaisant. C'est un inquisiteur mais, contrairement à ce que l'on peut lire ou entendre, il n'est pas un Torquemada. Tomas de Torquemada, premier Grand Inquisiteur d'Espagne (et l'Inquisition espagnole a peu en commun avec sa version française) est resté dans l'histoire comme l'incarnation du fanatisme, de l'intransigeance et de la cruauté. Le Journaliste n'est pas cruel ; pour peu que l'accusé mette un genou en terre et demande pardon, celui-ci pourra continuer sa vie sans encombre : Brice Hortefeux a dit « ses regrets », il poursuit sa carrière politique parmi les personnages de premier plan. D'autres, comme Dieudonné et Christian Vanneste, ont refusé de réciter leur acte de contrition et sont condamnés à une forme de mort sociale, exclus du champ médiatique sauf lorsqu'il s'agit de rappeler la faute qui leur a valu cette mise au ban, afin de dissuader leurs éventuelles émules. Comme sous la Sainte Inquisition – et contrairement à la pratique des procès staliniens – devant le tribunal médiatique, la récusation et l'auto-accusation permettent d'obtenir l'acquittement. La condamnation résulte, à l'inverse, du refus de se renier ou de reconnaître sa culpabilité. Cette justice n'est dure qu'envers les récalcitrants. En outre, la notion même de « dérapage » suppose la présomption d'innocence car au sens propre, un dérapage est, le plus souvent, incontrôlé et donc involontaire. Des excuses suffiront à l'enterrer. Seul est anathématisé à vie celui qui refuse d'obtempérer. Et ce, précisément pour la raison qu'en défendant les articles de la foi, l'Inquisition protégeait en même temps l'ordre social qui reposait sur l'adhésion au dogme. C'est aussi le rôle du Journaliste : c'est un gardien de l'ordre. Ce que réalise la police dans la sphère de l'*action* publique, le Journaliste l'accomplit dans le domaine du *discours* public et, espère-t-il, de la pensée qui sous-tend ce discours. Encore une fois, ce n'est pas la pensée non-conforme en elle-même qu'il condamne ; il la condamne en tant qu'elle nuit à l'ordre social. La notion de police de la pensée convient assez à sa tâche et, après tout, ce pourrait être un compliment. Il s'acquitte parfaitement de cette mission tout à fait défendable.

L'ordre qui règne dans les régimes totalitaires a toujours eu quelque chose de séduisant, à l'image des grandes parades qui en célèbrent la gloire. L'absence totale de discordance peut être fort belle. On peut même considérer que toutes les sociétés ont besoin de censeurs qui dissimulent ou déforment la vérité afin de leur permettre de perdurer telles quelles, et qui sont chargés, également, d'empêcher l'expression de toute pensée déviante ou la révélation des vérités qui doivent demeurer cachées.

« Censeur » était un grade officiel de la carrière politique dans la Rome antique, l'Ancien Régime a eu l'Inquisition, les régimes totalitaires ont eu leur police de la pensée, nous avons le Journaliste. On nous répliquera que le contrôle de l'opinion par les médias existe depuis les débuts de la presse. Richelieu n'a-t-il pas contribué à la création de la *Gazette*, premier journal imprimé français, véritable outil de propagande du régime ? Mais précisément, il s'agissait d'une propagande d'État. Aujourd'hui, le formatage opéré par les médias n'est absolument pas réductible à une action de soutien à un régime, à une nation, ni à un parti. Au demeurant, il est primordial de comprendre que le Journaliste est en grande partie inconscient du rôle qui est le sien. Il est persuadé d'appliquer scrupuleusement l'article 9 de la Charte de déontologie journalistique : « Ne jamais confondre le métier de journaliste avec celui du publicitaire ou du propagandiste »[22]. Il ne considère assurément pas comme des *confrères* ses collègues travaillant pour des régimes autoritaires, qui diffusent fidèlement les mots d'ordre des gouvernements ; il se sent d'instinct plus proche de leurs vaillants adversaires qui œuvrent sur la toile à divulguer au péril de leur vie des vérités étouffées par le pouvoir. Pourtant, il sait bien aussi que s'il ne dit pas ce qu'il a à dire comme il doit le dire, il devra céder son micro à un *confrère* plus docile, par la grâce, peut-être, d'une intervention du CSA. Mais sa soumission n'est pas politique et c'est pourquoi elle ne saute pas aux yeux. Elle est idéologique. Comme telle, elle suit, certes, un corpus d'idées : sans-frontiérisme, antiracisme, européisme, un certain féminisme, une certaine doctrine climatologique, etc. Mais globalement, c'est plus qu'un enfilage d'idées prémâchées : c'est une tournure d'esprit.

Les gardiens du code

Surtout, en tant que discours, toute idéologie est un code. C'est d'ailleurs ce qui lui permet de triompher. Dès lors que les opposants à un système de pensée en adoptent les mots, ils sont happés par lui. Il devient leur grille de lecture du réel et, pensant dès lors à travers lui, ils ne peuvent plus le combattre. Ainsi, mais nous y reviendrons, accepter et intégrer à son discours le terme d'*homophobie*, fût-ce pour s'en défendre, a largement contribué à brouiller le message de la *Manif pour tous* auprès de ses propres sympathisants. Avant même le passage de la loi à l'Assemblée nationale, les opposants au « mariage pour tous » ont offert au gouvernement la victoire idéologique quand ils se sont mis à prendre la *parole* avec les *mots* de leurs adversaires, avec leur *langue*. Comme le rappelle Laurent Fidès, qui propose une approche philosophique de ce que recouvre la notion de pensée dominante, « Marcuse estime qu'on commet une erreur chaque fois que pour exprimer des revendications, on utilise un lexique fixé par l'usage, car ce lexique [...] empêche le besoin de révolte de s'exprimer dans les termes qui lui conviendraient. »[23] Il faut choisir son camp ; il faut choisir ses mots. Qu'il me soit permis de saisir l'occasion pour dire qu'écrire ce livre est difficile, précisément pour cette raison : commentant les mots des uns et les mots des autres, je suis censée me situer dans un au-delà des mots, un terrain de neutralité lexicale...

qui n'existe pas. Par exemple, quand je parle de l'IVG, j'emploie alternativement les mots « avortement » et « IVG », tout en étant consciente que le premier, plutôt considéré comme neutre, est toutefois très coloré *anti-IVG* pour sa crudité concrète, tandis que le second est prisé des *pro-IVG* (qui l'ont inventé) pour son caractère euphémistique. Les opposants à la notion d'« interruption volontaire de grossesse » (qui se trouvent être en majorité des opposants à l'IVG) arguent qu'elle est mensongère parce que l'acte médical ainsi désigné n'est pas une interruption mais bien un arrêt définitif. Cependant, la différence entre les deux modes de désignation tient surtout au fait qu'« avortement » concerne le contenu de l'utérus (ce qu'on avorte) alors qu'« IVG » renvoie à l'état de la femme qui est enceinte (la grossesse). De même, si je parle d'« homosexuels » et d'« hétérosexuels » dans ces pages, je suis consciente d'employer des mots *marqués*, utiles pour distinguer deux types de sexualités présentés comme équivalents. Mais ces mots sont voués à péremption. Ils sont indissociables, en effet, de notions comme « couple » ou « orientation sexuelle » qui vont vraisemblablement tomber en désuétude. Déjà chez quelqu'un d'aussi respectable que l'historien Paul Veyne, on trouve cette idée que, dans toute société, les gens sont en majorité bisexuels, c'est-à-dire susceptibles d'être attirés aussi bien par des hommes que par des femmes. Aujourd'hui, la médiatisation de stars se définissant comme *pansexuelles* telles Miley Cyrus et Héloïse Letissier, contribue à populariser une approche des relations qui rend caduque aussi bien la notion de sexe que celle de genre ou d'orientation sexuelle. Cela pour montrer que la prévalence de tel ou tel « modèle » (mot extra-usité et hautement problématique) est essentiellement morale. Tout dépend de ce que la pensée dominante va étiqueter comme « bien », étant entendu que la morale n'est jamais une élaboration *ex nihilo* ; elle est adossée à un système de pensée, à une vision du monde ou, si l'on veut, à une idéologie dont elle découle directement. Elle en est l'application sous la forme de règles de vie tangibles. Inévitablement, pour échapper à cette idéologie, celui qui la rejette va se trouver en situation de *parler mal*, de *penser mal*, voire d'*agir mal*. On ne peut espérer s'affranchir d'une idéologie sans se mettre en infraction vis-à-vis de la morale qu'elle prône, ne serait-ce qu'en refusant ses mots et incidemment, l'échelle de valeurs qu'ils traduisent.

Langue et parole sont deux domaines notionnels à la fois nettement distincts et étroitement imbriqués. Dans *Langage et idéologie*, Olivier Reboul insiste sur la subtilité de ce rapport : on pourrait penser « que la langue est neutre et que c'est la parole qui est idéologique. Toutefois, l'individu n'est pas libre d'utiliser sa langue pour dire ce qu'il veut et comme il veut ; il est conditionné à préférer tel terme, telle tournure, telle signification, et à en éliminer d'autres. [...] Ce conditionnement ne vient pas de la langue elle-même, qui n'impose ni n'interdit une expression [...] ; il vient de ce que j'ai nommé le sous-code idéologique. Une même langue peut comporter plusieurs sous-codes : catholique, marxiste, etc., et ces mêmes sous-codes peuvent se retrouver dans des langues différentes. »[24]

La langue permet *a priori* de désigner une même réalité en usant de sous-codes différents. Le catholique dit : « les pro-vie luttent contre les partisans de la culture de mort », quand la branche dominante du féminisme considère que « les anti-choix luttent contre les pro-choix ». D'aucuns appellent « clandestins » les gens que d'autres désignent comme des « sans-papiers ». On identifie le courant de pensée qui prévaut au sein des élites quand on regarde quel sous-code adopte le Journaliste, c'est-à-dire quelle *parole* va constituer la *langue* de l'information.

MANIPULATEURS INNOCENTS

Ni naïveté ni paranoïa

Sous-entendre que le Journaliste participe, si peu que ce soit, à une entreprise de propagande au service d'un système de pensée est souvent considéré comme un point de vue complotiste attribué aux positions politiques dites extrêmes. Il est vrai que les représentants du FN fustigent volontiers l'unanimisme des médias au service du « politiquement correct », tandis que Jean-Luc Mélenchon n'hésite pas à lancer, sur le plateau d'*On n'est pas couché,* un très accusateur « Vous, les médias, vous êtes le parti de l'ordre »[25].

En réalité, ce livre est uniquement un manuel de réception intelligente de l'information à l'usage des lecteurs, auditeurs ou téléspectateurs quotidiennement confrontés aux médias d'information (même si j'espère aussi être utile à ceux qui produisent cette information). Son ambition est de lutter contre deux attitudes aussi répandues l'une que l'autre : la naïveté et la paranoïa complotiste.

La naïveté d'abord. À ce titre, il s'agit de développer une *réception active* de l'information, c'est-à-dire une posture totalement différente de celle que prône France Info sous cette étiquette. Gabriel Gaultier, directeur de création de l'agence Gabriel qui a élaboré la campagne de publicité pour cette radio autour de la signature « Vivons bien informés », explique : « Vivre bien informé est une démarche active, la démarche active de celui qui peut dire : "Je l'ai appris sur France Info" »[26]. On se figure mal ce qu'il peut y avoir d'actif dans le fait d'écouter la radio en considérant par principe qu'on y *apprend* des choses ; *apprendre* une nouvelle signifie en effet que deux conditions sont remplies : 1. « j'entends la nouvelle » ; 2. « cette nouvelle est vraie ». Si les pages qui suivent ont précisément pour but d'inciter les auditeurs à développer une réception active de l'information, notamment de celle que fournit France Info, c'est pour aboutir à un énoncé du type « je l'ai *entendu* sur France Info ». La visée centrale de cet essai est d'inciter le destinataire de l'information à ne pas valider mécaniquement comme vrai ce qu'il entend (ou comme information majeure celle qui lui est présentée comme telle) et surtout à ne pas considérer la forme que prend le message comme étant la seule possible et comme n'ayant aucune incidence sur la compréhension qu'il en a.

La paranoïa complotiste. C'est la posture inverse de celle que nous venons de mentionner, celle que traduit l'obsession du « on nous ment sans cesse ». Nous pensons pour notre part que s'ils ne voulaient pas risquer d'attirer notre attention sur les défauts de la vitre, les journalistes ne la saliraient pas. La vérité, c'est que tout ce qui s'apparente de près ou de loin à de la manipulation est probablement aussi involontaire, le plus souvent, que leurs fautes de grammaire. Pour notre part, nous regarderons ici ces procédés de mise en condition du jugement comme les symptômes d'une espèce de candeur doublée d'une capacité très limitée à la réflexion autocritique. Si maçonnerie il y a, comme le disait un bon mot de Chateaubriand, c'est donc celle de l'incapacité, de l'incompétence. Qu'est-ce donc que le complotisme sinon la paresse d'un esprit qui rejette en bloc ce qu'il ne peut analyser ? C'est le confort qui lui fait dire : « de toute façon, ils veulent nous obliger à penser que... ». Équipé en outils critiques et en angles d'approche variés, l'adepte de cette attitude peut accéder à un raisonnement intellectualisé, moins angoissé et bien plus fructueux, de ce type : « En utilisant tel mot plutôt que tel autre et en le mettant à tel endroit de la phrase, qu'ils le fassent exprès ou non, ils font en sorte que nous pensions que… ».

Reste que cela implique, en effet, de considérer que les ressorts profonds de la communication médiatique sont les mêmes dans un régime totalitaire que dans une démocratie. Cette idée ne va pas de soi, y compris dans la sphère intellectuelle.

La répartition idéologique des *sujets intéressants*

Pour le Journaliste, « le nouveau visage de l'extrême droite », « mouvance identitaire : les groupuscules de la haine » ou « l'islam radical à l'assaut de nos banlieues » constituent des sujets d'enquête intéressants et perpétuellement réutilisables. En revanche, des reportages intitulés « le juteux business de l'avortement », « profession : antiraciste », « les Femen ou la face obscure du féminisme » n'ont aucune chance d'être ni produits ni diffusés par les médias officiels. Une caméra cachée au sein d'un groupe anti-IVG est un sujet ; une infiltration dans un centre du Planning Familial n'est pas un sujet. Ce n'est un sujet que pour l'*Homme Nouveau*[27] ou pour certaines chaînes américaines. Enquêter suppose d'adopter une distance critique, ce qui est plus facile quand on choisit pour objet d'étude une personne ou une mouvance qui représente pour nous l'étrangeté radicale, voire, qui nous inspire une forme d'hostilité. Enquêter implique d'être prêt à découvrir des aspects dérangeants, sinon révoltants, qu'il faut accepter de révéler au détriment des personnes étudiées. Le Journaliste a donc trouvé un *modus vivendi* confortable : il n'enquête que sur les gens à qui il veut nuire. Contrevenir à cette règle tacite est dangereux, comme l'a montré l'épisode du « mur des cons ». Ce qui aurait dû être un scandale occupant l'actualité pendant des mois et donnant lieu à une succession de démissions, de récusations de magistrats, voire à des poursuites judiciaires en cascade fut enterré en quelques jours. Mais le plus choquant, c'est que les journalistes habituellement si prompts à soutenir leurs confrères en difficulté ne firent preuve d'aucune solidarité envers celui de leur collègue qui avait seulement fait son travail en informant sur l'existence de ce mur. Il révélait, ce faisant, que le Syndicat de la Magistrature ne se contentait pas, comme tout syndicat, de défendre les intérêts et le statut de ses membres, mais qu'il répertoriait des personnes du monde politique, médiatique ou associatif, considérées comme des ennemis. Surtout, ce journaliste eut l'imprudence de faire savoir qu'étant donné le caractère extrêmement visible de ce mur dans les locaux du syndicat, nombre de journalistes l'avaient aussi forcément vu auparavant ; c'était révéler incidemment leur parti pris de ne pas en parler et mettre au jour une collusion d'ordre politique entre les journalistes majoritairement de gauche et ce syndicat de magistrats, lui aussi classé à gauche. Comme pour confirmer ce soupçon de collusion, à moins qu'il ne s'agisse d'une incroyable maladresse, le SNJ (Syndicat National des Journalistes) assura le SM (Syndicat de la Magistrature) de tout son soutien, ordonnant même que soit traduit en conseil de discipline le journaliste judiciaire Clément Weil-Raynal, auteur des images, au prétexte qu'il s'agissait d'images volées dans un lieu privé ; à quoi Me Gilles-William Goldnadel répondit, rappelant la réception fréquente de la presse dans les locaux du syndicat, qu'il s'agissait bien plutôt pour le journaliste incriminé de révéler une affaire de diffamation à caractère public[28]. Certains firent remarquer que la mode des infiltrations en caméra cachée, y compris dans des lieux aussi privés que le domicile des gens, n'avait pas été dénoncée avec la même véhémence par le SNJ ; et des journalistes de premier plan tels que Claude Askolovitch firent connaître leur indignation[29]. Mais cela n'alla pas plus loin.

Clément Weil-Raynal avait refusé de jouer le rôle du Journaliste. Il avait révélé des faits susceptibles de nuire à l'ordre et de conférer, si peu que cela soit, un statut de victime à des gens étiquetés comme *méchants*. Et il refusait ostensiblement cette docilité proche de la connivence qu'acceptaient comme une éthique de la profession presque tous ses confrères lorsqu'il affirmait : « c'est mon rôle de filmer ce qu'on ne veut pas que je filme »[30]. De manière terrible, ce « on » englobait aussi ses propres collègues. Résumons-nous : nombre de journalistes connaissaient l'existence de ce mur mais n'auraient jamais eu l'idée de la révéler. Celui qui s'y risqua passa devant le conseil de discipline du Syndicat National des Journalistes, lequel présenta, au nom de la profession, ses excuses au Syndicat de la Magistrature ! Le mur des cons était donc un non-sujet.

Il ne s'agit pas ici de prétendre qu'enquêter sur les réseaux islamistes ou les groupuscules néonazis soit sans intérêt. La question n'est pas là ; ce qu'il faut regretter, c'est le panel restreint et répétitif des sujets traités ; et l'omerta qui semble en reléguer d'autres dans le silence médiatique obligatoire. Cette sélection tacite des thèmes autorisés fait autorité jusque dans le monde universitaire où il est pourtant de bon ton de critiquer les médias.

Avec le soutien financier du FNRS (Fonds National de la Recherche Scientifique de Belgique), des universitaires belges et français organisaient, du 10 au 12 décembre 2014 un colloque international intitulé « les Nouveaux Réactionnaires. Genèse, configurations, discours »[31]. Faisant référence au titre de l'ouvrage de Daniel Lindenberg (*Le Rappel à l'ordre : enquête sur les nouveaux réactionnaires*), les initiateurs du projet assument aussi une posture similaire à celle de son auteur. L'argumentaire traduit nettement la portée polémique de la démarche des chercheurs : les nouveaux réactionnaires sont présentés comme des charlatans qui se *prétendent* les porte-parole de la majorité silencieuse, se *disent* minoritaires dans les médias alors qu'on ne voit qu'eux et usent de techniques de discours qui en font avant tout de dangereux manipulateurs. Approche intéressante. Toutefois, il faut souligner, pour la regretter, cette répartition automatique des thématiques qui veut qu'un tel colloque soit tout à fait le bienvenu dans le cadre universitaire, avec publication scientifique à la clef, alors que serait inenvisageable, par exemple, l'organisation, dans les mêmes conditions, d'un colloque qui reprendrait le titre d'un ouvrage de Georges Bernanos et s'intitulerait « Les nouveaux bien-pensants. Genèse, configurations, discours ». Une telle journée d'étude n'est guère possible qu'au *Club de l'Horloge*… Un chercheur qui demanderait à obtenir un financement et la mise à disposition d'un amphi pour organiser cette manifestation scientifique se verrait répondre que l'orientation en est trop politique, voire *dangereuse*, la notion de *bien-pensance* faisant partie du vocabulaire de l'*extrême droite*. Ainsi, il est possible de réaliser des documentaires et des journées d'études sur la rhétorique d'Alain Finkielkraut, Élisabeth Lévy, Éric Zemmour, Ivan Rioufol ou Renaud Camus mais pas sur celle de Nicolas Domenach, Alain Duhamel, Edwy Plenel, Jacques Attali, Patrick Cohen, Alain Jakubowicz, Jean-François Achilli, *etc.* À cela, la raison profonde est la suivante : les *néo-réacs* sont suspectés de mettre en danger la démocratie ; or le préjugé selon lequel les idées démocratiques ne peuvent être défendues par des méthodes qui ne le sont pas interdit de penser que leurs défenseurs usent des mêmes stratagèmes rhétoriques que les ennemis de la liberté (ou supposés tels). Autrement dit, une personne suspectée de connivence idéologique avec l'*extrême droite* est, plus que ses contradicteurs, susceptible de mettre en œuvre des techniques de manipulation. Bien entendu, c'est totalement faux. Derrière la mise en cause de techniques de persuasion qui sont les mêmes que celles de leurs adversaires, ce que l'on condamne, c'est évidemment leur positionnement idéologique. Mais, dans le cas des universitaires susmentionnés, comme dans celui du Journaliste, on n'assume pas cette posture de juge.

J'écrivais plus haut que l'information était par essence une démarche d'enrobage du réel, le fait de mettre des mots sur une réalité qui, d'elle-même, ne parle pas. C'est au Journaliste de choisir ses mots, de décider comment il va *emballer* les choses. Je prends ce verbe à dessein pour faire référence à l'interview de Philippe Verdier par Yann Barthès, précédemment mentionnée[32] : « Vous dites des choses vraies [...] mais vous emballez tout ça dans cette théorie du "on nous cache tout, on nous dit rien" », lance l'animateur de Canal Plus. « Et vous, vous emballez comment au Petit Journal ? », rétorque Philippe Verdier. L'autre est très surpris : « On emballe comment ? » Verdier et Barthès n'ont pas la même lecture du réel. Ils ne l'*emballent* donc pas des mêmes mots. Mais ils l'*emballent* tous les deux. L'information neutre n'existe pas. « L'actualité » est la restitution artificielle du réel par les mots. Elle est donc une pure construction du discours. Le Journaliste devrait être le premier à le savoir. Parfois, il semble le seul à l'ignorer.

De même, on notera qu'après un attentat perpétré en Russie ou, par exemple, en Thaïlande (17 août 2015), on est autorisé à exprimer, sur les ondes des grands médias, l'hypothèse que les dirigeants eux-mêmes aient orchestré le méfait. Autrement dit, on a le droit de mettre en doute la version officielle de l'événement. Alors que, comme chacun sait, il est plutôt déconseillé de faire de même quand l'attentat a lieu aux États-Unis (11 septembre 2001) ou en France (janvier 2015), sous peine de passer, au pire, pour complotiste, au mieux, pour « farfelu ». Que les choses soient claires : je me contente ici de souligner une *discordance de traitement médiatique* (je ne formule pas une opinion). Je veux dire que l'appréciation des faits est étroitement dépendante d'un jugement *a priori* porté par le Journaliste sur un pays, un régime, voire la personnalité d'un dirigeant. Et je veux dire aussi que ce procédé peut sembler discutable.

Mais attention : la mission inquisitoriale du Journaliste, avons-nous dit, ne se limite pas à la défense d'un parti ou d'un régime. Elle se met au service d'un système idéologique. Plus exactement, ce système s'entretient lui-même et se renforce en s'appuyant sur la presse. Nul besoin de grand manitou : comme on le verra, le Journaliste ne craint rien tant que de se singulariser. Tous les médias traitent les mêmes informations avec les mêmes mots, invitent les mêmes experts et exploitent les mêmes angles (manières d'aborder les sujets). La vigilance du CSA aidant, le discours médiatique est parfaitement homogène et inébranlable, et bénéficie d'une garantie de stabilité et d'autoreproduction. De fait, tout journaliste qui se distinguerait par une lecture anticonformiste du réel serait certain, s'il n'a pas encore intégré la rédaction d'un grand média, de s'en voir à jamais interdire l'accès et s'il y exerce déjà, d'en être évincé pour « dérapage ». Le monde des médias est avant tout celui de l'entre-soi idéologique, qui s'appuie sur le rejet plus ou moins tacite de tel ou tel courant politique et la complaisance plus ou moins assumée envers certains mouvements de pensée et groupes de pression. On voit, dès lors, quelle parenté il peut entretenir avec le formatage médiatique des régimes autoritaires.

Une propagande nécessaire au service des « idées nouvelles »

Neveu de Sigmund Freud et inventeur des relations publiques, Edward Bernays est l'auteur d'un livre intitulé *Propaganda*, sous-titré *Comment manipuler l'opinion en démocratie*. Il y analyse la situation de complice involontaire qui est celle du Journaliste : « C'est dans les pages d'actualité que le journal s'efforce de retracer les événements et les propos marquants du jour, compte tenu bien sûr de leur intérêt. Il ne se pose pas la question de savoir si telle information est ou non de la propagande. L'important est qu'elle soit d'actualité. »[33]

Prenant l'exemple du *New York Times*, il ajoute que les rédacteurs « ne cèdent pas à des pressions extérieures et n'agissent pas par opportunisme. Tous les rédacteurs consciencieux savent qu'ils ont à l'égard du public une obligation d'information. En s'en acquittant, ils font l'actualité. »[34] Ainsi, quand le médiateur de Radio France « se réjouit, comme chaque auditeur, que le service public soit un espace d'absolue liberté »[35], il n'est coupable d'aucune hypocrisie. Nous verrons que le Journaliste n'a pas besoin de subir des pressions extérieures pour savoir ce qu'il doit dire et comment il doit le dire, quel événement il doit relater et ce qu'il doit en penser.

Edward Bernays poursuit en expliquant que c'est le conseiller en relations publiques (au service d'une personne, d'un lobby ou d'une entreprise) qui « parvient à insuffler la vie à une idée » et « lui permet de prendre place dans l'air du temps et de recevoir l'attention qu'elle mérite. Il n'est sûrement pas coupable d'avoir contaminé l'information à sa source. Il a créé un des événements du moment, un fait qui doit rivaliser avec tous ceux portés à la connaissance du service de la rédaction. »[36] Et dans un précédent chapitre, il soulignait : « Les minorités intelligentes doivent, en permanence et systématiquement, nous soumettre à leur propagande. Le prosélytisme actif de ces minorités [...] conjugue [...] l'intérêt égoïste avec l'intérêt public. Seule l'énergie déployée par quelques brillants cerveaux peut amener la population tout entière à prendre connaissance des idées nouvelles et à les appliquer. »[37] Mais c'est bien le Journaliste qui, à un moment précis, consent à donner de l'ampleur à tel fait divers, à tendre son micro à telle association plutôt qu'à telle autre ; et décide des mots qu'il emploiera pour valoriser l'action de l'une et discréditer la position de l'autre. En dépit de tous ses défauts, – et c'est peut-être là le plus grave – le Journaliste a du pouvoir.

La démocratie n'est pas l'espace de la pensée libre, rappelle Edward Bernays. De même que la publicité y influe sur les modes vestimentaires et fait que, dans l'univers du choix théoriquement libre, tout le monde s'habille de manière identique, de même des groupes de pression, des personnes, des mouvances politiques, pratiquent une publicité permanente en faveur de leurs propres intérêts ou de la domination de leurs idées : ils doivent œuvrer avec obstination afin que leurs mots soient acceptés comme le langage de l'information. Ils sont – et le Journaliste les seconde en relayant ce qu'il considère comme l'air du temps – des « faiseurs d'opinion » qui, « sans que nous en ayons conscience, nous soufflent nos idées, nous disent qui admirer et qui mépriser, ou ce qu'il faut penser de la propriété, des services publics, des tarifs douaniers, du prix du caoutchouc, [...] de l'immigration »[38]. Leur pouvoir n'est pas absolu. Ils bénéficient pour l'exercer, de la conjoncture globale, de la complicité du monde de la culture (cinéma, séries télé, etc.) et de celle des médias d'information. Nul besoin de céder à un quelconque complotisme : comme l'a dit le sénateur Jean-Pierre Michel, en démocratie, « le fondement du juste, c'est le rapport de force » (et cela fit réagir[39]). Tant qu'il parvient à influer sur l'information, donc à orienter l'opinion et à dicter ce qu'on appelle désormais le « politiquement correct » ou la « pensée unique », tel groupe de pensée, tel individu est en situation de pouvoir. Jusqu'au renversement du rapport de force. Edward Bernays considère que cette tension permanente est une forme d'« ordre » dans le « chaos » inhérent à ce système politique.

On répliquera que cet état de fait n'est pas totalitaire. Comme aiment à le rappeler les journalistes : « Que les Finkielkraut, Lévy, Zemmour et autres éditorialistes ou intellectuels défendent leurs idées et participent au débat démocratique, c'est légitime. [...] Mais qu'ils prétendent exprimer des idées minoritaires, transgressives, voire quasi interdites par une opinion de gauche dominatrice, c'est une escroquerie. Les idées de gauche demeurent minoritaires alors que nos prétendus insoumis sont omniprésents dans les médias importants. »[40]

L'orientation droite-gauche n'est pas, en vérité, le cœur du problème, nous y reviendrons. L'erreur de ceux qui écrivent ces lignes tient au fait qu'ils assimilent omniprésence médiatique et pensée dominante. En fait, celui qui a le pouvoir, c'est le journaliste qui invite. Être invité sur trois chaînes différentes en une journée ne donne qu'une influence extrêmement relative, nulle même, sur ceux qui ne vous aiment pas. L'invité est soumis au bon vouloir de l'invitant, qui règne en maître sur son émission. Tendre avec ceux qu'il apprécie, féroce avec ceux qu'il hait. Comme le rappelle un ancien homme politique : « Sur un plateau de télévision, l'impression produite vient plus encore de l'interrogateur que de l'invité. Il suffit d'un peu d'ironie dans les yeux, de fiel au bord des lèvres, d'un parfum de soupçon pour provoquer, avec une seule moue, une petite déchirure d'image. [...] C'est le journaliste insinuateur qui distribue les bons et les mauvais points. »[41]

Le dissident joue le rôle qu'on lui donne, durant le temps qu'on lui accorde. Intégré au système qu'il critique, il est dans une situation paradoxale et délicate. Il a besoin, pour exister, que les chaînes le reçoivent ; elles l'accueillent avec toute la distance et la froideur qu'il faut pour ne pas être suspectes de le soutenir et ne le tolèrent que dans la mesure où il leur fait gagner de l'audience, donc de l'argent. Le trublion contribue ainsi à la survie de ce qu'il fustige.

Le présentateur des informations a bien plus de pouvoir, en raison de l'attitude dans laquelle nous nous trouvons, nous. Face à l'intellectuel interviewé, nous nous demandons : a-t-il raison ou tort ? Quand apparaît le Journaliste qui égrène les titres du jour, assis derrière son grand comptoir, les mains posées sur la table et le regard fixe, nous ne nous demandons pas s'il a raison ou tort. Nous nous demandons : alors, que s'est-il passé aujourd'hui ? Nous sommes dans une position vulnérable. Si l'intellectuel prend explicitement position, le Journaliste, lui, n'exprime théoriquement pas d'avis. L'orientation de son discours n'est pas exhibée ; elle a présidé à la sélection et à la hiérarchisation des sujets, et vient se fondre dans les mots. L'intellectuel nous *propose* une vision du monde à laquelle nous sommes libres d'adhérer ou non. Le Journaliste nous *donne* à voir le monde à travers ses yeux.

Les médias dits *alternatifs* l'ont compris. Au lieu de s'en tenir au journalisme d'idées, en publiant des « éditos » sur des questions polémiques ou en invitant des penseurs marginalisés par les grands médias, ils proposent des blogs d'actualité. Radio Courtoisie a même son « bulletin de *réinformation* ». Et TVLibertés a adopté le dispositif canonique du journal télévisé.

En résumé, Éric Zemmour n'incarnerait vraiment la pensée dominante que s'il occupait la place de David Pujadas.

Deux régimes, une seule information

Comme l'écrit Philippe Breton dans la *Parole manipulée*, les méthodes manipulatoires présentent des « caractères universels qui transcendent les causes ainsi argumentées » ; on peut même, dès lors, avancer « l'hypothèse d'une possible continuité des méthodes entre les régimes totalitaires et les régimes démocratiques »[42].

À ce titre, il faut se rappeler que la propagande du régime hitlérien, présentée comme un modèle de manipulation à grande échelle, n'a pas jailli de l'imagination du Führer. Dans *Mein Kampf*, celui-ci indique clairement s'être inspiré des méthodes mises en œuvre durant la Première Guerre Mondiale, chez les ennemis de l'Allemagne, c'est-à-dire, notamment, dans de grandes démocraties : la France, le Royaume Uni, les États-Unis. « Ce qui était manqué chez nous était exploité par l'adversaire avec une habileté inouïe et un à-propos véritablement génial. Dans cette propagande de guerre ennemie, je me suis énormément instruit » [43]. Quelques pages plus loin, il détaille le fonctionnement de la propagande anti-allemande dans les pays anglo-saxons en le décrivant comme « psychologiquement rationnel » [44] : au lieu de ridiculiser l'adversaire, comme faisait l'Allemagne (au risque de précipiter le soldat dans la peur et le découragement quand il serait face à lui et constaterait qu'il a été victime d'un « bourrage de crâne » [45]), Anglais et Américains avaient pris le parti de le diaboliser, de forcer la caricature dans le sens le plus terrifiant, « présent[ant] les Allemands comme des barbares et des Huns » [46], ce qui préparait le soldat à résister aux horreurs de la guerre et le protégeait des désillusions, le rendant plus efficace au combat. Au moment où il écrit ces lignes, Hitler ne se doute pas que la caricature terrifiante de l'adversaire deviendra, quelques dizaines d'années plus tard, sous l'impulsion soviétique puis dans toutes les démocraties, même après la fin de la Guerre Froide et aujourd'hui encore une… *hitlérisation*. En outre, il avait parfaitement compris ce qu'Edward Bernays avait exposé quelques années plus tôt dans *Propaganda*, à savoir que les procédés à mettre en pratique sont les mêmes, que l'on veuille vendre un nouveau modèle de voiture ou faire élire quelqu'un. Sous la plume d'Hitler, cela devient notamment : « La première de toutes les conditions nécessaires pour n'importe quelle propagande en général [est] la position systématiquement unilatérale à l'égard de toute question traitée. [...] Que dirait-on, par exemple, d'une affiche destinée à vanter un savon, et qui en même temps indiquerait que d'autres savons sont « bons » ? On hocherait simplement la tête. [...] Le but de la propagande n'est point, par exemple, de doser le bon droit des divers partis, mais de souligner exclusivement celui du parti que l'on représente. Elle n'a pas non plus à chercher objectivement la vérité, si celle-ci est favorable aux autres, et à l'exposer aux masses sous couleur d'une équité doctrinaire, mais à poursuivre uniquement celle qui lui est favorable à elle. [...] La grande masse d'un peuple ne se compose pas [...] de gens susceptibles de prononcer un jugement raisonnable, mais d'êtres humains aussi hésitants que disposés au doute et à l'indécision. »[47]

Le mépris pour la gueusaille mal-pensante qu'il s'agit de rééduquer est une donnée-clef dans l'élaboration du discours journalistique (vocabulaire bas, choix de cacher des informations qui risqueraient d'être *mal interprétées*). D'une manière générale, ces lignes signées Hitler pourraient constituer le *credo* du Journaliste, à cette différence près que ce dernier n'est pas l'initiateur d'une démarche propagandiste. Il n'est, comme le montre Edward Bernays, qu'un intermédiaire indispensable entre les groupes de pression qui ont le vent en poupe (autrement dit, ceux qui assoient leur respectabilité et leur influence sur l'idée que leur doctrine va « dans le sens de l'histoire ») et l'opinion publique. C'est une courroie de transmission ou, si l'on veut oser une expression péjorative, un *idiot utile*. Dans son *Introduction aux sciences de la communication*, Daniel Bougnoux reprend à Serge Halimi la notion de « journalisme de révérence »[48] pour désigner « l'autocensure qui retient la plume ou la parole de nos informateurs »[49] quand leur maison, l'une de ses filiales ou l'un de ses annonceurs tombent dans l'actualité. On peut étendre ce réflexe à ce qu'il appelle, de manière large le « réseau de relations »[50], c'est-à-dire tout individu ou organisme avec lequel le Journaliste entretient une proximité de vues. On ne dira pas de mal d'untel mais on peut – on doit – en dire autant que possible au sujet de tel ou tel mouvement, de telle ou telle personne. Jamais par malveillance, toujours pour la bonne cause.

Tous victimes, tous coupables

On le comprend, dès lors, c'est avec une bonne conscience absolue et une parfaite candeur que le Journaliste délivre un discours propagandiste. Il est lui-même victime d'un conditionnement qui formate son propre discours et permet, par sa bouche, la diffusion d'un corpus doctrinal homogène auquel on échappe difficilement. En effet, la propagation médiatique d'une idée lui confère une force de frappe écrasante. En l'espace de quelques semaines, à travers l'impact d'un fait divers savamment utilisé (avec la complicité consentie et naïve de la presse), le brave pépé qui pensait partager avec la majorité des gens une idée de bon sens (selon lui) contre les très minoritaires partisans d'une doctrine étrange, se retrouve seul au monde. La doctrine qu'il croyait farfelue est devenue la pensée de tous ; et quand il réaffirme sa position, ses interlocuteurs manifestent une gêne palpable, voire une certaine pitié pour son esprit rétrograde, quand ils ne lui font pas signe de se taire : « attention papi, on pourrait t'entendre ». Et si le débat s'engage autour de la table à l'heure du café, Pépé a la désagréable impression de ne pas être en face de ses enfants ou de ses petits-enfants ; mais face à sa télévision. Parce que tous les arguments qu'on lui assène pour le rallier à la nouvelle idée dans l'air du temps ne sont que la récitation docile de ceux que diffusent les médias.

Il y a donc bien une continuité fonctionnelle entre propagande totalitaire et matraquage médiatique en contexte démocratique. Si l'on veut s'en accommoder, il faut accepter de considérer que de mauvais moyens peuvent être mis au service d'une bonne cause. Une posture morale que peu osent assumer. En effet, et nous y reviendrons, si le Journaliste passe son temps à établir, expliciter et consolider des normes morales, il rechigne à le reconnaître et, la plupart du temps, ne s'en rend même pas compte. Son discours distingue sans arrêt opinion autorisée et opinion répréhensible, mais le degré d'imprégnation idéologique est tel que le Journaliste, ne se figurant pas qu'on puisse penser autrement qu'il ne pense, ignore qu'il opère des jugements de ce type. Il faut dire que sa mission n'est pas de contribuer à l'intelligence du monde ni à la mise en évidence de la complexité de la nature humaine. Non, le Journaliste joue et jouera sans doute toujours, malgré lui et parfois contre l'éthique de sa profession, un rôle-clef dans ce que Walter Lippman a appelé, dès 1922, la « fabrication du consentement » (*manufacture of consent*)[51], expression reprise dans le titre d'un célèbre ouvrage de Noam Chomsky et Edward Herman : *La fabrication du consentement : De la propagande médiatique en démocratie*[52].

On peut l'excuser puisque ces appréciations éthiques s'insinuent dans les mots qu'il emploie. Mais on peut, à l'évidence, lui reprocher de ne pas réfléchir aux termes qu'il utilise. En définitive, au-delà du degré de conscience du Journaliste, il faudra – et c'est ce que nous ferons en clôture de notre livre – s'interroger sur celui des auditeurs, lecteurs ou téléspectateurs soumis à ce discours orienté, et donc orientant.

LE… QUOI DES MOTS ?

Le truc de Ianoukovitch

Prenons un exemple afin de montrer la proximité entre impropriété de langage et mise en place de ce discours orienté-orientant. La crise ukrainienne a été l'occasion d'entendre, des jours durant, de multiples sujets sur ces manifestants qui voulaient « faire tomber le régime de Ianoukovitch ». La même expression avait été employée lors de ce qu'on a appelé les Printemps arabes. Il va de soi que l'utilisation de ces termes ne fait l'objet d'aucune réflexion de la part des journalistes, d'aucune volonté de manipulation. En toute sincérité, ils sont persuadés qu'ils délivrent là une véritable information, absolument objective. Mais la vérité, c'est que faute de réfléchir au sens de ce qu'ils disent, ils ne se rendent pas compte qu'ils commettent à la fois l'erreur de fausser l'information et de formuler un parti pris. En effet, si les révoltes du Maghreb visaient à renverser les régimes autocratiques en place afin de leur substituer des démocraties, en passant par la rédaction d'une nouvelle constitution, il n'était pas question, en Ukraine, de changer de régime. L'expression « régime de Ianoukovitch » ne désigne rien, pas plus que « régime de François Hollande ». L'un et l'autre ont été élus et l'Ukraine, comme la France, est une république. Exception faite des quelques groupuscules néonazis actifs dans leurs rangs (et dont les médias français s'emploieront à parler le moins possible, sinon à nier l'existence en la mettant sur le compte de la propagande de Ianoukovitch), jamais les manifestants n'ont envisagé d'abattre le régime républicain en Ukraine ; précisément, toute l'ambiguïté du mouvement de Maïdan résidait dans son objectif : obtenir, par la pression de la rue, que le président démocratiquement élu quitte le pouvoir. Ce qui s'apparentait à une insurrection antidémocratique – sans doute légitimée par des dérives autoritaires, mais objectivement pas par un changement de régime – a donc été présenté par la presse française comme le soulèvement d'un peuple contre son tyran. En parlant de « renverser le régime de Ianoukovitch », les journalistes français sont allés plus loin que les opposants au président ukrainien. À cause de ce qui n'est probablement qu'un défaut de réflexion sur le sens des mots, ils ont déformé la réalité et pris parti. Notre lecteur sera attentif au fait que par « les journalistes », nous opérons une généralisation qui n'est nullement abusive ; en tant que généralisation, elle n'est pas une universalisation et admet donc les exceptions en même temps qu'elle en signale la rareté : témoin ce journaliste d'iTélé (Antoine Genton) qui, marquant un temps d'hésitation, aura l'intelligence de dire « le mouvement de la Place Maïdan qui souhaite faire tomber le… gouvernement de Ianoukovitch ».

L'emploi de mots témoignant d'un *investissement subjectif* ne doit pas échapper à l'auditeur (ou lecteur, ou téléspectateur) qui a un minimum d'exigence en ce qui concerne la qualité de l'information qu'il reçoit. En l'occurrence, l'expression « régime de Ianoukovitch » n'est pas uniquement une inexactitude lexicale qui rend l'information fausse : en raison de tout ce qu'elle implique de simplification, de manichéisme et de subjectivité, elle fausse aussi la réception axiologique de l'information, c'est-à-dire le jugement que l'on porte sur les faits. Répétons-le : si l'information délivrée par les principaux canaux médiatiques méprise le code de la langue, c'est parce qu'elle est avant tout un discours régi par un sous-code constitué de mots-clefs, de raisonnements tout faits, d'échelles de valeurs caricaturales et de présupposés considérés comme des vérités. La même négligence manifestée par les journalistes vis-à-vis de la qualité de leur langue les conduit à ne remettre en cause ni leur syntaxe ni leur vocabulaire, pourtant porteurs d'un système de pensée dont ils se font malgré eux les porte-parole. Dans le moment même où ils énoncent une information, ils imposent aussi des idées que, pourtant, ils ne formulent pas explicitement ; bien souvent, soyons-en persuadés, ils n'ont peut-être même pas l'intention de les laisser entendre.

Gauche ou droite, faux problème

« Le poids des mots, le choc des photos » : la célèbre devise de *Paris Match* laisse dans l'ombre la phase cruciale de production d'informations : le *choix* des mots. On verra que pour le Journaliste, il s'agit essentiellement de reprendre les mots de ses *confrères* mais ce faisant, il ne se renie pas (c'est ce que nous avons appelé l'*entre-soi idéologique*). Cela rend d'autant plus nécessaire l'interrogation sur l'emploi de tel mot ou tel mot, pour ainsi dire pré-choisi. Un sondage publié par l'hebdomadaire *Marianne* en 2002 indiquait que 80 % des journalistes votaient à gauche. Ce chiffre fit – et fait encore – beaucoup parler. Il n'a pourtant, en soi, aucun intérêt ; aussi peu que l'orientation politique des professeurs ou des artisans-bouchers. Néanmoins, si l'opinion politique de l'enseignant n'influe théoriquement pas sur les savoirs qu'il transmet, et moins encore celle du boucher sur le goût de sa viande, le Journaliste qui n'est pas attentif à la manière dont son point de vue peut contaminer son vocabulaire fournit une information polluée, probablement sans même s'en apercevoir. En effet, il est troublant de constater avec quelle naïveté il croit s'effacer derrière son discours. Sa gêne est sensible lorsqu'un intervenant le reprend pour lui signaler que tel mot d'une question posée ou de lancement d'un reportage trahit sa position personnelle : « Ah bon, j'ai dit une “avancée” ? Ah, euh, oui… Je voulais dire une “avancée” pour ceux qui défendent cette cause, bien entendu », bafouille Léa Salamé sur iTélé. De même, énonçant les titres de l'actualité le 23 septembre au soir, sur iTélé également, Laurence Ferrari mentionne « un grand pas en avant pour les enfants nés d'un couple de femmes », et enchaîne avec « le soulagement pour les défenseurs de l'IVG en Espagne » : à chaque fois, elle adopte automatiquement le point de vue d'un des partis en présence mais il lui paraîtrait sans doute totalement saugrenu de procéder autrement. Son positionnement en faveur de ce qu'on appelle l'homoparentalité la conduit même à formuler une hilarante absurdité biologique, avec ces « enfants nés d'un couple de femmes ». Même les militants LGBTQI les plus convaincus n'auraient pas imaginé cette expression ! On a ici un exemple typique du genre de bévue que commet le Journaliste quand il veut trop bien faire !

Le déjà-pensé

Grand pourfendeur des stéréotypes au nom de la pensée libre, le Journaliste délivre pourtant une information bourrée de clichés et de présupposés. Le préjugé le plus repérable concerne les échelles axiologiques, c'est-à-dire les échelles de valeur qui hiérarchisent selon le paradigme bien/mal les rapports entre des idées. Prenons simplement ce début d'article (il s'agit d'une dépêche AFP ; la mise en gras est dans le texte original, trouvé sur le site de RTL) :

« L'**égalité hommes-femmes dans les tâches ménagères** est loin d'être acquise, selon un sondage Ipsos réalisé pour l'entreprise Sarenza. **68 %** des femmes interrogées estiment effectuer **davantage** de tâches ménagères que les hommes à la maison, et 44 % des hommes reconnaissent en faire moins.

Mais **48 % des sondées pensent qu'il est normal d'en**

faire plus que son conjoint. Seules 45 % des femmes pensent qu'elles seraient plus épanouies dans leur vie professionnelle si les tâches domestiques étaient réparties plus équitablement, 55 % répondant par la négative.

Les hommes sont 52 % à se dire prêts à s'impliquer davantage dans les tâches domestiques, mais 65 % des femmes pensent qu'un tel engagement ne serait pas tenu. 55 % des hommes disent qu'ils seraient prêts à faire plus d'effort pour sortir les poubelles, 49 % pour faire les courses et passer l'aspirateur, 42 % pour cuisiner, 41 % pour faire la vaisselle.

La seule largement assumée par les hommes consiste à sortir les poubelles : 54 % des femmes reconnaissent que leur conjoint le fait plus souvent qu'elles. Les excuses les plus souvent utilisées par les hommes pour éviter une tâche domestique sont, selon les femmes : **« je le ferai, mais plus tard »**, **« je fais d'autres choses dans la maison »**, « je n'ai pas le temps » ou encore « je le fais moins bien que toi ». [...][53]

Le texte pose comme objectivement souhaitable l'égalité de répartition des tâches ménagères entre les hommes et les femmes puisque la première phrase stipule qu'elle est « loin d'être acquise ». L'idée que les hommes « reconnaissent » en faire moins les place explicitement dans la position de l'accusé qui avoue sa faute. Ce qui peut surprendre, c'est que le Journaliste se fasse ici le porte-parole d'une revendication en faveur des femmes... que la plupart d'entre elles n'expriment pas ! C'est le sens du deuxième paragraphe. En d'autres termes, l'article dit qu'il est souhaitable que les hommes s'impliquent plus dans les tâches ménagères mais il précise, en même temps, que la majorité des femmes ne se plaignent pas de la situation actuelle (à tort ou à raison, là n'est pas le problème... sauf pour le Journaliste apparemment). Le « mais » qui amorce le début du deuxième paragraphe signale cette discordance entre ce qui est présenté comme le bien et le sens de l'histoire d'une part, et d'autre part, la manière dont ce progrès est perçu par celles qui sont censées en être bénéficiaires. Cette prise de distance par rapport au point de vue qu'expriment les femmes sur leur propre situation est manifestée par l'emploi du verbe « penser » à deux reprises puis du verbe « répondre ». On aurait pu avoir « selon 45 % des sondées » ou « pour 45 % des sondées », expressions plus neutres. Par le choix de tournure qu'il opère, le Journaliste introduit l'idée que les femmes se trompent peut-être sur leur propre idée du bonheur. L'adjectif « seules » qui précède le chiffre de 45 % traduit lui aussi un parti-pris. On aurait pu considérer que c'était déjà un pourcentage élevé mais par ce petit mot, le Journaliste manifeste que, selon lui, ce chiffre est insuffisant : elles *ne sont que* 45 % à considérer que les tâches domestiques nuisent à leur épanouissement professionnel. Autrement dit, on voit clairement ici que le Journaliste a une vision morale de la situation : il ne commente pas un état de fait, il compare celui-ci avec une situation préconstruite qu'il pose comme un idéal à atteindre. Le texte poursuit sur cette lancée puisque le critère qui permet d'évaluer le progrès est le sentiment d'épanouissement dans sa vie professionnelle. Un choix arbitraire (ou plutôt idéologique, mais inconscient) pose le travail à l'extérieur de la maison – pour le chiffre d'affaire de l'entreprise – comme ayant plus de valeur que le travail à la maison – pour le bien-être de la famille. C'est le second qui ne doit pas empiéter sur le premier et non l'inverse. La notion positive d'*épanouissement* situe l'étalon de référence du côté du travail et implicitement, dans le niveau de rémunération. La question de savoir si, selon les femmes interrogées, les tâches ménagères empêchent ou favorisent l'épanouissement sentimental, familial ou personnel n'est pas posée. Pas plus que celle de savoir si les tâches professionnelles empêchent ou favorisent l'épanouissement de la vie à la maison et de la vie de couple, nuisent à l'entretien de la demeure, etc. ce qui est pourtant un vrai enjeu de société à l'heure actuelle, où le recours à un employé de maison est un luxe. Pour le rédacteur de l'article, parler des tâches domestiques, c'est aborder un sujet négatif. Il cherche à savoir comment les hommes et femmes interrogés appréhendent cette négativité, posée comme objective et incontestable. Bien entendu, la formulation des questions relève de la responsabilité du sondeur ; mais il est manifeste que le Journaliste ne remet pas en cause cette formulation. Ainsi, dans la suite du texte : « Les hommes sont 52 % à se dire prêts à s'impliquer davantage dans les tâches domestiques ». Il ne viendrait à l'idée de personne de « se dire prêt à passer trois semaines dans un hôtel de luxe ». L'expression « se dire prêt à » est toujours associée à l'idée d'effort sur soi-même et donc à la notion de difficulté, de corvée. On voit que, sous prétexte de lutter contre le stéréotype qui associe les tâches ménagères à la figure de la femme, le Journaliste reprend totalement à son compte un autre stéréotype, celui qui associe une image négative aux tâches domestiques. En outre, la notion englobante de « tâche domestique » recouvre potentiellement des activités fort diverses. Or, pas une ligne de l'article ne précise lesquelles sont ainsi désignées. Mis à part le fait de sortir la poubelle, les autres activités mentionnées sont traditionnellement exercées par les femmes : nettoyage des sols, cuisine et vaisselle. Il n'est pas question de tondre la pelouse, de tailler les arbres, de réaliser des travaux de plomberie, du bricolage domestique en général ou de l'entretien de la voiture. Autrement dit, en dépit des intentions réelles de son rédacteur, ce qui ressort de l'article est une vérité saisissante : c'est moins la femme qui est arbitrairement condamnée aux tâches ménagères, que la notion négative de « tâche ménagère » qui est arbitrairement réduite aux activités surtout pratiquées par des femmes ! En voulant combattre les stéréotypes, cet article (comme le sondage sur lequel il s'appuie) les renforce parce qu'il les présuppose : il tient pour acquis que le travail de l'homme dans la maison ne peut pas être considéré comme une tâche ménagère parce qu'il est plus noble, moins dégradant. Dans cette optique, une femme qui répare la voiture est une femme qui s'élève, qui montre qu'elle est capable de faire aussi bien que l'homme. Un homme qui fait la vaisselle est un homme qui consent à une corvée. Non l'inverse. Derrière la posture qui se veut féministe se cache la perpétuation des stéréotypes sexistes. En outre, l'orientation anti-genre (ou « *queer theory* ») est évidente à travers le choix de produire des statistiques parcellisées : alors qu'on aurait aimé lire l'énumération des activités contenues dans les « tâches ménagères », ce qu'imposait la rigueur scientifique de l'étude, elle n'est pas développée du tout ; en revanche, des pourcentages de répartition sont fournis pour chacune des activités mentionnées, et le verbe « reconnaître », signifiant l'aveu d'une faute, fait retour, associé aux femmes, quand il est précisé qu'elles sont moins nombreuses à sortir la poubelle que les hommes. Autrement dit, un couple dans lequel chaque membre consacrerait le même quota horaire aux travaux domestiques mais selon une répartition des tâches régie par la nature de celles-ci (la femme fait la cuisine, l'homme passe l'aspirateur, ou l'inverse, etc.) ne serait pas un *bon* couple (un couple moderne, égalitaire, etc.) parce que, dans chaque domaine l'un effectuerait 100 % du travail et l'autre 0 %. Ce que préconise cette étude, c'est une répartition 50 % - 50 % dans chaque tâche et ce, uniquement au nom de la sacralisation d'une égalité quantitative. Une analyse objective de ces résultats aurait dû faire apparaître l'orientation théorique sous-jacente de l'enquête et la conception restrictive de l'égalité dont elle était porteuse. Cela exigeait un peu de – comment disent-ils, déjà ? Ah oui – décryptage.

Ici encore, il faut être honnête et reconnaître que le Journaliste n'est pas le seul à reprendre sans prudence cette hiérarchisation axiologique des activités. Toute société classe les activités humaines selon une gradation de valeurs fondées sur des critères qui lui sont propres et qui sont fondamentalement variables et relatifs. Quand Cécile Duflot *tweete* « La vie ce n'est pas assigner les petites filles au ménage »[54], il est évident qu'elle n'aurait jamais écrit « la vie ce n'est pas assigner les garçons au statut de chef d'entreprise/de ministre/de cadre supérieur, etc. ». Pourquoi ? Tout simplement parce que ces fonctions bénéficient, à tort ou à raison, d'un coefficient d'évaluation très positif. En revanche, le ménage souffre d'un préjugé négatif, que Cécile Duflot reprend à son compte comme une évidence. « Être assigné à » est une expression péjorative (cf. « être assigné à résidence ») qui trahit le jugement que porte la ministre sur le travail ménager. Ce jugement de valeur négatif constitue une idée toute faite que personne ne se soucie de remettre en cause. Comment s'étonner que les entreprises de nettoyage peinent à recruter si ce travail est présenté comme dégradant ? À l'inverse et de manière tout aussi arbitraire – mais communément admise – il semble acquis que quitter son domicile le matin à six heures pour ne pas y revenir avant vingt-et-une heures en ayant passé tout le jour devant un ordinateur constitue un travail épanouissant, mille fois préférable au précédent !

Les idées préconçues qui sous-tendent le discours médiatique relèvent globalement de ce qu'on pourrait considérer comme la pensée de gauche, ou pensée progressiste. Mais le Journaliste est timidement progressiste et son classement à gauche en lui-même doit être précisé. Ce qui est certain, c'est qu'il ne soutient pas le Front National. On se souvient de cet entretien sur France Inter, durant lequel Marine Le Pen lance à Patrick Cohen : « Monsieur, vous êtes un adversaire politique déguisé en journaliste »[55]. On reprocha au pauvre monsieur de n'avoir pas assez vigoureusement réagi[56]. Plus que ses bredouillements, je retiens surtout son sourire mi-surpris, mi-amusé, qui disait assez combien il s'étonnait qu'on pût lui lancer au visage comme une accusation ce qui constituait pour lui une évidence, à savoir que le Journaliste est, par nature, un adversaire politique du Front National. Pour le reste, que le Journaliste soit un individu *de gauche* n'est pas en soi problématique, c'est indifférent ; on ne peut en dire autant si, étant de gauche, il délivre ce qu'on pourrait appeler une *information de gauche*. On touche ici à la définition même de l'idéologie dans ce qu'elle recouvre de non-dit et de fausses certitudes non théorisées. Comme l'écrit Olivier Reboul : « l'idéologie n'est pas la pensée d'un individu ; elle est le fait que cette pensée se situe dans un "déjà pensé", qui la détermine à son insu »[57]. Par suite, quand il emploie un mot fortement connoté qui influera immanquablement sur l'opinion de l'auditeur, le Journaliste est néanmoins persuadé d'utiliser le seul terme adéquat. Et s'il est vrai qu'il déforme ou cache à dessein certaines réalités, il est persuadé de le faire au nom du Bien, un Bien objectif, évident et incontestable, un absolu, indépendant de toute morale transitoire et totalement déconnecté des circonstances historiques.

Mais existe-t-il vraiment une *information de gauche* ? Les notions de droite et de gauche ne renvoient plus à des catégories de pensée aisément identifiables. Il est frappant que dans les débats de société, les rôles semblent même parfois s'être inversés. Alors que la droite incarnait théoriquement l'attachement à la morale traditionnelle, elle n'est plus perçue que comme le parti de l'argent ; et gravite dans ses sphères des foules de trentenaires en costume trois-pièces, arrogants et sans scrupule, aussi libertaires que libéraux, fascinés par le modèle du *golden boy* américain. Réciproquement, tandis que la gauche moderne avait construit son image sur le rejet du carcan des principes, on constate, par exemple, que la totalité des associations dont le rôle est de veiller à la rectitude morale des propos tenus dans l'espace public est classée à gauche.

Une pensée-émoticône

Or, le Journaliste est *de gauche*, précisément par la dimension morale qu'il associe à son travail et qui se traduit par une forme – en réalité plutôt timide – de ce qu'on appelle souvent le progressisme. En fait, comme il est très vulnérable au pouvoir des mots, le Journaliste a peur de se retrouver dans le camp des *réactionnaires* ; en ce sens, tout changement le séduit dès lors qu'il est *présenté* par ses défenseurs comme une évolution nécessaire et un progrès. Pour autant, le Journaliste n'est pas un révolutionnaire : les idées trop radicales lui font peur et il ne peut adhérer à une cause que si cela lui permet d'avoir bonne conscience. Il est une proie facile pour les groupes de pression partisans du changement permanent ; c'est en ce sens que la qualification d'*idiot utile* lui sied assez bien. En effet, s'il a peur d'être à la remorque de l'histoire, sa conscience est encore très archaïque, marquée par les catégories de la morale ancienne dont le trait saillant est une vision tout à fait binaire du monde. Un conflit géopolitique ne fait la une de l'actualité qu'autant qu'on peut lui appliquer cette lecture manichéenne des choses ; on pourrait parler de *pensée-émoticône*, par référence aux petites têtes jaunes souriantes ou tristes qui illustrent les messages électroniques. Dès que les gentils apparaissent tant soit peu comme des méchants et les méchants comme des victimes, l'affaire disparaît presque totalement du paysage médiatique ou n'y subsiste que sous la forme du ronron quotidien sans étayage critique ni analyse de fond.

Quand les rebelles soutenus par l'OTAN, dont la lutte avait abouti à la mise à mort du président Kadhafi, se mirent à persécuter les Noirs de manière systématique et organisée, ils disparurent de l'actualité en quelques jours. Peu d'images filtrèrent de ces terribles exactions et elles se poursuivirent avec le silence complice de la presse.

En Égypte, les agressions sexuelles perpétrées par les manifestants de la place Tahrir (91 en 5 jours selon *Human Rights Watch*), ternissaient évidemment l'image des héros de la démocratie luttant courageusement contre l'oppresseur. C'est pourquoi on les relaya peu. Surtout, on mobilisa pour l'occasion une expression bien utile (également employée lors des manifestations qui dégénèrent) : « en marge ». « Près d'une centaine d'agressions sexuelles ont été commises sur la place Tahrir et ses environs au Caire en quelques jours, en marge des manifestations contre le président Mohamed Morsi » écrit *le Monde*[58], laissant entendre que, tout comme les casseurs commettent souvent leurs méfaits « en marge » des manifestations, les violeurs n'auraient rien à voir avec les manifestants. En réalité, il s'agissait bien de manifestants violant des manifestantes (et des journalistes[59]).

Mais le Journaliste ne peut pas se permettre de s'embarrasser de nuances. La complexité de la nature humaine n'est pas compatible avec le format médiatique de l'information.

Dans les (mauvais) films d'espionnage, on identifie tout de suite le méchant : il a une balafre, ponctue ses phrases d'éclats de rire sardoniques et caresse un gros chat blanc qui dort sur ses genoux. Grâce au Journaliste, la réalité rejoint presque la fiction, dans toute sa netteté simplificatrice. Je n'oublierai pas cet échange que j'eus un jour de printemps 2002 avec une copine de lycée qui était de toutes les manifestations : « Tu ne trouves pas bizarre que ce Le Pen, sur toutes les photos, il ait l'air méchant ? », m'étonnais-je. « Mais c'est parce qu'il *est* méchant ! » Et la représentation du réel devient le réel. Cet effet vaut également pour la manière dont on traite la question dite des loups solitaires : sur les photographies qu'on nous montre, ils n'ont pas l'air bien mauvais, ces djihadistes bien de chez nous ; on nous précise en outre qu'ils n'ont eu que des démêlés mineurs avec la police et qu'ils n'étaient pas considérés comme des cancres dans leurs établissements scolaires ; le témoignage d'une voisine ou d'un ami vient confirmer que le jeune homme était serviable et poli. Le Journaliste peut donc se permettre de ranger l'individu dans la case des *gentils* en posant la sempiternelle question : « comment a-t-il pu déraper ? ». Il lui semble inconcevable qu'un monsieur puisse aider une vieille dame à porter ses courses et, en même temps, souhaiter la domination universelle des disciples de Mahomet. La vision que le Journaliste se fait implicitement du djihadiste typique ressemble donc probablement au moujik caricatural des affiches de propagande anti-soviétique : les yeux exorbités et le couteau entre les dents. Comment expliquer, sans cela, qu'il paraisse toujours surpris de constater qu'un assassin soit tout simplement un être humain ; avec sa face sombre et sa part de bonté, avec ses haines et ses amours.

Pour le changement au service de l'ordre

En matière de société, le Journaliste aime avoir l'impression qu'il accompagne le changement, à condition que celui-ci lui apparaisse comme un petit pas, très naturel, inévitable, vers un monde meilleur : les idées de grand bouleversement, de cataclysme, de révolution ne l'enthousiasment pas. Rappelons qu'il est avant tout gardien de l'ordre ; non pas conservateur, pas du tout. Il veut le changement mais le changement doux, le changement inévitable et nécessaire, le changement indispensable à la préservation de l'ordre.

On l'a senti avec le mariage dit « pour tous » : les journalistes ont oscillé entre deux arguments-clefs contradictoires dans leur présentation de la loi (titres des reportages, questions et objections lors d'interviews). D'un côté, il fallait justifier la nécessité de la loi en indiquant qu'elle concernait un grand nombre de couples. D'un autre, il fallait minimiser la portée de ce changement en rappelant que le nombre des unions concernées était très faible. Le Journaliste n'a pas repris à son compte les idées de « révolution sociétale » ou de « basculement civilisationnel » glorifiées par les partisans de la loi et condamnées par ses opposants. Corrélativement, que ce soit dans les interviews ou les papiers consacrés au sujet, il a totalement adopté – sur le ton objectif qui caractérise son discours – trois des arguments les plus faibles des partisans du texte :

1. Celui du fait accompli : « ça existe donc autant l'encadrer » : le peu de valeur de cet argument tient à ce qu'il pourrait évidemment légitimer l'« encadrement » de n'importe quoi. Il sert en réalité à dissimuler un jugement moral mal assumé (« il faut légaliser cela parce que c'est bien ») quand on veut se dispenser d'avoir à démontrer en quoi « c'est bien », lourde tâche dans une société relativiste voire nihiliste, où les notions de bien et de mal n'ont théoriquement plus court parce que, n'est-ce pas, l'être humain s'est libéré de la contrainte morale (il est très mal vu de prendre explicitement position au nom de la morale dans le débat public).
2. Celui du moindre mal : il vaut mieux être élevé par un couple gay aimant que par des hétéros (comme on dit) qui maltraitent leur progéniture. Dans la mesure où, pour ses

opposants, ce qu'on appelle homoparentalité est en soi une maltraitance, cet argument n'a aucune valeur persuasive. Il avait seulement pour objectif de faire basculer les indécis, et plus spécifiquement les indécis peu portés sur le raisonnement logique. En effet, ce raisonnement est fallacieux. Il introduit une variable (la maltraitance) qui déstabilise la logique du propos. De fait, on peut dire que *tout* est préférable à la maltraitance. À la limite, mieux vaut être élevé par un chien (le cas s'est vu) que par des parents, homos ou hétéros peu importe, qui vous battent jusqu'à ce que mort s'ensuive. Pour autant, on n'envisage pas de légaliser la zooparentalité.

3. Celui des « études scientifiques » : « des études ont montré que les enfants élevés par des couples homosexuels ne sont pas moins heureux ou moins équilibrés que les autres » ; bien entendu, des études ont aussi montré l'inverse. Comme les journalistes ne sont pas plus capables que l'auditeur de juger de la solidité scientifique de ces études, l'argument ne vaut rien. Il traduit seulement un parti-pris, qui glisse vers le mensonge quand la formulation devient « les études/toutes les études ont montré que… ». Notons cette variante : « aucune étude sérieuse n'a prouvé qu'il y ait une différence significative dans le développement affectif des enfants élevés par des couples de même sexe, par rapport à ceux qui ont été élevés par des couples hétérosexuels » : le Journaliste n'explique pas selon quels critères il évalue le « sérieux » d'une étude (et on appréciera l'adjectif « significative »). Dans les débats sur la filiation homoparentale, il était assez frappant, de voir que – dans les deux camps – c'étaient les militants qui citaient les études avec aplomb, alors que les scientifiques restaient beaucoup plus prudents. Le Journaliste, quant à lui, a

> tranché : le critère de la scientificité, ce n'est pas la méthodologie de l'étude, c'est son résultat. Et surtout, la valeur *morale* de ce résultat. En d'autres termes : si d'aventure, une « étude sérieuse » démontrait une « différence significative » de développement affectif entre les enfants élevés par deux personnes de même sexe et deux personnes de sexe différent, *de ce simple fait*, pour le Journaliste, ce ne serait pas une « étude sérieuse ».

Soit dit en passant, le débat sur l'extension du mariage aux couples de même sexe a été d'une très piètre qualité rhétorique. Les partisans du texte n'ont pas été capables d'élaborer des arguments solides et spécifiques. Outre les arguments intrinsèquement faibles, ils en avançaient qui eussent pu défendre n'importe quoi d'autre que le mariage gay, ne parvenant pas à poser en termes explicites les limites légitimes de « l'avancée » qu'ils préconisaient. On n'a pas compris, par exemple, pourquoi la modification de la définition du mariage se limitait à ôter l'idée que ce contrat unissait un homme et une femme, tout en laissant subsister la notion de couple. On a attendu en vain de voir un partisan du mariage homosexuel expliquer pourquoi il serait grave et inenvisageable d'étendre la possibilité du mariage à des unions de plus de deux personnes. En face, les opposants à la loi Taubira ne pouvaient pas construire un discours assuré et cohérent parce que, tétanisés par l'épée de Damoclès que représentait l'accusation d'« homophobie », ils s'obligeaient à des contorsions oratoires qui déstructuraient totalement leur argumentation. C'est en grande partie l'opinion toute acquise du Journaliste qui a permis de faire passer le texte. Et pour être convaincu, le Journaliste n'a besoin de rien d'autre que de la certitude d'aller dans le sens de l'histoire. Il veut avoir l'impression d'entériner une évolution, pas de collaborer à une révolution.

De même, sur la question de l'avortement, le Journaliste reste très marqué par le « tu ne tueras point » du Décalogue : pour le Journaliste, tuer, c'est mal. Autrement dit, selon lui, on ne peut pas défendre l'avortement si l'on considère que cet acte médical consiste à tuer (on retrouvera la même réticence, plus loin, sur la question de l'euthanasie). Il présente donc systématiquement comme une position hostile à l'IVG l'affirmation du caractère homicide de cette pratique médicale (« les opposants à l'avortement, parmi lesquels on trouve beaucoup de catholiques, considèrent que l'être humain existe dès le moment de sa conception », a-t-on entendu sur les ondes lors du débat sur l'élimination de la clause de détresse) ; et ce, en dépit du texte de la loi Veil lui-même (explicitement dérogatoire) et du positionnement philosophique des défenseurs de l'IVG, puisque le problème, selon ceux-ci, n'est pas de déterminer si l'embryon et le fœtus humains sont des « êtres humains » mais s'ils peuvent être considérés comme des « personnes ». Les partisans de la thèse de la transformation ontologique (passage du non-humain à l'humain) sont peu nombreux et divisés (il leur incombe en effet de déterminer les critères d'appartenance à l'humanité, mission ardue et dangereuse). Même les chercheurs qui prônent la légalisation de l'avortement post-natal fondent leur argumentation sur l'idée que, s'il est criminel de tuer une personne, il ne l'est pas nécessairement d'éliminer un être humain. En outre, certains défenseurs de l'avortement revendiquent le droit de considérer cet acte comme un homicide : « Nous […] revendiquons la liberté de choisir de tuer l'enfant non désiré ou pas. Notre corps nous appartient »[60]. Après tout, on peut concevoir une argumentation cohérente qui poserait l'IVG comme la juste réappropriation par la femme du droit de vie et de mort sur l'enfant, traditionnellement associé à la figure paternelle (« les hommes ont le droit de tuer, c'est ce qui définit la masculinité », dit Virginie Despentes[61]) ou bien un point de vue anthropologique postulant que toute société, pour survivre, a besoin qu'il existe une forme de meurtre légal (sacrifice humain, peine de mort, euthanasie, avortement). Le slogan « mon corps m'appartient » est souvent contesté au motif que le corps de l'enfant ne serait pas celui de la femme qui le porte ; ce n'est pas la question : ce slogan dit que la femme est la seule autorité légale habilitée à légiférer sur ce qui se passe à l'intérieur de son corps, espace privé par excellence (implicitement, elle peut condamner à mort tout organisme vivant qui s'y développerait sans son consentement). Mais le Journaliste en est resté au stade où l'on juge l'avortement à l'aune de la morale : nous l'avons dit, tuer, c'est mal ; et avorter, c'est bien ; donc avorter n'est pas – ne peut pas être – tuer. Les féministes du Planning Familial, par exemple, raisonnent selon une morale différente : tuer n'est, en soi, ni bien ni mal. Le critère moral déterminant est la liberté de la femme. C'est ce critère qui doit seul permettre d'évaluer si un homicide est, ou non, un crime. Le Journaliste n'a pas encore changé de paradigme, ce qui lui fait courir le risque de vivre des conflits éthiques.

Le conflit éthique

L'avortement est donc un thème glissant. Le Journaliste est d'autant plus gêné que son travail est directement impliqué dans le traitement éthique de cette question : à partir du moment où « informer sur l'IVG » ne doit donner lieu ni à la description de l'acte ni à la diffusion d'images, au prétexte que ces modes d'information seraient susceptibles de dissuader les femmes d'avorter et constituent donc des entraves à l'avortement, les journalistes se trouvent déchirés entre leur conscience professionnelle d'une part et leur devoir moral de soutenir le droit à l'avortement d'autre part. De fait, à chaque fois que c'est la première qui l'emporte, le discours du Journaliste est récupéré tel quel par les mouvements provie. Quand c'est le second qui prime, sa parole est discréditée. L'épisode du communiqué sur « l'IVG par D & E », le scandale Isnard et la vidéo de Letts sont, à ce titre, chacun à leur manière, tout à fait symptomatiques.

En avril 2007 lors de l'interdiction des avortements par D & E (dilatation-extraction) aux États-Unis, de nombreux sites provie ont diffusé un texte à la lecture difficilement soutenable. On y apprenait que l'IVG par D & E « consiste à faire sortir les jambes et le torse du fœtus, puis aspirer le contenu de la boîte crânienne pour faciliter l'extraction de la tête. Elle était appelée « avortement par naissance partielle » par ses opposants, parce que le fœtus est encore vivant au début de la procédure ». Le texte continuait en précisant que « dans leur décision, les juges ont estimé que son alternative légale, qui prévoit de démembrer le fœtus avant de l'extraire, était suffisante, et que si le démembrement menaçait la santé de la femme, le médecin pouvait toujours se conformer à la loi en tuant le fœtus par injection avant de l'extraire ». Il s'agissait en fait d'un communiqué de l'AFP, organisme peu suspect d'hostilité à la cause féministe. Le texte se voulait purement informatif mais comme il faisait intervenir le verbe « tuer » et décrivait par le menu une méthode abortive, il était, pour ainsi dire, prédisposé à devenir un trac militant anti-IVG. Ce qu'il devint, bien malgré le Journaliste.

On se souvient de Philippe Isnard, enseignant révoqué en mars 2011 pour avoir diffusé le film *No Need To Argue*, lors d'un cours d'ECJS (Éducation Civique Juridique et Sociale). Il s'avéra que la plupart des images contenues dans ce film *prolife* montraient des IVG tardives, illégales dans bien des pays d'Europe mais frauduleusement pratiquées dans certains. Le texte qui accompagne le film posait néanmoins la question du décalage entre les différentes législations (ce qui est un meurtre ici est un avortement légal là). Cette affaire présentait donc l'avantage de mettre face à leurs excès et à leurs faiblesses argumentatives les deux camps, *anti* et *pro* IVG. Car bien entendu, si les images montrées relevaient de la manipulation en ce qu'elles pouvaient laisser entendre aux jeunes femmes susceptibles de recourir à l'IVG que la vidéo montrait la réalité de l'avortement en France, la dénonciation même de ce mensonge par omission mettait logiquement les défenseurs de l'IVG dans l'obligation de montrer des images d'avortements légaux pour prouver que cela n'avait rien à voir. Or, rien ne fut montré pour rectifier le discours du professeur. Et les sites provie reprirent à l'envi le contenu des reportages consacrés à cette affaire. Les propos tenus *contre* Philippe Isnard par les membres de l'administration et les parents d'élèves dans les micros des journalistes se révélaient de formidables soutiens à sa cause : « ma fille est très choquée par ce qu'elle a vu ». Idem pour les commentaires des journalistes eux-mêmes : « une cellule psychologique a été mise en place », etc. Désormais, tout enseignant craignant de subir le sort de Philippe Isnard peut se contenter de dire « nous allons parler de l'avortement mais je n'ai pas le droit de vous *montrer* un avortement » : et c'est sans doute le plus efficace des discours contre l'IVG.

Emily Letts est une jeune femme américaine employée à *Planned Parenthood* qui a – ainsi que l'ont présenté beaucoup de journalistes – « fait filmer son avortement » et publié la vidéo sur internet le 14 mars 2014. En introduisant le sujet ainsi, le Journaliste donne l'impression que l'on peut montrer l'avortement dans le but de le dédramatiser. Montrer l'IVG ne serait donc plus une stratégie de *provie* pour en détourner les gens. Las, si elle avait voulu apporter sa pierre à l'argumentation des opposants à l'IVG, Emily Letts – et les journalistes en choisissant de relayer son initiative – ne s'y serait pas prise autrement, car la vidéo, sorte de *selfie* en mouvement, ne montrait que son visage durant l'opération. Beaucoup d'internautes firent remarquer, dans les commentaires d'articles en ligne, qu'on ne voyait pas l'avortement lui-même mais Emiliy Letts pendant son avortement, ce qui était fort différent. D'autres soulignèrent que l'objectif de ce film était étrange puisque les images n'invalidaient évidemment en rien la thèse du syndrome post-avortement qui est un leitmotiv du discours anti-IVG.

Manifestement, ces difficultés ont conduit le Journaliste à considérer que l'IVG n'est pas un sujet d'information. Il ne sait pas s'il faut dire que l'avortement est un drame inévitable qu'il faut encadrer ou si c'est une intervention bénigne qu'il faut banaliser (la considérer comme un drame étant peut-être déjà un discours anti-IVG). Les émissions médicales qui montrent en gros plan des images d'extraction de cellules cancéreuses dans la gorge se montrent très pudiques quand il s'agit de parler de l'IVG, filmé depuis le fond de la salle d'opération, le médecin étant vu de dos devant un drap blanc sous lequel on devine un corps. On ne voit rien.

Il en va donc désormais de l'avortement comme de la production de foie gras, dont les détracteurs seuls nous montrent les images.

Preuve que de la mauvaise information à l'absence d'information, il n'y a qu'un pas, aisé à franchir quand ce qui prime n'est pas l'exactitude du propos mais l'anticipation de son effet.

En vertu de l'autorité que revêt sa parole, le Journaliste a développé une conscience professionnelle consistant à évaluer la charge moralement nocive d'une information et à ne dévoiler cette dernière, s'il y est obligé, que de manière à désamorcer cette charge. Un père empêche son jeune enfant de regarder des films violents ou érotiques : il y a, pense-t-il, des réalités qu'il est préférable de cacher ou d'édulcorer un peu, quand leur révélation brute peut faire plus de mal que de bien. Osera-t-on dire que cet homme prudent et attentionné est un manipulateur ? Il se méfie seulement du choc des images. Le Journaliste se comporte avec nous comme ce papa avec son petit. Il se méfie, il est prudent ; il connaît trop bien le poids des mots.

1

De l'existence d'une langue journalistique, de ses défauts

« Je suis désolé de vous interrompre, malheureusement le temps nous est imparti. Tout nous est imparti d'ailleurs. »

Olivier Galzi

DU PSITTACISME À LA PSITTACOSE

Une parole prescriptive

Certes les reproches que l'on peut adresser au Journaliste concernant la qualité de sa langue pourraient l'être à presque tous les Français d'aujourd'hui. Mais on peut renverser le problème : tel défaut de langue serait-il aussi répandu s'il n'était porté par l'autorité naturelle de la parole médiatique ? Le Journaliste ne parle pas de manière fondamentalement différente de l'homme de la rue ; seulement, il répète des formules qu'il a en général reprises à ses confrères et l'erreur ponctuelle devient un fait de langue à part entière, ressaisi comme correct par Monsieur Tout-le-monde.

La faute de langue est toujours plus grave dans la bouche du

Journaliste que dans celle de Mme Michu. Ainsi en va-t-il de l'utilisation du verbe *supporter* avec le sens de *soutenir*. Pour qui parle correctement le français, l'idée de *supporter quelqu'un* implique que cette personne est pénible, que l'on fait un effort sur soi pour la tolérer. Dès lors, le Journaliste ne devrait pas nous dire que Gérard « supporte telle équipe depuis toujours ». Le verbe *to support* est ce qu'on appelle un *faux ami* : c'est-à-dire qu'il n'a pas le même sens en anglais que le verbe *supporter* en français. Mais les journalistes semblent l'avoir oublié. Ne perdons pas de vue cette distinction fondamentale : Gérard peut bien dire au micro du Journaliste qu'il « supporte telle équipe depuis toujours » car Gérard n'est pas un professionnel de la parole publique. En revanche, la langue du Journaliste est investie d'une autorité qui lui confère un pouvoir fortement normatif, ne serait-ce que par imprégnation. Cet aspect particulier donne un statut différent à sa parole et interdit chez lui des fautes de langue admissibles chez les locuteurs à qui il tend ponctuellement le micro.

Cette différence vaut également entre le Journaliste et les célébrités qu'il interviewe ou qu'il cite, dès lors qu'elles ne sont pas des professionnels de la parole publique. Prenez ce journaliste sportif : il est dans le registre hyperbolique ; pensez, il parle de Franck Ribéry, candidat au titre de ballon d'or 2013 et en bonne position pour l'emporter, lui qui est devenu « un monstre jonché tout en haut de la hiérarchie du football mondial ». On saisit l'idée. Seulement, si le sol peut être j**on**ché de feuilles mortes, en revanche, le sommet de la hiérarchie du football mondial, on s'y j**u**che. En l'occurrence, l'exemple est traître, parce qu'il concerne une personne entretenant avec l'expression orale une relation bien plus problématique que tous les journalistes réunis. Oui, mais Franck Ribéry, à la différence du journaliste, n'est pas payé pour parler.

Un pari est toujours « pascalien »

Laissons de côté les « perles », véritables gaffes apparentées au jeu de mots involontaire, dont certaines sont désormais fameuses : « les kinésithérapeutes se sont massés devant la préfecture », etc. Il existe des recueils entiers compilant ce type de citations. Ajoutons juste notre pierre à l'édifice : le 26 août 2014, tout le monde attend l'annonce du gouvernement Valls II. Elle est prévue pour 18 h mais se fait attendre. Manifestement, dans le studio de France Info, les journalistes ont les yeux rivés sur leur écran de télévision (« **on voit** un micro qui vient d'être installé »). Contraints de meubler, ils sont prêts à s'interrompre à tout instant pour écouter l'allocution du secrétaire général de l'Élysée. Les minutes passent : c'est l'heure du rappel des titres de l'actualité. Le journaliste n'est pas à ce qu'il fait. Aussi est-ce avec beaucoup d'aplomb qu'il évoque comme suit la situation de l'ancien *trader* Jérôme Kerviel : il « peine actuellement une purge de trois ans ».

Peut-être aussi est-ce faire preuve de trop d'exigence que de mentionner, pour le condamner, l'emploi exponentiel de *générer* en lieu et place de *susciter*, de *décrédibiliser* pour *discréditer*, d'*impacter* pour *avoir un impact sur*, de *mettre à jour* pour *mettre au jour*, de *perpétuer* pour *perpétrer*, de *dénoter* pour *détoner*, de *pacifiste* pour *pacifique*, ou même les innombrables fautes dans l'accord du participe (« la décision qu'a **pris** le ministre ») ou dans le choix du subordonnant (« c'est une chose sur **lesquelles** une mise au point est nécessaire »). On ne s'attardera pas sur l'emploi généralisé et constant de mots absents du dictionnaire mais désormais passés dans le langage courant du Journaliste : « le déroulé » (= le déroulement), « le ressenti » (= le sentiment), « les personnels » (= le personnel/les membres du personnel), etc. En raison du caractère encore flottant de la féminisation des fonctions et des titres (très souvent, les femmes choisissent comment elles veulent être appelées), peut-être ne faut-il pas insister sur la confrontation des journalistes avec ce problème linguistique. Comme c'est une difficulté qu'ils rencontrent quotidiennement, il est tout de même étonnant qu'ils ne cherchent pas à la résoudre en assimilant les cas généraux. L'Institut national de la langue française a publié un guide très complet, accessible en ligne[62] et d'autres synthèses sont disponibles sur la toile[63]. On y apprend que si l'on s'achemine probablement vers la généralisation de « la maire », il est encore tout à fait possible de dire « le maire » quand celui-ci est une femme. Une petite réflexion sur l'influence du contexte serait parfois bienvenue pour choisir la meilleure option. Quand, suite au décès d'une fillette, on nous propose d'entendre « la maire », seuls le ton officiel et le contenu du propos de celle-ci (« c'est toute la commune qui est attristée ») permettent à l'auditeur de savoir que ce n'est pas… *la mère* qui parle.

Plus intéressantes sont pour nous les associations mécaniques qui émaillent le langage journalistique : une majorité est toujours *immense*, une minorité est toujours *infime*, un flou est toujours *artistique*, un choix est toujours *cornélien*, un pari est toujours *pascalien*, et un inculpé nie toujours *en bloc* les accusations – même quand il n'y en a qu'une. La surabondance de ces expressions systématisées est tout à la fois frappante et très révélatrice. Ainsi, le défaut principal dans le langage du Journaliste – défaut grave en fait, puisqu'il manifeste le manque de réflexion sur le choix de ses mots – c'est le mimétisme.

Le forfait de Mamadou Sakho

En allumant la télévision à un moment donné dans la soirée du 28 juin 2014, on pouvait entendre un journaliste sportif d'iTélé prononcer la phrase suivante, parlant du prochain match de l'équipe de France à la Coupe du Monde de football : « on se dirige donc vers un forfait de Mamadou Sakho ». À cet instant précis, si on zappait pour passer sur l'Équipe 21, on entendait une voix féminine dire « on se dirige donc vers un forfait de Mamadou Sakho ». Les mêmes mots. Non pas « sans doute Mamadou Sakho déclarera-t-il forfait », « on s'achemine vers un forfait de Mamadou Sakho », etc. Il n'était pas inintéressant alors de taper dans un moteur de recherche l'expression « on se dirige vers un forfait de Mamadou Sakho » ; on voyait apparaître un article des *Dernières Nouvelles d'Alsace* (« on semble se diriger vers un forfait de Mamadou Sakho »[64]), des *Echos* (« on semble inexorablement se diriger vers un forfait du joueur de Liverpool »[65]), et d'autres, notamment sur le site de beInSports[66] qui étaient des copies intégrales de cet article-là, sans qu'il soit possible d'en déterminer la source première (sans doute une dépêche AFP allègrement « bâtonnée » comme ils disent), un autre article sur le site du *Figaro* avec une variante minime dans la tournure (« le joueur semblait tout droit se diriger vers un forfait »[67]). « Se diriger vers un forfait » est apparemment, dans la presse écrite, comme dans ses versions radio-télévisées, l'expression consacrée. À noter, elle se décline également dans le domaine politique : « les frondeurs semblent se diriger vers une abstention » (France Info).

Lors des premières manifestations qui suivirent les assassinats à *Charlie Hebdo*, une journaliste commenta : « le rassemblement est sur le point de se *disloquer* ». Elle fit école. Tous les journalistes se mirent à commenter les manifestations – nombreuses – des trois jours qui suivirent en précisant à quelle heure le cortège s'était *disloqué*. Le verbe *se disperser* avait soudain disparu du dictionnaire.

Cette homogénéisation des tournures s'étend à la société, imprégnée du parler-télé. Une expérience était amusante, durant la Coupe du Monde 2014 : suivre les matches sur TF1 et écouter les commentaires – à la mi-temps et en fin de match – sur iTélé. Les commentateurs et consultants s'interrompaient parfois pour céder la parole à un envoyé spécial chargé de recueillir les impressions des supporters, dans un bistrot par exemple. On se rendait compte alors que ces téléspectateurs livraient bien moins leurs propres analyses et sentiments qu'ils ne récitaient les commentaires entendus en direct sur TF1 durant la diffusion du match !

Lors du décès de Nelson Mandela, on a pu voir nombre de personnes interrogées en micro-trottoir se dire « profondément tristes » : elles n'étaient pas *touchées, émues, attristées, chagrinées, peinées, bouleversées, ébranlées, affectées*, ou bien – pourquoi pas ? – *indifférentes*. Toutes étaient « profondément tristes » (comme s'il n'y avait aucune différence dans le degré ou même la nature de l'émotion selon que l'on a connu personnellement le défunt ou non, que l'on s'est intéressé à son combat et à sa vie ou pas). Nous disions plus haut que l'encodage unique était le propre du langage automatisé ou animal. Cette réduction du lexique, qui conduit à employer un seul terme pour désigner des réalités bien différentes aboutit pourtant à calquer le langage humain sur le fonctionnement de ces modes de communication : il n'y a plus de nuance ni de subtilité ; la parole devient modélisable, schématique, et on comprend qu'il ne soit plus besoin de soigner la grammaire. À la limite, on pourrait se contenter de : *mort-Mandela-cause-tristesse*.

Le même phénomène se produit encore avec le mot

« solidarité », initialement chargé, semble-t-il, de remplacer dans le langage commun « charité » qui avait une connotation trop religieuse ; cette substitution a si bien fonctionné que « solidarité » a entrepris de supplanter d'autres termes : après les inondations, les habitants « mettent en place un système de solidarité » (= d'entraide) ; il règne, dans cette équipe de footballeurs amateurs, « un fort esprit de solidarité » (= de camaraderie) ; « certains ont compris qu'en ces temps de crise, le repli individualiste n'est pas la solution : il faut savoir faire preuve de solidarité » (= d'altruisme) ; après le décès d'un enfant, « le maire fait part à la famille de sa solidarité » (= sa compassion). Cette dernière option est d'une glaçante froideur puisque, si la compassion s'éprouve en tant que sentiment, la solidarité est théoriquement un terme de droit qui exprime le lien juridique entre plusieurs parties dans un procès et, par extension, l'obligation morale de ne pas nuire aux autres et de leur porter assistance en raison d'une convergence d'intérêts : la solidarité ne se *ressent* pas.

Un mal social

Le mimétisme du langage commun vis-à-vis du parler journalistique est frappant et inquiétant, car de l'adoption du mot à celle de l'idée, il n'y a qu'un pas. De même que l'homme de la rue répète les commentaires du match comme s'ils émanaient de sa propre analyse, de même il répétera les formules creuses sur le vivre-ensemble, le danger de l'extrême droite, l'islam-religion de paix, les bienfaits de l'Europe, etc. Il n'en sait rien, mais *on* le dit, donc il le dit. Et si c'était là le discours dominant dans les médias, il reprendrait avec tout autant de conviction des slogans sur le complot juif, le danger de l'islam, l'infériorité de la race noire, etc. Sans plus de réflexion, au nom d'un plaisir au demeurant tout à fait compréhensible, celui que procure l'harmonie de l'uniformité. Délice de se fondre dans la perfection extatique d'un chœur à l'unisson, assorti de cette étrange certitude que la voix de la majorité est nécessairement celle de la raison. Dans un monde où ce sont les médias qui font la pensée majoritaire, c'est presque nécessairement faux. Comme on va le voir, l'éthique du journalisme n'est pas une *éthique du vrai* mais une *éthique du bien*. Il faut ajouter ici que le mouvement actuel de discrédit des médias de masse ne change rien à l'affaire : par rejet de la parole journalistique, beaucoup se mettent à penser systématiquement le contraire de ce que dit le Journaliste, et cette pensée anti-médias est tout aussi homogène et irréfléchie que le pré-pensé médiatique. C'est encore un effet de l'uniformité du discours des journalistes.

C'est un fait, tous les journalistes parlent de la même manière et le commun des mortels parle *comme à la télé*, donc comme les journalistes. Le mimétisme qui uniformise le discours dans la sphère médiatique devient un handicap collectif. Il englue la pensée des auditeurs et téléspectateurs qui, pour beaucoup d'entre eux, ne disposent pas d'un spectre lexical très étendu et ne peuvent utiliser que les mots qu'ils reçoivent des médias. Or, en même temps que les mots, ils reçoivent la pensée dont ceux-ci sont porteurs. En même temps qu'un vocabulaire, on leur impose donc une certaine grille de compréhension du monde. Le défaut médiatique devient la maladie d'une société. Le psittacisme se mue en psittacose. Celui-là est un *vice intellectuel* qui consiste à répéter comme un *psittacus* (c'est-à-dire un perroquet) ce qu'on a entendu, sans réfléchir au sens de ce qu'on dit. Mais celle-ci est une *maladie infectieuse* transmise par les perroquets. Les symptômes, banals, paraissent souvent bénins : conjonctivite, petite difficulté respiratoire. Non soignés, ils dégénèrent en pneumonies, pathologies cardiaques, troubles neurologiques, tous maux graves, parfois mortels. La responsable en est une bactérie qui ne peut vivre qu'en parasitant les cellules de l'individu. Autrement dit, c'est la victime qui fait vivre en elle l'agent infectieux ; elle nourrit elle-même le mal qui la ronge.

Les symptômes plus ou moins alarmants sont les fautes de français. Les perroquets sont les journalistes. L'agent infectieux, c'est l'idéologie. Nous sommes tous malades ou en danger de l'être.

L'information est contaminée.

PARLEZ-VOUS JOURNALISTE ?

« Nous en s'rons plus »

Là encore, on prend le risque d'accréditer une antienne « extrémiste », celle du monde des médias comme « caste » homogène. Mais le critère sur lequel nous nous appuierons ici ne relève point de la posture politique, puisqu'il s'agit d'étudier la *diction* médiatique, pour vérifier le postulat suivant : il y a une manière de prononcer les mots et de scander les phrases typiques du Journaliste.

S'il y a bien un défaut qui caractérise les acteurs français, c'est leur propension à manger les mots et leur incapacité totale à s'exprimer clairement : le modèle de Niels Arestrup fait des ravages et celui de Fabrice Luchini, malheureusement, trop peu école. Diction uniforme et articulation minimaliste prévalent. C'est étrange, on le dit peu : pourtant, on devrait légitimement se demander si les critiques de cinéma n'ont pas la chance de se voir proposer les films en version sous-titrée, sans quoi l'on doit s'étonner qu'ils puissent rendre compte de certaines productions, épuisantes à suivre. Saisissons l'occasion d'exprimer notre compassion aux dialoguistes, dont le travail est massacré sans vergogne par des acteurs qui semblent avoir usurpé les louanges dont on les gratifie. Heureusement, nos journalistes ne s'en inspirent pas. Il y en a bien qui continuent de bouger les lèvres sans plus émettre aucun son quand ils sentent arriver le bout de la phrase, forçant le téléspectateur à de fatigants exercices de devinettes, ou bien se contentent d'en avaler le dernier mot, malheureusement souvent le plus important : oui ou non à l'indépendance de l'Écosse ? On passe en revue les résultats dans les villes importantes et l'on apprend que « Glasgow, la plus grande ville du pays, a voté… ». L'effet de suspense est on ne peut plus déceptif. En l'occurrence, comme c'est à la radio, on ne peut même pas espérer se fier au mouvement des lèvres.

Certains problèmes de prononciation trahissent les lacunes du Journaliste en orthographe ou en grammaire. Voici le propos d'une reporter qui couvre le procès d'Oscar Pistorius : « Nous en s'rons plus cet après-midi ». On peut élider le « e » de « serons » mais il est impossible de faire sauter le « au » de « saurons ». La prononciation de la journaliste suggère qu'elle commet une confusion entre le futur des verbes *être* et *savoir*. Ce journaliste sait-il écrire correctement le mot qu'il prononce si mal quand il nous parle de personnes arrêtées puis « emmenées au commissériat » ? Peut-être l'influence de *cafétéria* (qui trahit l'envie d'une pause-café ?). Et son confrère, comment a-t-il écrit sur son petit papier la phrase qu'il lit « les blindés bloquent la route qui conduis**ent** à Donietsk » ? En voilà un qui révèle, à l'occasion d'une étrange liaison, son problème avec les finales en « é » : « Pour la première fois en France, un kamikaze est passé-r-à l'action ». Et tel autre, croit-il parler de gentes dames quand il parle de la « gent**e** féminine » ? Les dictionnaires signalent toutefois une tendance à la prononciation du « t » final de *gent* chez beaucoup de locuteurs ; reste à savoir comment ils écrivent ce mot. Les journalistes de la presse écrite se trompent quasi systématiquement, mais ceux de la radio et de la télévision bénéficient de la présomption d'innocence. Comme on leur accordera le bénéfice du doute sur la manière d'orthographier *droit de cité*, que leurs confrères des supports papiers (et articles en ligne) orthographient fréquemment « droit de citer », trahissant par-là qu'ils n'ont pas tout à fait saisi le sens de l'expression !

Enfin, le mot « campagne », pourtant bien utile en période d'élections, est souvent prononcé « campaïne »...

« Dominique Verner »

D'autres fautes de prononciation seraient sans intérêt si elles n'étaient susceptibles de représenter ce que la psychanalyse appelle des actes manqués. Involontaires mais répétitives, ces erreurs nous disent peut-être quelque chose des préjugés, des dispositions mentales, de la vision du monde du Journaliste. Les patronymes étrangers africains et arabes sont toujours impeccablement prononcés, avec un sérieux admirable. On sent parfois juste après, dans la voix du Journaliste, la satisfaction du « ah ! c'est passé ! j'ai réussi à le dire ! ». En revanche, les noms asiatiques sont souvent massacrés sans complexe, avec un rire faussement gêné et parfois même un commentaire, cette fois à voix haute : « j'ai réussi à le dire ! », censé établir une connivence avec l'auditeur sur le mode implicite du « vraiment, ces asiatiques ont des noms imprononçables ». Ou bien le Journaliste, justement, n'arrive pas à le dire, se reprend et observe, têtu : « je vais y arriver ! ».

De même, on n'a pu manquer de remarquer qu'un journaliste d'iTélé passa une soirée entière à désigner Dominique Venner sous le nom de « Dominique Verner ». Comment ne pas penser qu'un peu de mépris pour cet intellectuel inconnu de lui et étiqueté trop à droite pour être sympathique transparaissait dans son erreur de prononciation ? On peut faire l'hypothèse que le glissement de Venner à Verner, un nom à consonance germanique, s'est fait *via* les idées de nationalisme, d'extrême droite et, par suite (dans l'esprit de Journalisme) de nazisme. Le lien entre *Allemand* et *nazi* est une donnée tenace de la psychologie française, quoi que l'on fasse pour lutter contre ce cliché, entretenu par les documentaires historiques et, bien entendu, les films. Or, le cinéma offre des figures de Werner nazis qui ont pu constituer une réminiscence inconsciente à l'origine de la faute de prononciation : le Werner Pluskat du *Jour le plus long* (1962), le Werner de *la Grande Évasion* (1963), le Werner de *Das Boot* (1981), le Werner Haase de *la Chute* (2004), le Werner von Haeften de *Walkyrie* (2004), le Werner Rachtman d'*Inglorious Basterds* (2009), *etc*. Un inconscient collectif chargé de culture cinématographique populaire vient peser sur le nom de l'essayiste, témoignant de la manière dont ce journaliste le considère. L'imagination peuplée de *Werner*, il ne pouvait pas prononcer *Venner*.

Une journaliste de France Info cette fois s'obstina à prononcer « Cour**seuilles** » au lieu de « Courseulles », pour désigner la commune où était implanté le laboratoire incriminé dans l'affaire des poches pour nourrissons ; et une autre précisa que Cherbourg était situé dans le « C**on**tentin » : mépris de la parisienne pour le monde de province ? De même, on imagine sans peine ce que pense le Journaliste de la Marche pour la Vie, quand il signale à l'antenne que le « crotège » vient de démarrer. Avant de se corriger ; avec un sourire : les journalistes en radio semblent souvent oublier que, déformant les lèvres sans interrompre le flux de la parole, les sourires s'entendent.

« C'est parti-ch ! »

Dans le domaine des défauts de prononciation, on doit signaler la prolifération des sons parasites qui relève en grande part du même problème de négligence globale, sur lequel nous reviendrons. Il peut s'agir du bien connu « in » en final : il s'accompagne d'un abaissement de la voix qui témoigne que le Journaliste ne soigne pas ses fins de phrases, les laisse tomber, au sens propre du terme. Au lieu de fermer nettement la bouche, on en laisse sortir un son disgracieux : « le président de la Républiqu-in » ; la Franc-in » ; « le Nor-in » (= le Nord). Très indisposant.

Mais que dire de l'inévitable « ch » qui s'incruste après les « i » (« merci-ch ! ») ou les « é » (« qu'est-ce que vous en pensez-ch ? ») ? Là encore, c'est un marqueur d'oralité bien connu mais vraiment insupportable à la radio où l'on ne reçoit du locuteur que la voix, qui retient, dès lors, toute notre attention, et doit par conséquent être soignée. Durant toute l'année 2013-2014, si l'on allumait France Info à l'heure où débutait « le 12-13 », on avait le plaisir d'entendre une voix féminine lancer : « c'est parti-ch ! il est midi-ch ! ».

Le son parasite peut être adventice, comme c'est le cas du « eu » accolé à tous les mots ou presque dans la bouche de certains journalistes. Très bref, il n'est pas le « euh », bien connu, de l'hésitation, mais une espèce de tic de langage qui participe de l'*effet journaliste*. C'est une manière artificielle de contrôler son propre débit et d'occuper l'espace sonore tout en se laissant une fraction de seconde pour s'assurer qu'on ne va pas dire de bêtise ; ou comment éviter les blancs sans enchaîner les mots quand on n'est pas sûr de soi. En réalité, le stratagème est bon quand il est ponctuel ; il fait lourd et bouffon quand il est permanent : « Il reste encore eu-ce soir eu-trente-trois mille eu-foyers eu-privés eu-d'électricité » (absolument authentique, source iTélé).

Mais les défauts de prononciation peuvent aussi se manifester par la transformation systématique de certains sons. C'est ce qui se produit quand l'anticipation d'une consonne durcit la précédente : le parquet de Paris devient ainsi le « parquett'Paris » ; tel joueur de football souffre d'une « blessure à la ch'fille » ; nous allons suivre les épreuves de « ski t'fond » ; voici un homme condamné à « vingt-cinq ans t'prison ». Et nous partons voir comment la réforme territoriale est perçue dans le « Pat'calais. »

En outre, est-il un auditeur capable de supporter (au sens français du terme) telle journaliste qui se plaît à employer une intonation poissarde, ou telle autre qui parle du nez à tel point que tous ses « a » deviennent des « in » : « in Pinris lin situintion ne s'inrrange pin ». Ce défaut de prononciation est pourtant très aisé à régler, ne serait-ce qu'en s'exerçant à faire sortir lentement les sons par la bouche, tout en se pinçant le nez. On se demande parfois si la qualité d'élocution fait ou non partie des critères de sélection des journalistes travaillant dans l'audiovisuel.

« L'Ôrope »

Même si ce n'est pas à proprement parler un défaut, la tendance très globale des journalistes à parler avec le fond de la bouche doit être soulignée comme éminemment symptomatique. C'est un trait de parisianisme : on dit que les Parisiens *grasseyent*. Mais on peut légitimement se demander si cette parlure ne relève pas d'un nouveau snobisme de caste. En effet, il est tout de même remarquable que cette prononciation si particulière ne s'entend guère qu'à la télévision, dans la bouche des journalistes et de personnalités appartenant au monde politique ou culturel. Cet *accent* n'est plus véritablement un parler régional ; il devient un marqueur communautaire qui se répand par imprégnation grégaire et témoigne du fonctionnement relativement fermé du petit univers dans lequel gravitent ceux qui parlent ainsi. En ce sens, la notion de microcosme politico-médiatique, parfois contestée pour son imprécision et ses relents factieux, recouvre bien une certaine réalité, rendue palpable par le parler spécifique de ce groupe social. Par-delà les clivages politiques, des gens adoptent des prononciations communes qui traduisent, inconsciemment sans doute, le sentiment profond d'appartenance à une même sphère. Prenons quelques exemples faciles à repérer : Europe devient « Ôrope », le gouvernement devient « gouvernomon ». De même, on parlera du « pople palestinien » et on signalera, durant la coupe du monde de rugby féminin, que les joueuses de l'équipe de France « povent, oui povent, espérer une victoire ». Les « eu » qui deviennent « o », les « en » qui deviennent « on » sont particulièrement agaçants à l'oreille ; pour qui est sensible à ce genre de parlure, écouter France Info plus de dix minutes d'affilée peut être extrêmement pénible, surtout aux heures où s'expriment des journalistes chez qui cet accent est particulièrement marqué, au point qu'on ne saurait déterminer s'ils disent « pour lors » ou « pour l'heure », « ton médiatique » ou « temps médiatique ». Sans compter que ces transformations phoniques produisent parfois des phrases surprenantes. Après le référendum sur l'indépendance de l'Écosse qui a vu le *camp* du non l'emporter, le Premier Ministre Britannique David Cameron « s'est adressé aux *cons* du oui ». Le glissement des voyelles vers l'arrière est encore plus facile à entendre sur le « a », ce qui se traduit par la prononciation de « quart d'heure » en « cor d'heuré », de « gardien » en « gordien » et de « cas » en « co », sans compter que nous ne reproduisons pas ici le mode d'émission si particulier de la consonne qui précède le « a », articulée aussi loin que possible au fond de la bouche : que l'équipe de Guingamp ait remporté la Coupe de France de football nous a donné le plaisir d'entendre à tout bout de champ prononcer le nom de cette ville bretonne, une petite gymnastique buccale qui était, chez certains journalistes, bien laborieuse (que l'on s'entraîne à dire ce mot en formant les « gu » au fond de la bouche et on se rendra compte de la difficulté de la tâche). La transformation du « a » en une sorte de « o » peut avoir des effets terrifiants quand joue l'anticipation par le récepteur de la teneur du message : en août 2014, une adolescente disparaît ; peu de temps après, on nous annonce sur France Info qu'elle a été retrouvée « mor… » – morte ? – non, « morci ». Et elle est vivante. Bien sûr, cette tendance à *reculer* concerne tous les phonèmes – les sons – de la langue qui en sont susceptibles ; combiné avec la tendance des journalistes à élider les « e » des finales et des petits mots grammaticaux (penchant qui relève du relâchement généralisé, voir plus loin), cela donne des choses aussi agréables à l'oreille que ceci, entendu moult fois lors de la visite de l'homme en France : « le satiam'prasidon d'la Rapubliqu'de Chine ». On sera attentif également à la manière dont les locuteurs de ce groupe, par instinct ou par affectation, traitent les « ch » et les « j » : avec une obturation très profonde du canal buccal par rapport à la prononciation standard. Lorsque la jeune reporter Camille Lepage a été assassinée en Centrafrique, certaines chaînes ont diffusé de brèves rétrospectives de son travail. L'une de ses consœurs a même annoncé un diaporama : « un hommage en images à Camille Lepage ». Seulement, cette petite rime interne est très difficile à articuler quand on dit les « a » et les « j » au plus profond de la bouche, de sorte que les mots étaient suivis d'une brève pause qui hachait totalement la phrase. Quant aux « r », ce sont les fameux « r » *grasseyés*, qui ressemblent un peu, à l'oreille, au deuxième son du « Achtung ! »

allemand : l'actualité internationale récente nous a donné le plaisir d'entendre parler sans cesse de « l'Ukrrane » et de la « Crrimée ». Quand la manifestation propalesinienne du 19 juillet 2014 a été interdite, les organisateurs ont déposé un recours : « rrocourr rrochté », commente la journaliste sur France Info. Redisons-le : cette prononciation ne se pratique ni ne s'entend guère dans les rues de la capitale. Plus exactement, malgré sa laideur, on ne l'entend, pour ainsi dire, que quand on allume son poste de télévision ou sa radio. Plus précisément encore, et c'est pourquoi l'on peut parler d'un parler de caste, d'un accent sociolectal (propre à un groupe déterminé), on l'entend dans les médias *sérieux* : les animateurs des émissions de divertissement (Arthur, Hanouna, Morandini, etc.) ne parlent pas ainsi. Et parmi ces médias sérieux, France Info se distingue par la présence quasi permanente, à l'antenne, de cette prononciation. Cette communauté de parlure qui unit les journalistes, caractérisée par sa diction propre, contribue à constituer en groupe homogène un ensemble de personnes censées représenter – « dans sa diversité », selon l'expression consacrée – la multiplicité des sous-groupes qui forment la communauté nationale. Quels que soit leur sexe ou leur couleur de peau, dans les faits, ces personnes en viennent à s'agréger elles-mêmes en classe, avec son sociolecte, c'est-à-dire son parler spécifique (vocabulaire, phraséologie, oui, mais aussi prononciation). Ce groupe, parfois désigné comme une *élite*, l'est plus par le pouvoir dont il dispose que par sa supériorité culturelle ou intellectuelle ; il existe en tant que communauté homogène, à laquelle ont part ceux qui font l'actualité (personnel politique, politologues-vedettes) et ceux qui, à partir de cette actualité, font l'information (les journalistes).

« François-Fillon-le-patron-de-l'UMP-Jean-François-Copé »

De même, il y a une manière « journaliste » de marquer les pauses. Certes, l'idée assez répandue que ces dernières devraient systématiquement correspondre à des respirations ne résiste pas à l'examen de la pratique. En revanche, les pauses sont toujours censées faire entendre des « frontières syntaxiques »[68] (qu'on traduira à l'écrit par des signes de ponctuations justement appelés « signes pausaux »[69], comme le point, le point-virgule ou la virgule) ; pour le dire autrement, c'est la logique du sens qui prévaut dans la répartition des pauses. Difficile, dans ces conditions, d'expliquer cet extrait (la double barre figure la pause orale ; on notera que si elle ne coïncide pas avec le point – que la journaliste ne marque pas du tout – elle ne correspond pas non plus à une quelconque articulation logique) : « On reparle de la cérémonie d'ouverture Vladimir Poutine// en a fait un événement de communication politique. »

En extrait long, ce type de césure inopinée est fatigant, comme dans ce reportage d'une envoyée spéciale : « Dès son arrivée// devant les grilles Arnaud Montebourg a été interpellé par les salariés// et les représentants syndicaux. Le ministre// qui a tenu à se montrer rassurant : "nous allons a-t-il martelé nous allons tout// mettre en œuvre afin d'empêcher la fermeture du site" ».

On en vient à s'habituer à ces bizarreries de scansion et il est même probable que ce soit une loi du genre : cela *fait journaliste* de placer les pauses n'importe où ; surtout pas aux endroits logiques.

À cela se superpose un problème d'intonation. La citation de l'envoyée spéciale, pour être conforme à l'originale, doit être lue d'une voix puissante mais absolument monocorde, avec uniquement une élévation de voix sur la dernière syllabe qui précède chaque pause. Bien entendu, cette schématisation est un peu caricaturale et on ne saurait nier qu'il y ait des variations de voix entre chaque pause, mais elles sont mineures. Peut-être ce phénomène doit-il être mis en rapport avec une certaine volonté de neutralité. Là encore, il y a un problème de conception des choses, si pour les journalistes le ton neutre implique l'usage d'une intonation et d'une prosodie qui ne sont absolument pas naturelles.

Il faut noter que parfois, et ce n'est pas rare, les problèmes de prosodie nuisent au sens du message. Dans la mesure où la ponctuation se voit mais ne s'entend pas, nous allons reproduire sans signes pausaux l'extrait d'une information, en signalant seulement la place des pauses orales marquées par le journaliste : « c'est du moins la position de François Fillon le patron de l'UMP Jean-François Copé s'est dit quant à lui// surpris// de la déclaration de la ministre ». Quand on sait la guerre que se sont menée les deux hommes pour l'acquisition de ce titre, laisser planer un doute sur le détenteur du statut de « patron de l'UMP » n'est guère sympathique ! Plus sérieusement, la mise en apposition du syntagme « le patron de l'UMP » est censée aider à la compréhension du message, de même qu'on se contente rarement de donner le nom d'un ministre sans préciser de quoi il est ministre. En l'occurrence, l'intérêt de la précision est annulé par le fait qu'on ne sait pas, à l'oreille, où tombe le point. Le choix instinctif de mettre une pause de part et d'autre de « surpris » est tout à fait justifié puisqu'il s'agit pour le Journaliste de faire sentir qu'il cite le mot de Jean-François Copé : les pauses suffisent à isoler le terme pour faire comprendre que s'opère une délégation de parole. En revanche, il est évident qu'une pause s'imposait (si l'on peut dire) après « François Fillon ».

Si l'ex-Premier ministre se voit pourvu d'un titre qu'il n'a pas, que dire du nombre considérable de journalistes soudain propulsés aux fonctions les plus prestigieuses, par la faute d'une apostrophe maladroitement placée : « Et Lucie Ragot, la ministre déléguée à la famille, Dominique Bertinotti, a précisé sa position ce matin » – « Oui, en effet, Daniel, *etc.* » répond ladite Lucie Ragot, devenue ministre bien malgré elle ; le procédé fautif est ici exactement le même que dans le cas précédent.

Mais parfois, le nom de la personnalité mentionnée vient d'être employé et n'est donc pas repris : la démarche est appréciable puisqu'elle permet d'éviter une répétition tout en ménageant l'occasion d'indiquer la fonction de la personnalité dont il est question. Le problème, c'est quand se superpose à cette substitution la nécessité d'introduire le nom de l'envoyé spécial qui va traiter le sujet. On obtient alors des cocasseries de ce genre : « Vladimir Poutine a redit sa détermination à trouver une solution par la voie du compromis diplomatique. Le président russe, Grégoire Potin, refuse toujours toute menace d'emploi de la force contre le régime syrien ». Heureusement, tout le monde sait qui est Vladimir Poutine et l'on n'ira pas croire que c'est un certain Grégoire Potin qui est président de la Russie. Mais quand la personne dont il est question est aussi peu connue que l'est le journaliste, on est un peu perdu : « [...] et le président du Secours Catholique, Grégoire Potin, tire la sonnette d'alarme » – « Oui c'est une situation très inquiétante, martèle François Soulage [...] ». Le président du Secours catholique est bien François Soulage ; mais il faut un petit effort d'attention pour en être certain.

Il y a donc bien un « parler journaliste », une manière de prononcer les mots et d'énoncer les phrases qui *fait* journaliste. Aussi n'est-il pas étonnant, comme on le verra par la suite, que le Journaliste ait également son vocabulaire bien à lui, sa manière de désigner, de décrire ou encore, de citer. Seulement, si la parlure est sans incidence, ou si peu, sur les idées de l'auditeur, il n'en va pas de même pour les autres aspects du discours journalistique. Mais dédouanons-le par avance de toute intention maligne.

INCOMPÉTENCE LINGUISTIQUE

Ce n'est pas que le Journaliste ne veuille jamais manipuler. Mais quand il le fait délibérément, c'est toujours pour une bonne raison, c'est-à-dire pour empêcher son auditeur de penser quelque chose de mal. Cette louable intention est, au demeurant, automatiquement contreproductive. On l'a vu sur la question du traitement de l'IVG, on le verra encore avec celui de la lutte contre les « ABCD de l'Égalité » ou avec les changements de prénoms dans les faits divers. Par sa manière de présenter les choses, le Journaliste prend le risque d'obtenir l'effet inverse de celui qu'il désire – et de discréditer un peu plus sa profession.

Mais généralement, le Journaliste pêche surtout par manque de réflexion sur les mots qu'il emploie, donc par une maîtrise insuffisante de son outil de travail principal : la langue.

« Le chômage est vraiment un sujet casse-gueule »

D'abord, il ne semble pas bien à son aise avec la distinction de ce qu'on appelle les *niveaux de langue*. Là aussi, on peut le penser plus intelligent et le soupçonner d'une complaisance teintée de mépris envers la populace à qui il veut s'adresser. Pour être compris du peuple et lui plaire (conditions nécessaires à l'efficacité du discours) parlons comme lui, parlons mal. Je crois plutôt que c'est à la fois de la négligence et, pour faire écho aux termes employés dans le rapport de la Table de concertation sur la qualité de la langue dans les médias au Québec (voir plus haut), la conséquence d'une trop faible compétence linguistique.

La plupart des locuteurs francophones de l'hexagone a perdu ou est en voie de perdre conscience qu'il existe des niveaux de langue différents – ce qui n'est sans doute pas sans rapport avec la remise en cause permanente de la légitimité des hiérarchies. Cette conscience n'est pas totalement intuitive même si le constat que « papa ne parle pas de la même manière au téléphone avec son patron et devant le match avec ses copains » est très tôt fait par l'enfant. L'intériorisation de ce que la lexicologie appelle l'axe de variation diastratique s'apprend aussi par le biais d'exercices de reformulation de texte ou de substitution de termes. Néanmoins, il devient fréquent que l'on s'adresse à un supérieur comme on parle à ses amis, non point par insolence volontaire mais par impossibilité de faire autrement (ignorance des mots adéquats, des tournures de politesse, ignorance même du fait qu'il existe des rapports de nature différente entre les individus dans la société en fonction du type de relation qui les unit). Tout professeur confirmera que l'inhibition du « non, on ne peut pas mettre cela dans un devoir » a largement disparu. C'est ainsi qu'on écrira sans complexe que, dans telle scène du *Cid,* « Chimène essaie de faire craquer Rodrigue » (devoir surveillé en classe de seconde) que, dans *les Châtiments*, « Victor Hugo livre un réquisitoire vraiment bien ficelé » (Bac + 3, Lettres modernes, copie d'examen), ou que « tout le monde s'en fiche de savoir si Jésus est le fils de Dieu » (concours d'entrée dans une grande école de commerce).

Point de malentendu :

1. Il ne s'agit pas d'exprimer un quelconque mépris bourgeois pour le *mot bas* mais seulement de rappeler qu'à chaque cadre de sociabilité correspond un parler propre, défini,

entre autres, par des caractéristiques de lexique et de syntaxe ; s'adapter au cadre d'expression suppose que l'on soit capable de formuler une même idée d'une manière différente selon le contexte.

2. Il va de soi qu'on ne saurait exiger des journalistes radio et télé l'usage d'une langue ayant la qualité de l'écrit, dans un registre uniformément élevé. Le CSA rappelle d'ailleurs qu'il est « attentif à la qualité de la langue employée dans les programmes des différentes chaînes de télévision et de radio, tout en étant conscient que la nature même de la communication radiophonique et télévisuelle impose un style oral et justifie des facilités que bannirait la langue écrite »[70].

Nous n'entendons pas ici plaider en faveur d'un parler ampoulé, seulement faire remarquer que, par souci de jouer la décontraction et la proximité, certains journalistes adoptent volontiers, de manière permanente, un langage extrêmement négligé. Il serait utile de leur rappeler que, si parler n'est pas écrire, ce n'est pas non plus nécessairement parler *mal*. On est en droit d'attendre d'eux un oral de qualité, ne se distinguant de l'écrit que par la simplicité de la syntaxe, l'intelligibilité du vocabulaire et la brièveté des phrases.

Signalons ici que les adeptes du parler le plus relâché sont aussi les plus friands d'anglicismes dans les deux sens du terme. Nous avons laissé de côté la question des emprunts directs à l'anglais (reprise de mots tels quels), ce qui ne correspond, en réalité, qu'à la seconde signification du mot *anglicisme*. C'est ce que l'on entend quand un animateur de « C dans l'air » s'excuse de poser une question « un peu **provocative** ». Mais l'anglicisme, dans son premier sens, désigne le décalque d'une tournure propre à l'anglais. Les traducteurs professionnels des films et séries – et il faut le regretter – en sont apparemment de plus en plus adeptes. À ce titre, on peut se demander si ce n'est pas, précisément, dans ces doublages fautifs – où elles sont légions – qu'ont trouvé naissance des expressions aussi peu françaises que : « les ministres vont dormir sur tout cela avant Noël ». On dirait un exercice de version raté et pourtant, il ne s'agit pas d'une traduction. D'une façon ou d'une autre, le journaliste a intériorisé la transcription littérale d'une expression anglaise : *sleep on it!* On en propose en général pour équivalent « la nuit porte conseil », impossible à intégrer à la phrase du journaliste (*la nuit va porter conseil aux ministres avant Noël*). Tellement plus idiomatiques, les verbes *réfléchir à* et *méditer sur* auraient bien fait l'affaire.

Une remarque annexe sur l'anglicisation : il est urgent que les journalistes s'accordent sur le genre des mots qu'ils empruntent. On s'était accoutumé à entendre, notamment en F1, que « **le** team a fait un excellent travail » mais voilà qu'iTélé nous propose tous les matins une émission intitulée « **la** Team Toussaint » ; et pendant le Tour de France 2015, on a pu admirer « **la** team Sky ». La même chaîne dispose aussi d'une plage horaire qui s'appelle « **la** Newsroom », alors qu'un journaliste nous présente « **un** showroom au design futuriste ». Quant à *battle*, qui était tout récemment encore masculin (**un** *battle* de breakdance, de rap, etc.), dans le télé-crochet *The Voice*, ce mot est devenu féminin (« Donnez-vous à fond pour **cette** *battle* ! »). Si cette féminisation est le signe d'un alignement sur les mots français auxquels correspondent les termes anglais qu'on leur a préférés (une équipe, une pièce, une bataille), c'est plutôt une bonne nouvelle – à défaut de la conservation du mot français. Si elle marque le début d'une variabilité de genre liée à l'inexistence du neutre en français, c'est un abâtardissement regrettable (*après-midi*, aussi bien masculin que féminin, était, il y a peu, une exception).

On pourra fermer les yeux sur la récurrence des très laids « du coup » et « pour le coup ». En revanche, on doit légitimement s'inquiéter de la rigueur de l'information quand une phrase commence par « en gros » ou « en clair ». Il s'agit généralement de reformuler ce qui vient d'être dit en d'autres termes. Mais la première expression suggère que l'excès de précision a nui à la compréhension de l'information ; tandis que la seconde suppose que le sens de la phrase n'était pas clair. Bien entendu, le Journaliste ne remet pas en cause son propre discours. L'impression suscitée est celle d'un profond mépris pour l'auditeur, à qui il faut redire les choses autrement sinon il ne comprend rien, son intelligence ne lui permettant de saisir ni le précis ni le complexe.

Parfois, le mépris semble prendre pour objet l'interlocuteur du Journaliste dans le cadre d'un entretien, ou bien la personne qu'il cite, l'idée étant : ce que vous dites n'est pas clair alors il faut que je reformule. C'est l'occasion, en général, d'une simplification de la pensée de l'autre puisque, dans sa reformulation, le Journaliste ne s'embarrasse d'aucune subtilité ni nuance. Reste que ces amorces relèvent de la langue parlée et que leur surabondance manifeste surtout les faibles ressources du Journaliste en matière d'outils de connexion inter-phrastique. La reformulation dégradée se déguise parfois en citation réelle, fort dommageable pour l'image du locuteur premier. Par exemple, après avoir mentionné l'accusation portée contre le ministre de l'Éducation Nationale, Vincent Peillon, de vouloir geler l'avancement des fonctionnaires, la journaliste ajoute : « "c'est n'importe quoi", dit Vincent Peillon ». Or, le ministre n'a jamais dit « c'est n'importe quoi » ; il a publié un communiqué, dans lequel il « dément formellement avoir proposé un gel des avancements et des promotions des fonctionnaires dans le cadre des discussions budgétaires » ; tels sont les termes du ministre que la journaliste a, sans vergogne, transformés en un langage de cour de récréation.

On pourra considérer qu'il faut être trop pointilleux pour

scruter la langue des informations sportives : le sport est un loisir, une détente ; il est normal, dira-t-on, d'en parler en termes relâchés. Il nous semble qu'il faut être indulgent envers le commentateur sportif, dont le débit rapide essaie de rendre compte de l'événement, de manière descriptive et analytique à la fois, dans une quasi-simultanéité avec l'action-même (ce qui explique la prodigieuse productivité du subordonnant « alors que » dans ce type de discours). Il n'est pas impossible, à la limite, de considérer comme de la terminologie technique les très agaçants « être focus » (= être concentré), « être facile » (= être à l'aise), « être vite » (= être rapide). Le dernier peut toutefois se prévaloir d'un noble antécédent, quand la perdrix de la Fontaine se moque en ces termes du lièvre : « Tu te vantais d'être si vite !/Qu'as-tu fait de tes pieds ? » Voilà le Journaliste qui parle comme au Grand Siècle ; il ne lui manque plus que la perruque. Vocabulaire spécialisé encore, apparemment, les commentaires anglicisés à l'extrême (« il a pris un bon *start* alors ce serait dommage de partir en *live* ») et les expressions qui, hors contexte, évoquent plutôt le film d'horreur : « La tête d'Ibrahimovic s'est écrasée sur la barre transversale » – pour signifier que le ballon, repris de la tête par Ibrahimovic, a heurté ladite barre. Mais il est plus évidemment contestable, au cours du *flash-info*, qu'une journaliste, entendant faire comprendre, après les titres politiques, qu'elle aborde un domaine plus léger, s'autorise un : « Pour telle équipe, ce n'est pas gagné car côté bobos, la liste est longue » ; elle veut dire que la surabondance de blessures grève les chances de cette équipe. Quant à la correspondante sur place aux Jeux Olympiques, elle précise que si tel skieur n'a pas obtenu le résultat qu'il espérait, c'est parce qu'il « traîne une sinusite ». L'idée, on le voit bien, est tout simplement de détendre l'atmosphère en accompagnant le changement de domaine d'information d'une modification du registre de langue. Mais si un petit décalage ponctuel produit un effet d'oralité bienvenu qui sauve le discours du compassé, la lourdeur et le ridicule de pareilles expressions témoignent seulement d'un fort relâchement et d'une appréhension très caricaturale et sans nuance de la différence entre les niveaux de langue.

Le même débat s'étend aux chroniques musicales : c'est un intermède divertissant ; on ne va pas exiger un langage trop strict et froid quand il est question de musique, domaine qui en appelle à l'émotionnel et aux sensations. Mais à tout il y a des limites. Aussi est-il particulièrement choquant à l'oreille d'entendre un commentaire technique portant sur la diversité des inspirations de tel artiste se conclure avec l'idée qu'il s'agit là – la journaliste ne dit pas d'une *hybridation* réussie, d'un joli *mélange* des genres, voire d'un *métissage* admirable, pourtant le mot plaît – mais d'une « délicieuse tambouille ».

De même enfin, le chroniqueur cinéma s'autorise-t-il sans complexe à remarquer que *Gangster Squad,* abondamment téléchargé lors de sa sortie DVD avait pourtant fait « un bide au cinoche ». À l'expression élevée qui serait « n'a pas rencontré le succès en salles », à une expression courante comme « n'a pas marché au cinéma », le journaliste préfère l'expression la plus basse, « a fait un bide au cinoche ». *Cinoche*, en cooccurrence avec *bide* au surplus, ce n'est ni du parler naturel, ni la sympathique, expressive et exceptionnelle incursion d'un mot trivial dans un discours de bonne tenue. C'est épais et ridicule. Mais peut-être est-ce la manière de parler du Journaliste parisien lorsqu'il surjoue le populaire pour se mettre à la portée d'une plèbe qu'il se représente inculte, bornée et vulgaire. Le mépris bourgeois pour le mot bas dont nous parlions précédemment peut se manifester à travers l'illusion que le peuple parle mal et que pour en être compris, il faut parler comme lui : le dédain prend le masque de la prévenance. Ou peut-être est-ce seulement, dans le même esprit, un désir de *faire jeune*, au risque surtout de faire grotesque. Sur le même plan, on mettra le fréquent « ouais » qui introduit certains développements : « Et pendant ce temps-là, le Front National continue sa montée, Lucie » – « Ouais, les chiffres varient selon les sondages mais ce qui est certain, c'est que… ». Ce « ouais » n'est finalement qu'une variante du déjà très étrange « et » qui amorce beaucoup d'informations : « Les titres, Grégoire Potin » – « *Et* à la une, c'est encore la disparition du Boeing de la Malaysia Airlines *etc.* » On a coutume de dire que « et » sert à relier des mots ou des morceaux de phrases ; ici, il ne relie rien du tout. Il est une espèce d'équivalent de « eh bien »/« alors ». On l'excusera parce qu'il confère à la phrase un certain dynamisme mais tout de même : systématisé, il devient, lui aussi, caricatural et tient du tic de langage.

L'actualité météorologique n'échappe pas à de telles incorrections : « On parle beaucoup du mauvais temps en France. En Grande Bretagne, c'est pas mieux ». Si l'on suppose que la version écrite et soutenue serait une formule comme « la situation n'est pas meilleure », on peut considérer que « ce n'est pas mieux » relevait d'un langage parlé mais de bonne tenue. La suppression de « ne » n'est pas toujours choquante. À terme, elle est probablement appelée à se répandre. Mais en l'occurrence, la présence du « n' » aurait probablement suffi à éviter l'impression de négligence.

Quittons le domaine du divertissement (champ de l'excusable) pour celui des questions de politique et de société qui, en vertu de leur gravité, admettent bien moins que toutes les autres le relâchement d'expression. Le discours doit être à la hauteur des enjeux, comme aiment à le rappeler les journalistes, qui oublient seulement d'appliquer cette exigence à leur langage. C'est ainsi qu'on cumule l'anglicisme et l'apocope familière dans ce commentaire d'une campagne d'affichage menée par une association de défense des personnes handicapées : il s'agit là, selon la journaliste, d'une « initiative qui flirte avec la provoc' ». Avant de lancer un sujet sur les changements de mode de vie qu'impliquerait de notre part une volonté réelle de faire baisser la pollution, la journaliste demande à sa consœur : « est-c'que c'est pas plutôt qu'on n'arrive pas à se l'mett'dans l'crâne ? » Un autre, pour souligner la rapidité d'une discussion à l'assemblée, conclut que « le débat a été vite fait bien fait ». L'affaire Gayet pose la question du statut de la nouvelle compagne du Président : en fait, explique une journaliste, François Hollande « n'est pas très fan de l'idée de faire venir une nouvelle femme à l'Élysée ». La situation de l'autre côté des Pyrénées est explosive : les Espagnols « en ont ras-le-bol des affaires de corruption ». À Paris, on s'interroge : « Pourquoi les transports en commun sont-ils aussi moches ? ». Vous vous demandez quelle est l'attitude de l'opposition face à la dernière polémique qui secoue le gouvernement ? « Comme d'hab' », indique le journaliste en introduction de son sujet. Quant à François Hollande, il rencontre de nombreuses difficultés à atteindre ses objectifs sur le front du chômage : « c'est vraiment un sujet casse-gueule », rappelle le journaliste. Et lors des élections municipales qui se sont soldées par l'échec des socialistes, « les instituts de sondages se sont complètement plantés ». Au cas où vous voudriez réécouter une chronique, la journaliste ne vous conseille pas de *visiter*, de *consulter*, de *vous rendre sur* le site internet de la radio ; elle vous dit : « allez ch'ter un œil à not'site internet ». Mais bien sûr, n'en doutez pas, vous êtes à l'écoute d'un média sérieux qui, comme ils aiment tous à s'en vanter, diffuse une information de qualité. Là encore, redisons-le : chacun de ces écarts de langage pris isolément a sa touche de pittoresque ; mais cumulés, ils deviennent constitutifs d'un discours globalement relâché. Certains en ont fait leur marque de fabrique. Je pense à cette journaliste de France

Info, par exemple, qui a une voix grave, et devrait d'autant plus travailler ses intonations pour éviter de faire vulgaire. Cela peut être chaleureux et doux, une voix grave pleine d'élégance et de raffinement. Or, elle cultive au contraire la négligence, les sons parasites en fin de phrases (« la Franc-in ») et le vocabulaire relâché. Sans surprise, elle laisse un nombre considérable d'anglicismes franchir la barrière de ses lèvres (« Nicolas Sarkozy fait son *come-back* »), dont certains sont de très mauvais goût : « dans les affaires d'otages, est-ce qu'il y a une *French touch* ? »

Il faut noter que certaines expressions familières se sont généralisées au point qu'on n'emploie plus qu'elles : on ne parle jamais d'« établir un système mixte », mais uniquement d'« introduire une dose de proportionnelle » ; jamais non plus on ne parle de « hausse artificielle du SMIC » mais seulement de « coup de pouce au SMIC ». De sorte que,

1. on observe une réduction du matériel lexical : la plupart des auditeurs et sans doute les journalistes eux-mêmes n'ont plus qu'une seule expression pour désigner une réalité,
2. et cette réduction se fait au bénéfice de l'option basse.

Finalement, la tolérance du CSA envers le langage parlé se traduit surtout par l'emploi d'une langue relâchée et, on va le voir, souvent fautive. De fait, il y a autant de français parlés qu'il y a de Français qui parlent. Mais ce qui est sûr aussi, c'est que certaines personnes parlent bien et que d'autres parlent mal. L'écriture radiophonique est un art, celui du naturel travaillé. Par art, il faut entendre ce que les anciens mettaient sous ce mot, l'idée d'une technique qui s'acquiert et se perfectionne, d'une méthode que l'on s'approprie et dans laquelle on tâche d'exceller. Or, si elles sont aisées à corriger, les maladresses de formulation témoignent avant tout d'un manque flagrant de sensibilité esthétique. Elles prouvent que pour le locuteur, la langue est strictement utilitaire : son unique fonction est de faire passer un message, de dire quelque chose ; et que la manière de dire importe peu. Ainsi, quand la rumeur a couru qu'on envisageait de supprimer les « Guignols de l'Info » : réaction générale de la classe politique. D'après iTélé, « Alain Juppé **a changé** sa photo Facebook **par** sa marionnette » (faute de français). Sur BFMTV, on dit : « Alain Juppé **a changé** sa photo Facebook **en mettant** sa marionnette » (tournure lourde). Sur aucune de ces deux chaînes on ne connaît le verbe *remplacer*. Globalement parlant, les fautes, lourdeurs ou maladresses de formulation trahissent un mépris de la langue qui doit aussi nous rassurer : à peine capables d'exprimer correctement une idée simple, la plupart des journalistes sont bien en peine de mettre en œuvre une stratégie subtile de manipulation reposant sur des choix de tournures réfléchis. Si manipulation il y a, ils n'en sont que les rouages, pas les instigateurs.

« Vous qui êtes un ancien ministre, est-ce que ces mesures vous ont-elles satisfaites ? »

Il en va des tours de phrases comme du vocabulaire ; on n'attend pas du Journaliste, dans l'audiovisuel, un parler aussi élaboré que le serait un texte écrit mais il en coûterait peu, sans verser dans le style artificiel, de pratiquer les inversions dans les questions : « Vous les avez interrogés : ils veulent quoi, ces manifestants ? » (= « que veulent-ils ? »). Ou bien encore, lorsqu'elle s'impose, la reprise du sujet par un pronom inversé : « Sur quoi l'Allemagne rechigne particulièrement, Grégoire ? » (= « rechigne-t-elle »). Mais l'examen des phrases interrogatives attire notre attention sur des formulations, quant à elles, vraiment fautives, du type de ce que l'on peut trouver dans les copies de collégiens qui n'ont pas encore compris la différence entre question directe (= « que pense François Baroin ? ») et question indirecte (= « on demande à François Baroin ce qu'il pense ») : « Lorsqu'on demande à François Baroin que pense-t-il de la politique présidentielle, voilà ce qu'il répond… ». Voilà surtout une journaliste qui a cru bien faire en pratiquant – à mauvais escient, malheureusement – l'inversion du sujet… comme le fait aussi l'une de ses consœurs mais de manière encore plus lourde, en cumulant *est-ce que* et l'inversion (que cet outil rend normalement inutile et fautive puisqu'il en contient déjà une : *est-ce*) et en pratiquant un accord du participe tout à fait fantaisiste : « Vous qui êtes un ancien ministre, est-ce que ces mesures vous ont-elles satisfaites ? » On aimerait se dire que la journaliste s'est reprise et qu'il y a eu comme un blanc après « est-ce que », manifestant qu'elle changeait consciemment de formulation, mais non : la question est posée sans hésitation, avec l'assurance qui caractérise la certitude de bien dire. Les inversions donnent beaucoup de fil à retordre à nos pauvres journalistes ; en voici une qui se trompe dans l'accord du verbe, trahissant sans doute sa volonté profonde de voir le président mitraillé de questions sur sa rupture avec la Première Dame : « L'un des six cents journalistes lui poseront-ils la question ? » Derrière l'hypothèse du singulier se manifeste, ici par une faute de langue, le désir du pluriel, la soif du scandale, l'appétit de potins, peut-être aussi un certain sadisme. S'il n'y avait que les inversions… À côté des discours *direct* (« pourquoi organisent-ils une nouvelle manifestation ? ») et *indirect* (« Grégoire Potin nous dira pourquoi ils organisent une nouvelle manifestation »), le français connaît aussi d'autres modalités de la parole rapportée, comme le discours dit *narrativisé* qui indique un acte de parole sans en reproduire la tournure (« Grégoire Potin nous expliquera les raisons de cette nouvelle manifestation »). Mais cela exige des ressources en vocabulaire (*expliquer les raisons, indiquer les causes, faire connaître les motivations*) dont ne dispose pas le Journaliste, lequel décide de mélanger les deux autres formes de discours rapporté pour pondre la phrase qui suit : « Grégoire Potin nous dira le pourquoi de cette nouvelle manifestation ». Le Journaliste ne semble pas se rendre compte que sa phrase est atrocement laide et risible. On éprouve presque l'envie de lui demander le *où* de sa formation et le *comment* de l'obtention de son diplôme...

« Un bilan annuel sera rendu tous les ans »

Comme dans l'exemple précédent, d'autres tournures doivent retenir notre attention pour ce qu'elles révèlent de la limitation des ressources lexicales du Journaliste. Des répétitions de mots : « après la pub, il sera question de questions de société » ; ou l'emploi conjoint d'un mot et de son dérivé : « la Grande Bretagne n'a pas coupé aux coupures d'électricité », « la pluie n'a décidément pas décidé de quitter la Bretagne », « nous suivrons les suites de cette affaire », « un bilan annuel sera rendu tous les ans » ; ou encore l'utilisation de deux mots ou expressions synonymes qui créent, là aussi, un fort effet de redondance : dans la baisse des tarifs, « c'est *Free* qui a tout d'abord dégainé en premier ». Lors de la tentative de coup d'état au Burundi en mai 2015, on assiste à des mouvements de foules dans les rues : « des scènes qu'on a rarement l'habitude de voir ici », commente l'envoyée spéciale d'iTélé. Une habitude rare n'existe pas, évidemment. Donc soit ce sont des scènes *qu'on voit rarement*, soit ce sont des scènes *qu'on n'a pas l'habitude de voir*. Mais ce phénomène, quoique trop fréquent pour être tolérable, constitue peut-être un effet de style voulu, témoignant d'un goût assumé pour le pléonasme… ou, à l'inverse, pour la contradiction interne : « ces réfugiés sont, pour la plupart, tous syriens ». C'est une information iTélé, comme ils disent. Question : ayant entendu cela, pouvez-vous dire avec certitude s'il y a, parmi ces réfugiés, des gens qui ne sont pas syriens ?

« Éric Aubin était autour de la table »

Il faut bien, en revanche, faire un sort à ce qui relève véritablement de la tournure fautive. L'expression de l'alternative est régulièrement incorrecte : alors que le français offre la facilité de la corrélation *soit X soit Y* (quand on ne veut pas utiliser le simple *ou/ou bien*) combien de fois par jour nous voyons-nous infliger des *soit X ou Y*, voire des *soit X ou soit Y* extrêmement indigestes ? C'est aussi sur la corrélation alternative qu'achoppe le Journaliste quand il nous explique que, dans telle ville qui s'apprête à choisir son nouveau maire, les villageois « refusent de choisir **entre** la droite, qui n'a pas laissé que des bons souvenirs, **et entre** la gauche, qui a beaucoup déçu ces derniers temps, moins au niveau local que national ». Quel que soit son contexte d'emploi, *entre* est souvent malmené : « dans cette affaire, les choses se sont jouées **entre** François Hollande **et entre** Pierre Gattaz ». Si certaines fautes peuvent s'expliquer par la nécessité de raccourcir les phrases, d'aller au plus court, en l'occurrence pourtant « entre X et entre Y » n'est pas seulement absurde, c'est aussi plus long qu'« entre X et Y ». Il faut remarquer que le Journaliste ne se soucie pas de cohérence dans sa langue fautive, comme le prouvent ces commentaires sur les derniers rebondissements dans les matches en cours : on nous fait part d'un « accrochage **entre** l'attaquant Salomon Kalou **et entre** le défenseur Issa Cissokho dans le match **entre** Lille **et** Nantes »

(« entre X et entre Y » puis « entre X et Y » dans la même phrase). Évidemment, *entre* n'est pas le seul à subir ce mauvais traitement. Le même phénomène se produit notamment avec l'expression de la simultanéité. Le français propose *aussi bien x que y/à la fois x et y*. Le journaliste spécialiste des nouvelles technologies décide de mélanger les deux possibilités et nous apprend que tel matériel « peut être utilisé **à la fois** dans le civil **que** dans le militaire ». Et ce n'est pas de l'improvisation, c'est un papier lu.

Le problème s'aggrave quand le Journaliste ne dit pas tout à fait ce qu'il croit exprimer. Notre langue offre la possibilité d'énumérer des éléments en introduisant le dernier par « ou encore » : je peux vous proposer des poires, des pommes, des bananes ou encore des fraises. Pourtant, « lors de cette cérémonie des Victoires de la musique, il faudra choisir : Stromae ou encore Étienne Daho » : que fait là ce curieux « encore » ? Il est tentant de l'interpréter comme un équivalent de l'expression « une fois de plus », qui laisse croire, à tort, que Daho a déjà remporté ce trophée l'année d'avant et s'apprête à le gagner à nouveau, coup sur coup. Autrement dit, comme il n'y a aucune raison d'employer « ou encore » dans une alternative simple (*x ou y*), on est incité à comprendre, non pas « Stromae ou bien Étienne Daho » mais « Stromae ou à nouveau Étienne Daho ».

Les absurdités ne sont pas rares, témoin l'emploi de plus en plus fréquemment fautif d'*autour*. On peut tout à fait dire que les partenaires sociaux et le ministre se sont retrouvés autour de la table des négociations pour discuter de la réforme proposée par le gouvernement : il y a plusieurs personnes, installées autour d'une même table. Chaque personne est *à* la table ; toutes ces personnes sont *autour* de la table. C'est trop subtil pour le Journaliste, qui introduit comme suit la réaction du délégué syndical : « Éric Aubin, de la CGT, était autour de la table ». On se plaira à imaginer le corps immense et difforme du pauvre délégué syndical, qui fait à lui seul tout le tour de la table. Erreur ponctuelle ? Que non pas. Un remaniement se profile au gouvernement, « mais Jean-Marc Ayrault devrait conserver son fauteuil de premier ministre autour d'une équipe resserrée ». Ce n'est pas l'équipe qui entoure M. Ayrault, mais bien M. Ayrault qui entoure l'équipe… Le phénomène se décline avec d'autres mots. Le 28 juin 2015, suite à l'attentat de Saint-Quentin-Fallavier, une marche est organisée par des musulmans. Pour le Journaliste, c'est l'inverse ; c'est la marche qui organise les musulmans. Si, si, lisez plutôt : « Cette marche **est à l'origine** des principales autorités musulmanes de la région Rhône-Alpes ».

« L'école où ils s'y font des amis »

Ainsi, la syntaxe est parfois tellement bancale qu'elle devient incorrecte. Les tout petits mots donnent bien du fil à retordre à nos journalistes, à commencer par « ne » : quand faut-il/ne faut-il pas l'employer ? On a vu que le relâchement du niveau de langue entraînait souvent sa suppression. Mais étrangement, il disparaît où il serait nécessaire pour mieux réapparaître là où il n'a pas de raison d'être. Pour peu qu'il y ait une inversion, l'erreur guette. Assurément, le Journaliste ne dirait pas « l'ouest **n**'avait **rarement** connu hiver aussi doux » ; pourtant il dit « **rarement** l'ouest **n**'avait connu hiver aussi doux » ; et lors des élections municipales qui virent une forte percée du FN : « **rarement** le Front National **ne** s'était si bien porté ». La proximité de sens entre *rarement* et *jamais* explique sans doute cela (rien d'autre qu'une différence de degré) mais il n'en reste pas moins que seul le second est un véritable adverbe de négation qui fonctionne avec « ne ». La survenue d'un « ne » parasitaire s'observe également dans les propositions comparatives : à côté du correct « la situation est

plus/moins grave qu'on **ne** le dit », on entend malheureusement « la situation est-elle **aussi** grave qu'on **ne** le dit ? »

Le maniement très approximatif des petits mots grammaticaux est un trait de langue journalistique dont on pourrait donner mille exemples. Il atteint de plus en plus fréquemment « y » et « en ». Ne sachant pas ce que sont ces termes ni à quoi ils peuvent servir, les journalistes les traitent comme des particules de renforcement, des petits mots vides de sens. Alors, s'il ne leur viendrait pas à l'idée de dire que « le député **l'**interroge la ministre » ou de parler du « film que la critique **l'**a encensé lors de sa sortie », ils ne ressentent en revanche aucun embarras en disant qu'au Brésil, les enfants défavorisés « sont heureux d'aller à l'école où ils s'**y** font des amis ». À Thionville, on recherche la personne qui figure sur une vieille photographie : « sur ce cliché, on **y** voit un jeune homme coiffé d'un calot ». Quant aux Américains, heureux de constater que l'obésité diminue, « ils ne s'**en** privent pas de titrer sur les derniers chiffres » publiés par tel observatoire de la santé. Dans ces citations, on observe une utilisation redondante et totalement inutile de « y » et de « en » qui témoigne probablement d'une lacune remontant à l'école primaire dans les bases de l'apprentissage de la grammaire. En effet, c'est en cours élémentaire que l'on fait des exercices consistant à remplacer un groupe de mots par un pronom (ou un pronom adverbial : *en/y*) : je vois le chat de Mme Martin = > je le vois ; je vais à la maison = > j'y vais ; je me prive de dessert = > je m'en prive, etc. Il est vrai que les pronoms renvoyant au lieu posent un vrai problème au Journaliste, qui les maîtrise souvent mal. On pourrait relever maintes variantes dans l'emploi fautif d'y, mais « où » n'est pas épargné : « Nous irons sur place retrouver Grégoire Potin où nous attend aussi M. Legrand ». Le Journaliste a voulu opérer une fusion entre deux formules canoniques de lancement d'un sujet : « nous irons sur place retrouver Grégoire

Potin » et « nous irons sur place où nous attend M. Legrand » (la personne que Grégoire Potin va interviewer). Mais il n'est grammaticalement pas possible de les mettre bout à bout en les reliant par « où », sauf à supposer que M. Legrand soit *dans* Grégoire Potin.

« Réduit à dix, Isco égalise »

Ce genre de raccourci incohérent traduit un manque de logique et n'est malheureusement pas rare. Les allocutions prononcées par les grands de ce monde lors de la cérémonie d'hommage à Nelson Mandela ont été traduites en langue des signes par un individu qui n'avait aucune compétence pour le faire ; et le Journaliste commente : « les discours qui étaient censés être traduits par un homme étaient en fait un usurpateur ». De la même manière, dans la page sportive, le Journaliste nous fait connaître l'exploit : « réduits à dix après l'expulsion de Ramos, Isco égalise pourtant à la quarante-quatrième minute ». On a du mal à comprendre comment ce M. Isco a pu être réduit à dix ; de même qu'on peut se demander comment des discours peuvent être un usurpateur. On répliquera que l'anacoluthe (rupture de construction) est une noble figure ; à quoi nous répondrons qu'elle n'est telle que lorsqu'elle est volontaire et justifiée, et que si Baudelaire a naguère écrit du poète, comparé à un albatros, qu'« exilé sur le sol, ses ailes de géant l'empêchent de marcher », il entendait matérialiser le contenu de son propos par une dislocation de la structure phrastique tout à fait réfléchie, ce qui n'est probablement pas le cas du Journaliste.

« Il n'est plus possible d'échapper au secret »

Lassé, notre lecteur soupire : « d'accord, ce n'est pas beau ; d'accord, ce n'est pas correct. Mais du moment que c'est compréhensible… » Seulement, la même négligence et les mêmes ignorances conduisent à prononcer des phrases qui ne le sont pas. Entendons-nous : la phrase a bien un sens mais pas toujours celui que le Journaliste entend lui donner. Nous reviendrons plus bas sur ce problème en évoquant la méconnaissance de la signification des mots.

Ce candidat refuse le pacte républicain qui permettrait de faire battre le Front National au second tour ; pourtant, « **pas** question qu'il **ne** se retire de la course ». On saluera le louable réflexe qui consiste à associer le « ne » à un mot négatif antéposé dans les cas d'inversion (type : point n'est besoin de s'énerver) ; sauf qu'ici le petit *ne* est élidé avec le début de la phrase puisque l'expression complète serait tout simplement « [il n'est] pas question » ; après *que*, on entre dans une autre proposition et le *ne* qui surgit là est fort saugrenu. Surtout, le problème réside dans le fait que cette phrase n'est pas incorrecte, grammaticalement (même si la tournure est vieillotte). Mais elle signifie exactement l'inverse de ce que le journaliste veut dire. Pas question qu'il ne se retire, c'est, en d'autres termes : il doit se retirer.

Quand le Journaliste vous dit : « Il n'est plus possible, pour les personnes publiques, d'échapper au secret », il veut vous expliquer que, dorénavant, avec le développement d'internet, les personnes publiques ne peuvent plus espérer le secret, qu'il n'est plus possible de dissimuler quoi que ce soit à l'opinion publique. Seulement, il dit exactement l'inverse, avec l'aplomb et l'assurance qui caractérisent le texte lu et même scrupuleusement *mis en bouche* au préalable. Le Journaliste ne se rend pas compte qu'en l'entendant, on comprend le contraire de ce qu'il croit dire. La compétence langagière, qui est une condition *sine qua non* de la communication verbale, fait donc parfois défaut au point de rendre impossible la transmission de l'information.

« Autres colériques, les buralistes »

Les constructions verbales insolites constituent sans doute le type d'erreur le plus répandu et qui manifeste le mieux combien le Journaliste a de sa langue une compréhension approximative. Il connaît les verbes, il connaît les noms ; mais il ne sait pas toujours les connecter les uns aux autres. Franck Frommer dénonçait en 2010 la généralisation de ce qu'il a appelé la « pensée Powerpoint »[71], caractérisée par une « rhétorique des petits points »[72] et une syntaxe minimaliste. Cette subversion du *logos* (c'est-à-dire conjointement de la raison et du langage), se retrouve dans la pratique journalistique, puisqu'on n'hésite pas, désormais, à expliquer les enjeux d'une élection ou même d'un conflit par la diffusion à l'écran d'une page *Powerpoint* (le Journaliste est quelquefois debout à côté de l'écran, tablette connectée entre les mains pour faire défiler les *slides*). Mais plus encore que cela, on pourrait parler de « pensée *cloud* », en référence à la pratique du nuage de mots-clefs qui se répand sur bien des supports : ainsi se présente le sommaire de certains sites et blogs ou même, en première page, les sujets abordés dans certains journaux gratuits ; ainsi également sont présentées les idées phares d'un discours politique lors des émissions dites de *décryptage* sur lesquelles nous aurons à revenir. Le *cloud*, c'est le renoncement à toute hiérarchie des idées (réduite à des différences de taille ou de couleur), et à toute connexion entre elles :

c'est donc le progrès technique mis au service d'une atrophie de l'intelligence. Le *Powerpoint* refuse d'exprimer les liens logiques entre les pensées ; le *cloud* les supprime même entre les mots qui composent ces pensées.

À la différence des règles d'orthographe et des catégories grammaticales, la construction verbale s'apprend par imprégnation : tel verbe se construit avec telle préposition, c'est ainsi. C'est l'une des difficultés principales que l'on rencontre lorsqu'on apprend une langue étrangère mais cela ne devrait pas en être une dans notre langue maternelle. Bien entendu, il ne s'agit pas ici de blâmer ceux qui emploient indifféremment *remercier de* et *remercier pour* ni même, erreur fréquente, ceux qui construisent *pallier* de manière indirecte (*pallier à*) et non point directe comme il se doit (*pallier quelque chose*). Non : ce qu'on ne saurait considérer comme admissible, c'est la non-maîtrise du mode de construction de verbes aussi fréquents et banals qu'*empêcher de,* qui devient *empêcher à* : « la garde des enfants est un frein qui empêcherait beaucoup de chômeurs **à** retrouver un emploi » ; de même, *convaincre de* devient, dans la bouche du Journaliste, *convaincre à* : « les Nations Unies vont continuer leurs efforts pour convaincre les USA **à** modifier leur attitude ». Dans ce dernier cas, il s'agit vraisemblablement d'une confusion, on pourrait même parler de contamination : *convaincre de* subit l'influence d'*amener à*. En ce sens, le problème dépasse le seul domaine des compléments de verbes et se repère également dans le choix de la préposition qui introduit le complément du nom ; ainsi Kim-Jong Un est-il « accusé de nombreuses violations **aux** droits de l'homme » : une fois de plus, *à* se substitue à *de*, sans doute par confusion avec *atteintes* (aux droits de l'homme).

Entre problème de construction et problème de sémantique, les verbes *affronter*, *cesser* et *compter* subissent un sort peu enviable. Le premier n'est plus que rarement employé comme il convient, c'est-à-dire seul : *affronter quelque chose* ; il est presque toujours construit comme suit : « le FN n'a jamais eu l'occasion de s'affronter à la réalité », c'est-à-dire sur le modèle de *se confronter à*. Le deuxième souffre de n'être jamais utilisé dans des phrases négatives : on lui préfère en effet une expression qui n'existe pas, « n'avoir de cesse de ». Le Journaliste est manifestement persuadé que cette expression est un équivalent de « ne pas cesser de ». Il faudra que quelqu'un prenne un jour le temps de lui expliquer qu'en français, on dit « n'avoir de cesse que », expression qui signifie « ne pas s'arrêter avant que ». Quant au verbe *compter*, il n'est jamais employé avec la préposition adéquate, ou bien s'en voit accoler une quand il n'en faudrait pas. Lors des élections municipales, « il faudra compter **sur** la liste dissidente », affirme le Journaliste, qui voulait manifestement dire *compter avec* (= tenir compte de), à moins qu'il n'ait décidé d'exprimer publiquement son soutien personnel à ladite liste. De même, il est inquiétant de lire que « dans le monde, en 2013, au moins 778 personnes ont été exécutées. C'est presque 100 de plus que l'année passée. Et c'est sans compter **sur** les exécutions pratiquées en Chine »[73] : *sans compter sur* n'a aucun sens ; à la limite, l'expression laisserait plutôt entendre que le Journaliste est favorable à la peine de mort et se délecte de l'abondance de Chinois exécutés. Nul doute qu'il blêmirait de cette interprétation. Une formulation correcte et élégante eût été, par exemple : « [...] Encore ce chiffre n'inclut-il pas les exécutions pratiquées en Chine ». Une dizaine de mots, comme dans la version originale de l'article. Mais on peut faire plus court : « En 2013, au moins 778 personnes ont été exécutées, soit presque 100 de plus que l'année précédente, *sans compter les exécutions pratiquées en Chine* ». Preuve que bien écrire n'est pas nécessairement plus coûteux en volume.

La confusion explique encore d'autres erreurs, comme lorsque le Journaliste contamine deux expressions : « François Hollande pouvait-il ignorer que Nicolas Sarkozy était **sous écoute** ? » Quand quelqu'un est **sous** surveillance, on le met **sur** écoute. Influence du parler journalistique ? Christiane Taubira commet la même faute lors de sa conférence de presse du 12 mars 2014 concernant l'affaire des écoutes de l'ancien président Nicolas Sarkozy : « Dans ce pays, dorénavant, il peut s'écouler plusieurs mois sans que le garde des Sceaux soit informé qu'un ancien président de la République est **sous écoute** »[74]. « Sous » à la place de « sur », c'est encore ce qui se passe dans cette phrase, où l'on apprend que la Gay Pride du 27 juin 2015 « a eu lieu **sous fond de** revendications politiques ».

Le caractère systématique de ce genre d'erreur traduit une connaissance approximative de la langue, un manque de rigueur et de précision dans son maniement. Sans que cela doive étonner, on verse très facilement dans le non-sens, ce qui est quelque peu problématique dans cette sphère des médias où l'on aime à rappeler que les mots ont un sens, qu'il faut faire attention à ce que l'on dit, etc. Ainsi, les mises en garde ont été nombreuses dès le début du conflit ukraino-russe : il ne faut pas porter de jugement hâtif, les enjeux sont complexes, les antécédents historiques très importants pour la compréhension globale de la situation. En bref, tout cela nous dépasse. Et l'on comprend mieux à quel point, en effet, cela nous dépasse, quand on entend ce journaliste spécialiste des questions stratégiques expliquer que Sébastopol en Crimée, « c'est la base qui permet à la Russie de déployer son armée **par-delà le monde** ».

Toujours dans le domaine des confusions de termes, on constate que l'expression « cela n'augure rien de bon » est trop difficile à manier. Sinon, comment expliquer que l'on puisse dire, au sujet des attaques permanentes lancées par les partis les uns contre les autres sur des sujets sans rapport avec les programmes politiques, « cela n'inaugure rien pour les relations droite-gauche » ? De même, la confusion entre *connu* et son composé *reconnu* donne lieu à des formules comme celle-ci (il est question d'un sportif) : « c'est choquant qu'il ne soit pas connu à sa juste valeur ». Deux idées se télescopent, dont l'une est la conséquence de l'autre : n'étant pas *reconnu* à sa juste valeur (= ses qualités ne sont pas tenues pour incontestables), ce sportif n'est pas aussi *connu* qu'il le mériterait (= ne bénéficie pas de la notoriété qu'il serait en droit d'attendre). À propos d'un technival, le maire parle d'un « supermarché de la drogue », arguant du fait que beaucoup de festivaliers ont dû être hospitalisés, victimes d'overdoses : « une information qu'il détient des médecins venus sur place », précise le Journaliste. On *détient* une information ; on *tient* une information *de* quelqu'un. Mais on ne détient pas une information de quelqu'un.

On touche ici au fond du problème : les journalistes emploient des mots dont ils ignorent le sens. Plus grave encore, l'emploi d'un mot pour un autre est fréquente. Quel journaliste sait que *nommé* n'est pas un synonyme de *nominé* ? Désormais, c'est un rituel, avant chaque cérémonie des Césars, des Oscars et autres Victoires, on énumère « les nommés » dans chaque catégorie, personne ne s'avisant que *nommé* s'oppose à *élu* dans l'attribution d'un poste, et n'a rien à voir avec l'idée de sélection préalable en vue de la remise d'une récompense. On examine les meilleures ventes d'albums de l'année 2013. « En première position, Stromae. Ceux qui **briguent** la deuxième place, c'est évidemment Daft Punk ». Ils ne la briguent pas, ils l'occupent. Mais le Journaliste ignore le sens du verbe *briguer*. De même, dérivant de *se concerter*, a fait son apparition dans les médias un emploi transitif (c'est-à-dire avec complément d'objet direct) de ce verbe : « la jeune fille a pris cette décision sans **concerter** ses parents ». Le mot qui conviendrait, c'est *consulter* (avec lequel la confusion s'est faite par ressemblance phonique), ou bien une formule comme *sans concertation avec ses parents*. Mentionnons cette confusion entre *combattre* et *batailler* qui donne le commentaire suivant, lors du débat sur la contrainte pénale : « l'opposition va batailler, article par article, cette réforme ». Lors de la manifestation d'opposition à l'austérité consécutive à la nomination de Manuel Valls à Matignon, le Journaliste commente : « le Front de Gauche rassemble ses forces **à l'aune des** élections européennes ». Il voulait dire *à l'approche de*. Le 20 juillet 2015, au journal de 13 h sur France Info, la journaliste mentionne une manifestation d'agriculteurs normands ; et elle enchaîne : « autres **colériques**, les buralistes ». Manifestement, pour elle, un colérique, c'est quelqu'un qui est en colère. Elle ne se rend pas compte qu'elle vient d'insulter conjointement les agriculteurs normands et les buralistes.

Dans l'entretien, déjà mentionné plus haut, qu'il accorde au médiateur de *Radio France*, Patrice Gélinet (en charge de la langue au CSA) souligne, avec raison, le pouvoir normatif de la langue des médias audiovisuels[75]. Il est vrai que dans le contexte actuel, où l'illettrisme revient au galop, à des degrés divers et y compris chez les personnes ayant passé quinze ans ou plus dans le système scolaire, la parole journalistique acquiert une autorité particulière : « je l'ai entendu à la télé, alors c'est comme ça qu'on dit ». Cet argument est même jeté à la face du professeur qui oserait contester l'exactitude de telle formule ou l'existence de tel mot que l'on entend sans cesse à la télévision ou à la radio. Le raisonnement est simple : le Journaliste, qui s'adresse à la France entière, sait forcément mieux parler que le professeur, dont l'audience ne dépasse pas l'enceinte de la classe. Or, il faut ajouter ici que l'autorité reconnue à la parole du Journaliste par ses auditeurs lui est aussi accordée par ses collègues. Le phénomène pointé précédemment comme une contamination de parlure à travers les similitudes de prononciation se remarque également dans le champ du lexique. Non seulement les journalistes ont la même prononciation mais ils emploient les mêmes mots et expressions. Cette communauté de lexique et de phraséologie contribue à renforcer l'autorité de la langue médiatique et son pouvoir d'imprégnation.

« Du bruit dans le lanterneau »

Mais là où le Journaliste trébuche immanquablement, c'est quand il s'essaie à l'emploi des expressions idiomatiques ; ces formules figées imagées sont des signes tangibles de l'existence d'une communauté de références culturelles parce qu'elles supposent que celui qui les emploie le fasse à bon escient et que celui qui les entend sache les interpréter correctement. Malheureusement, le Journaliste, si prompt – comme nous l'avons vu – à s'approprier le *sleep on it!* des Anglais, est beaucoup moins à son aise avec les expressions françaises. L'une des plus employées est sans doute, à propos de tel ou tel scandale, « faire du bruit dans Landerneau » (faire beaucoup parler, alimenter les conversations). On l'entend rarement sous cette forme. Le Journaliste dit que telle affaire va « faire du bruit dans le Landerneau médiatique/politique/syndical/artistique/universitaire, *etc.* ». Rien de mal à cela ; on dit aussi le Paris gay, le Berlin des créateurs, etc. Quand on considère une ville sous l'un de ses aspects, on peut le faire par ajout d'un adjectif ou d'un complément du nom, en faisant précéder le toponyme d'un article défini, c'est l'un des principes de base de la détermination en français. Le problème, c'est que le Journaliste en vient à oublier que Landerneau est le nom d'une ville, de sorte qu'on a pu entendre parler d'affaires qui faisaient assurément « du bruit dans le lanterneau médiatique ».

C'est très mignon, même si on ne comprend pas trop comment on peut faire du bruit dans un lanterneau, qui n'est jamais qu'une « petite lanterne au sommet d'une coupole » (*Le Robert*). *On a pu entendre parler*, disions-nous : au passé, parce qu'un événement est venu rappeler au Journaliste l'expression authentique, faisant disparaître la petite lanterne. Écoutez-le, lors des inondations en Bretagne, au début de l'année 2014 : « Et puis nous irons sur le front des inondations en Bretagne, à Landerneau, c'est une ville, rejoindre Lucie Ragot qui nous donnera un aperçu de la situation ». Pourquoi précise-t-il – très curieusement – que « c'est une ville », si ce n'est parce qu'il s'en étonne lui-même ?

Les expressions sont l'ennemi juré du Journaliste, qui ne devrait pas s'y frotter puisqu'il s'y pique inévitablement. Dans la tourmente, les dirigeants de l'UMP se flattent de maintenir l'unité du parti ; c'est très simple à dire, mais voyez s'empêtrer le chef du service politique de cette chaîne d'information continue : « l'unité du parti est mise aux nues, portée sur les fronts baptismaux et encensée ». Rien que cela. Il voulait dire « portée aux nues », mais mélange cette expression avec « mise à nu » (ce qui n'a rien à voir) ; ce faisant, il a tout de même convoqué dans son cerveau le participe « portée » mais celui-ci arrive trop tard et déclenche l'emploi de « porter sur les fonts baptismaux » avec ce détail près que – ignorant sans doute ce que sont des « fonts baptismaux » – notre journaliste leur substitue de fictifs « fronts baptismaux » ; la notion de baptême, qui n'avait rien à voir à l'affaire non plus, amène, par association d'idées, l'image de l'encens et, avec elle, l'adjectif « encensée », tout aussi peu légitime ici puisqu'on dit *encenser quelqu'un* (le flatter de manière outrancière) et non point *quelque chose*.

Voici que la France valide l'accord proposé par la Grèce. « Les députés français n'ont pas voulu *tirer une balle dans le pied d'Alexis Tsipras* ». On *se* tire une balle dans le pied. Quand on fait obstacle à l'action d'un autre que soi, on lui *met des bâtons dans les roues*, par exemple.

La France a interdit le port du niqab et, contrairement à d'autres pays européens, la Belgique adopte une position similaire sur la question. Dans la bouche de la journaliste de France Info, cela donne : « la Belgique marche dans les pas de ceux de la France ». « Ceux » ? Ce sont les pas. Donc la journaliste dit que la Belgique marche *dans les pas des pas* de la France. Elle a manifestement contaminé deux expressions : *la Belgique marche dans les pas de la France* et *la Belgique met ses pas dans ceux de la France*.

Au matin du 8 septembre 2015, les buralistes manifestent contre la généralisation du paquet de cigarettes neutre. Commentaire : « autrefois, le bureau de tabac était la vache à lait du commerce de proximité mais aujourd'hui, cette profession rencontre de grandes difficultés ». Vous ne comprenez pas le sens de cette phrase ? Ne cherchez pas trop : ce journaliste ne sait pas ce qu'est une vache à lait.

« Perquisionner son domicile »

Le degré de gravité maximale est atteint, indubitablement, quand les journalistes utilisent des mots qui n'existent pas. L'une parle de « l'**eurosceptisme** du président ukrainien ». À force d'employer l'adjectif *eurosceptique*, elle en oublie que le nom commun correspondant comporte une syllabe de plus. La police est en train de « **perquisionner** le domicile du terroriste présumé ». Autre exemple, si vous vous rendez au spectacle irrévérencieux de Jérémy Ferrari, rassurez-vous : « vous ne risquez pas l'**excommunion** ». Les chrétiens s'opposent à l'euthanasie « au nom du **sacerdoce** "tu ne tueras point" »[76] (je crois qu'il voulait dire *sacrosaint*). Comme pour le cas des erreurs de prononciation à valeur d'actes manqués, on peut se demander si les fautes portant sur le vocabulaire religieux ne sont pas le symptôme d'un mépris profond pour le domaine…

La dégradation dramatique de la maîtrise de la langue par le Journaliste s'accompagne d'une légitimation par l'écran de la parole fautive. On voit se multiplier les émissions qui diffusent en direct, en bas de l'écran, des *tweets* de téléspectateurs cousus de fautes. De même que l'autorité de la manière de parler journalistique tient à l'audience qui lui est accordée par l'institution médiatique, de même le fait de diffuser des messages bourrés de fautes de français confère-t-il à ces erreurs de langue une légitimité aberrante. Le téléspectateur lambda aura tôt fait de prendre pour modèle les graphies et formulations montrées à l'écran. En toute confiance.

Les défauts que nous avons pointés témoignent d'un laisser-aller global. Le problème, c'est que ce rapport inattentif à la langue ne conduit pas seulement à employer des mots et expressions faux. Il cause également l'emploi de termes *faussés* : de même que le Journaliste, par méconnaissance du système linguistique, en arrive à laisser entendre le contraire de ce qu'il veut dire, ou bien à exprimer ce qu'il souhaite mais de manière très approximative, de même, en raison de cette ignorance, lui arrive-t-il d'en dire plus qu'il ne voudrait, de livrer, en même temps que l'information, une pré-interprétation de celle-ci. À partir de là, cette information devient intrinsèquement biaisée.

Dits et non-dits du discours médiatique

« Ah bon, j'ai dit une "avancée" ? Ah, euh, oui… Je voulais dire une "avancée" pour ceux qui défendent cette cause, bien entendu. »

Léa Salamé

L'ART DÉLICAT DE NOMMER LES CHOSES

Vérité ou opinion ?

Dans cette troisième partie de notre travail, nous voulons prendre la mesure de l'implication subjective du Journaliste dans l'information qu'il délivre. Montrer, en d'autres termes, que la neutralité en est quasi absente (mais est-elle autre chose qu'un idéal ?) et que c'est avec une bonne conscience absolue que le Journaliste affirme comme des vérités un certain nombre de positions qui sont, en réalité, des points de vue, des opinions.

Bien entendu, le Journaliste n'a pas conscience de donner son avis. Il est extrêmement rare qu'il le fasse explicitement. Il le fait quand il est absolument sûr que son avis relève inévitablement du consensus général, comme c'est le cas de ce journaliste qui mentionne un événement de l'actualité judiciaire russe : « Accusés d'avoir violé l'embargo en important de la pressure européenne, deux hommes ont été arrêtés en Russie. L'arrestation a été violente. Les deux hommes ont été plaqués au sol. Ils risquent jusqu'à dix ans de prison. *Je trouve que* c'est beaucoup pour du camembert. » Victor Matet, sur France Info, vient de nous donner son opinion.

Néanmoins, il va de soi que, la plupart du temps, le Journaliste s'efface derrière son message, du moins le croit-il. Nous verrons, au-delà même de la charge idéologique des mots et du rapport que le Journaliste entretient avec les discours des autres, qu'il assume sa mission de gardien de l'ordre jusque dans ses silences – ou plutôt, puisqu'il parle tout le temps, dans la manière qu'il a de ne pas dire certaines choses.

Quelques mots qui veulent dire *méchant, pas bien*

Le Journaliste nous aide à lire le réel. Il nous dit qui est bon et qui ne l'est pas. Il ne désignera jamais comme « un polémiste » quelqu'un avec qui il est en accord. Un polémiste, c'est, pour le Journaliste, quelqu'un qui aime la provocation, qui pratique le « dérapage volontaire ». C'est une personne qui permet d'atteindre de bons chiffres d'audience mais dont les positions sont indéfendables. Si elle est connue pour être « proche de » tel cercle/mouvement politique/individu mal vu (sans que cette proximité fasse nécessairement l'objet d'une démonstration rigoureuse bien souvent), on dira de cette personne qu'elle est « sulfureuse ». Cela suffit à discréditer par avance tout ce qu'elle pourra dire.

Que des propos donnent lieu à controverse ne suffit pas pour que le Journaliste les désigne comme des « propos controversés ». Il faut, pour cela, que ces propos soient moralement dangereux, c'est-à-dire éthiquement contestables à l'aune du dogme qui garantit l'ordre et la survie du système (entendons par « système » le mode de fonctionnement global d'un organisme social appuyé sur des principes régissant les rapports entre ses membres). Quand il s'agit de propos très controversés, on parlera de « dérapage ». Ici encore, ce qui compte dans le choix de la dénomination, c'est l'identité et l'intention de la personne qui les profère. Des gens comme Jean-Marie Le Pen ou Éric Zemmour n'ont pas besoin de prononcer des phrases extrêmement choquantes pour être accusés de « dérapages ». Le dérapage, chez eux, on le guette dès qu'ils ouvrent la bouche et le moindre écart par rapport au dogme strict sera relevé. À l'inverse, Sophia Aram ou Pierre Bergé, par exemple, ont un champ d'action plus large. On ne dira pas que leurs propos suscitent la controverse ; on dira qu'ils *bousculent*, qu'ils *dérangent*, qu'ils *font réagir*. Et cela, c'est plutôt positif, dans la bouche du Journaliste.

Rappelée à l'ordre par le CSA pour avoir traité de « gros cons » les électeurs du Front National, la première n'est rendue explicitement coupable de « dérapage » que sur des sites appartenant à ce qu'on appelle parfois la réinfosphère (sites d'information alternative), qui n'aiment rien tant que reprendre les mots de leurs adversaires pour les leur asséner en retour, démarche intéressante quand elle est pratiquée avec ironie, ce qui est de moins en moins le cas ; de sorte que ces sites adoptent les pratiques mêmes qu'ils condamnent : traque du « dérapage » et des « -phobies » diverses (à commencer par la christianophobie concept censé concurrencer l'islamophobie mais dont le maniement est tout aussi ambigu, et donc contestable). Quant à l'homme d'affaire Pierre Bergé, quand il s'interroge : « louer son ventre pour faire un enfant ou louer ses bras pour travailler à l'usine, quelle différence ? », on reconnaît que ce sont des propos qui « choquent », qui « divisent »[77] mais, jusque dans les colonnes du magazine féminin *Marie-Claire*, on concède avec indulgence que ce n'était peut-être là qu'une « maladresse verbale »[78]. Nul besoin d'être une femme pour s'offusquer de ces propos puisque le riche mécène donnait en même temps la mesure de son mépris pour les ouvriers, dont la fonction se voyait réduite à la marchandisation d'une partie de leur corps. Un article (un seul) intitulé « Pierre Bergé dérape »[79] paraît en ligne dans *la Parisienne*, supplément du mensuel *le Parisien* ; il n'y est pas question de la phrase précédemment citée, rangées parmi les « prises de positions vivement critiquées » mais du fait que Pierre Bergé ait traité les participants de la Manif pour tous, non seulement d'« homophobes » mais d'« antisémites »[80] : ce faisant, il « provoque », il « irrite »[81] Et quand le même Pierre Bergé retweete un appel à poser une bombe sur le passage de la Manif pour tous, les médias considèrent qu'il « dérange »[82]. Les prudences lexicales sont significatives : un propos qui « dérange », qui « choque », qui « irrite », ne dérange, ne choque ou n'irrite pas tout le monde. Question de sensibilité, en somme. C'est, de fait, un propos « qui divise ». Alors qu'un « dérapage » est objectivement mauvais, condamnable en soi, et toute personne qui ne s'en offusquerait pas se rendrait complice de ce crime verbal.

Le Journaliste n'est pas un expert en médecine mais il nous dit qui croire et qui ne pas croire. Inès Frachon qui a alerté l'opinion sur les ravages du Médiator est un formidable *whistleblower*, un « lanceur d'alerte ». Mais Henri Joyeux, qui met en doute l'innocuité de l'*Infanrix Hexa*, ne sera jamais un *whistleblower*. Il ne s'agit pas de prendre position. Que ledit Henri Joyeux ait raison ou tort n'a aucune importance ici. Je veux souligner l'attitude du Journaliste. Des médecins se sont prononcés contre la pétition du Pr. Joyeux ; ils ont exposé leurs arguments sur des blogs, dans des revues scientifiques et dans les médias ; les scientifiques s'opposent, se répondent, discutent, se disputent. C'est un débat complexe et le Journaliste n'y comprend pas grand-chose. On ne saurait lui en vouloir puisque personne n'y comprend rien. Risque de chaos. Mais le Journaliste va accomplir sa mission de maintien de l'ordre en tranchant ce débat de spécialistes d'après sa méthode à lui : l'évaluation morale. Au final, à la lecture d'un grand nombre d'articles, on ne saura pas pourquoi le Pr. Joyeux a tort… mais on sera certain qu'il ne peut pas avoir raison. Je prendrai pour exemple, sur le site de *l'Express*, cet article intitulé : « Vaccins "dangereux" : la ministre de la Santé dénonce la pétition controversée du Pr Joyeux »[83]. Dès le titre, les guillemets sur « dangereux » et l'emploi de l'adjectif « controversée » nous disent ce que nous devons penser de la pétition. Songeons à l'effet, très différent, qu'aurait suscité le même titre mais sans les guillemets et avec, à la place de « controversée », le mot « critiquée » (le Journaliste ne choisit pas non plus de dire que cette pétition « divise »). Le texte du document rapporte les propos du ministre de la santé Marisol Touraine, qui cherche à calmer les inquiétudes. Les citations que sélectionne le journaliste pour son article traduisent fidèlement les différentes intentions qui sous-tendent la prise de parole du ministre :

Condamner l'initiative du Pr. Joyeux : « "On ne joue pas avec des sujets aussi importants que la vaccination, on n'attise pas les craintes" […] La "responsabilité" d'un médecin "c'est de rassurer, d'expliquer et non pas d'inquiéter et de faire peur" ».

Discréditer le Pr. Joyeux : « "La campagne est menée par un médecin qui s'est déclaré contre la pilule, contre l'avortement, qui a pris des positions rétrogrades sur toute une série de sujets" »

Rappeler la règle avec fermeté : « "La vaccination ne se discute pas" a-t-elle dit, ajoutant qu'il ne fallait "pas avoir de doutes pas rapport aux vaccins", même si on pouvait souhaiter "la transparence" sur la composition des produits. Sur la question des pénuries, elle a reconnu l'existence de "difficultés de productions de certains vaccins". »

Rassurer : « les populations "les plus concernées, les plus à risques" [peuvent] notamment les trouver dans les centres de Protection maternelle et infantile (PMI). » « "Ne créons pas l'inquiétude, ceux qui ont besoin d'être vaccinés peuvent trouver des vaccins" a-t-elle précisé. »

En fait, le texte de l'article n'est que la copie d'une dépêche AFP. Mais la responsabilité du journaliste de *l'Express* est engagée : quelle citation va-t-il choisir de mettre en « inter », c'est-à-dire de faire figurer en grand au milieu du texte, comme une information essentielle ? On imagine l'effet dictatorial de « la vaccination, ça ne se discute pas » ; le soulagement que produirait chez le lecteur la phrase « ne créons pas l'inquiétude » ; la crédibilité que donnerait à la pétition mise en cause le choix de « on peut souhaiter plus de transparence sur la composition des vaccins ». Mais le journaliste a choisi ceci : « un médecin contre la pilule, contre l'avortement ». Parce que, pour le Journaliste, un médecin qui n'est pas favorable à la pilule et à l'avortement ne peut pas avoir une opinion crédible au sujet des vaccins hexavalents. Évidemment, le lien logique est ténu : théoriquement, c'est un argument très faible. Toute son efficacité dépend donc uniquement du niveau d'imprégnation idéologique du lectorat. En revanche, d'autres articles ont souligné une discordance plus convaincante en indiquant que la spécialité médicale du Pr. Joyeux n'est pas la vaccinologie mais la cancérologie ; leurs rédacteurs remettaient donc en cause sa légitimité technique en prenant pour critère son domaine de compétence. On voit la différence avec la stratégie de *l'Express*.

Le Journaliste n'a pas le sens de l'humour, mais il nous dit qui est drôle et qui ne l'est pas. C'est ainsi que, sur France Info, Dieudonné est un « ancien humoriste ». Il remplit encore des salles, fait rire beaucoup de gens, mais son humour est désormais malsain puisqu'il accumule les blagues antisémites parfois extrêmement violentes. Il ne fait donc plus rire la journaliste, qui dès lors, considère tout bonnement qu'il n'est plus humoriste. Dans la même veine, Éric Decouty, de *Libération*, a déclaré sur France Info, dans le « Duel des éditorialistes », que Dieudonné proférait des « saloperies » parce qu'« il dit qu'il pisse sur le mur des lamentations ». Son opinion fait l'unanimité ou presque. Pourtant, seules des personnes « controversées » ou « sulfureuses » ont osé pareils jugement lors de la médiatisation de l'œuvre intitulée *Piss Christ* (un crucifix baignant dans l'urine). Pourtant, si *dire* que l'on pisse sur le symbole d'une religion est une « saloperie », qu'est-ce que pisser *réellement* sur le symbole d'une autre ? Au-delà de cette anecdote, on sera attentif au choix des consultants lors des affaires de blasphème par l'art ou par l'humour. Dans quels cas fait-on venir la célébrité qui affirme que l'on doit pouvoir rire de tout ? Dans quels cas appelle-t-on cette autre, qui assène au contraire qu'agir de manière responsable, c'est savoir s'imposer des limites et comprendre que tout ne peut pas être objet d'art ou cause à rire ? Dans quel article ai-je trouvé cette phrase : « Limite est justement un mot qui ne fait pas bon ménage avec l'étendue sans fin de l'inspiration artistique qui n'est pas, rappelons-le, dans le champ du réel. »[84] ? Sûrement pas dans un papier consacré à l'exposition « controversée » d'un artiste « sulfureux ». Réponse plus bas.

Mots gentils, « mots qui sont doux »

On s'en doute, l'impact du choix des mots s'exerce à deux niveaux : sur l'auditeur évidemment, mais avant tout, sur le Journaliste. Ce dernier a besoin, pour adhérer à une idée, d'être sensible à la dimension positive du mot qui la désigne. Il est prêt à changer son vocabulaire pourvu que cela soit au service de la bonne cause. En ce sens, le Journaliste sert de courroie de transmission à des vocables qui sont en eux-mêmes porteurs de parti-pris. C'est ainsi que se répand progressivement l'emploi de l'expression « égalité femme-homme », au détriment d'« égalité homme-femme », substitution imposée à force de répétition par certaines féministes familières des plateaux et des micros. L'imprégnation opère et le Journaliste, au bout d'un moment, ressent une forme de mauvaise conscience à prononcer une expression si manifestement récusée par les défenseurs de la bonne cause. Alors, il s'aligne. Et l'opinion suivra.

De même, comme nous l'avons dit, quoique les *ABCD de l'Égalité* n'aient que peu à voir avec la question de l'égalité des sexes, ou plutôt n'en défendent qu'une lecture très particulière, restrictive, contraignante et dogmatique, le Journaliste accepte d'en parler comme d'un « dispositif visant à lutter pour l'égalité » : pour, lui, cela ne fait pas de doute, il y a une coïncidence totale entre le mot et la chose. Une initiative qui s'appelle *ABCD de l'Égalité* éduque nécessairement à l'égalité. Le Journaliste est favorable à l'égalité, pas à la *queer theory*. Formidable trouvaille que d'avoir fait en sorte, par la première, de lui faire désigner la seconde.

De la même manière, le Journaliste ne considère pas qu'Anish Kapoor « dégrade » les jardins de Le Nôtre : il appelle cela « de l'art », parce qu'il est entendu et admis que c'en est, comme il est entendu et admis qu'Anish Kapoor est un « artiste ». Et quand des gens dégradent les sculptures d'Anish Kapoor, le Journaliste appelle cela du « vandalisme ». Gageons que si Anish Kapoor avait eu des « opinions controversées », il eût été désigné comme un « pseudo-artiste » et les tags sur son œuvre comme la « démarche participative d'un groupe d'artistes engagés et provocateurs » (par exemple). Le Journaliste n'a pas besoin de voir la sculpture d'Anish Kapoor pour connaître la teneur de l'article qu'il va écrire. À vrai dire, il n'en pense rien. Ou peut-être en pense-t-il du mal. Mais il écrira consciencieusement ce qu'il doit. Témoin cet article de la *Provence* consacré à une manifestation contre l'exposition de Stu Mead et Reinhard Scheibner à Marseille en septembre 2015, article d'où était tirée la phrase, citée plus haut, sur l'absolue liberté de l'art qui ne ferait « pas bon ménage » avec le mot « limite ». La journaliste dénonce une « attaque contre la culture » venant de « l'extrême droite »[85]. Objectivement pédopornographique et zoophile, ladite exposition aurait pu être vantée comme telle, après tout : une formidable exposition qui renverse tous les tabous et qui va permettre de *faire avancer le débat* sur la zoophilie et la pédophilie en *bousculant* les mentalités, par exemple. La journaliste préféra dire que l'extrême droite « estimait »[86] cette exposition pédopornographique et zoophile (sous-entendu « alors qu'elle ne l'est pas ») et elle eut soin de ne pas publier de photos des œuvres présentées, tandis que les sites de la *réinfosphère* prenaient un malin plaisir à dérouler en images tout le catalogue de l'exposition. Mais le meilleur passage de l'article était, à tous les points de vue, celui-ci : « [Selon les détracteurs de l'exposition], les associations culturelles devraient ainsi "bannir la pédopornographie" en préalable "à la demande et à l'obtention de subventions des collectivités territoriales". Un préalable dont on peut s'interroger quant à son utilité, puisque la loi sanctionne déjà la mise en scène sexuelle des enfants... » Je passe sur la syntaxe calamiteuse (« un préalable dont on peut s'interroger quant à son utilité » !). Apparemment, la journaliste reproche aux manifestants de réclamer une disposition qui existe déjà dans la loi. Mais dans ce cas, elle devrait préciser si cette exposition enfreint la loi, ou non. Il semble donc acquis, pour la journaliste, que cette exposition ne peut pas être pédopornographique puisque la pédopornographie est interdite ! En réalité, le simple fait que le Front National dénonce cette exposition constitue un gage de la qualité et de la probité morale de celle-ci. L'article de *la Provence* est un contre-exemple absolu en matière de journalisme ; ou plutôt, il exemplifie parfaitement le travail du Journaliste.

À chaque nouveau « droit », à chaque « progrès », à chaque « évolution », son mode de désignation positif et négatif. Les mots ne sont pas neutres : il y a les mots *pour* et les mots *contre*. Et Journaliste finit toujours par employer les mots *pour*. Il a accepté sans peine de délaisser l'expression « mère porteuse » au profit de « GPA ». D'ailleurs, le 12 décembre 2014, quand le Conseil d'État rejette les requêtes en annulation contre la « circulaire Taubira », manière de légaliser le recours aux mères porteuses à condition que ce soit hors de France, iTélé titre sur « une nouvelle avancée » : le parti-pris est flagrant. Pourquoi, en effet, à l'inverse, ne pas considérer que c'est là une terrible régression ? Après tout, peut-être la réelle « avancée » serait-elle, en vertu des articles 378 à 381 du *Code civil*, de soustraire l'enfant ainsi conçu à l'autorité de ses parents au motif que ceux-ci se seraient rendus coupables de graves atteintes à la dignité humaine, dans la personne de la femme dont on a utilisé le ventre (avec ou sans rémunération, peu importe, en réalité) et bien sûr dans la personne de l'enfant, réduit à la satisfaction d'un « désir ». C'est une première victoire pour les défenseurs de cette pratique. L'expression « mère porteuse » n'est plus employée que par ses détracteurs. Le pire, dans cette affaire, c'est que bien des journalistes sont sans doute encore plutôt hostiles à la location d'utérus – on le sent dans la formulation de certaines questions et dans le choix des intervenants sélectionnés pour les débats : les opposants à la GPA ne sont pas encore uniquement des personnages antipathiques et « marqués » politiquement ou religieusement –, ce qui est cohérent puisqu'ils sont aussi plutôt hostiles à la prostitution qui n'est jamais qu'une location de vagin (pour raisonner comme Pierre Bergé). Ils s'y feront : ils se font à tout. Ils emploient cette expression pleine de présupposés altruistes « gestation pour autrui » (GPA) et petit à petit va s'imposer à eux la rhétorique désormais pourtant usée : c'est une réalité donc mieux vaut *l'encadrer*, c'est *inévitable*, c'est le *sens de l'histoire*. La vraie question demeure : qu'est-ce que cette argumentation minimaliste ne *pourra pas* légitimer ?

Le Journaliste, tout progressiste qu'il se veuille, aura du mal à parler en termes positifs de polygamie. Mais un beau jour, il le fera sans difficulé du *polyamour*, mot qui tend à se répandre, éclipsant les modèles réputés inégalitaires que sont la polyandrie et la polygynie (dans le *polyamour*, un lien affectif unit tous les membres de l'union et non pas une personne à chacune des autres individuellement). Le Journaliste ne pourra jamais être favorable à la pédophilie. Mais il défendra l'abaissement de la majorité sexuelle, tout en relayant en toute bonne foi les messages de ceux qui auront intérêt à laisser croire que cela ne prépare pas la légalisation de la pédophilie. Et puis il faudra trouver un mot plus adéquat que *pédophilie* pour désigner la relation entre adulte et enfant. *Pédophilie*, c'est à sens unique, cela met l'enfant en situation de passivité et l'entretient dans l'image de la victime, alors que les pédophiles se présentent souvent comme étant à l'écoute des désirs de l'enfant. Aussi faudra-t-il populariser un terme nouveau, plus joli, plus « gentil », plus « doux » comme dirait M. Kouchner (voir plus loin) et surtout, un mot qui permette de placer sur le même plan l'adulte qui « aime » les enfants et son partenaire mineur, supposé « aimer » l'adulte. L'argument du consentement nécessaire, que certains croient imparable, et qui semble limiter les possibilités de légalisation aux relations sexuelles entre adultes, tombera facilement : la

Belgique l'a prouvé, en légalisant l'euthanasie pour les « mineurs capables de discernement »[87]. Un enfant peut vouloir mourir, comme il peut vouloir faire l'amour avec un adulte. La pédophilie devient une sexualité comme les autres, une « réalité » qu'il faut « encadrer » et pour laquelle sont seuls répréhensibles les cas de contrainte. Je ne suis pas en train de dire que la légalisation de la pédophilie est imminente ; je dis que si un lobby se mettait en tête de l'obtenir, à condition qu'il sache choisir ses mots, il s'assurerait sans peine le soutien du Journaliste.

De même qu'il n'est pas favorable à l'*infanticide prénatal* mais à l'IVG, le Journaliste ne sera jamais favorable au *néonaticide* ; en revanche, il sera bientôt un fervent soutien de ce qu'on appelle déjà en pays anglophones *post-partum abortion* : l'*avortement post-natal*, ou *euthanasie néonatale*. Encore faudrait-il faire un sort aux mots *avortement* et *euthanasie*, un peu trop dépréciatifs au goût de certains, comme en témoignent les propos de ce médecin anonyme : « IVG c'est plus beau qu'avortement, non ? c'est moins connoté, y a moins d'affect, c'est plus technique… »[88] ; et de cet autre médecin, fort célèbre, lui : « [je n'aime pas le mot *euthanasie*] parce qu'il y a le mot *nazi* dedans, ce qui n'est pas très gentil. […] Il faut employer des mots qui sont doux »[89] (Bernard Kouchner).

Le Journaliste est déjà favorable à l'euthanasie, terme qui recouvre désormais aussi bien le suicide assisté que le meurtre bienveillant. Toutefois, là encore, le Journaliste reste fort timoré : selon lui, l'euthanasie ne peut concerner que les personnes proches de la mort ; il ne peut s'agir que d'accélérer un processus inéluctable devant conduire à une fin jugée proche. Le Journaliste a donc été gêné par l'affaire Vincent Lambert. De fait, d'après les journalistes du *Monde* eux-mêmes, le jeune homme, handicapé, « est en vie. Il n'est d'ailleurs pas en fin de vie »[90]. L'euthanasie envisagée dans son cas ne consiste pas à arrêter un soin médical puisqu'il n'en reçoit pas ; il s'agit seulement de le faire mourir de faim et de soif. On ne va pas le laisser mourir mais le tuer, ce qui est sensiblement différent et perturbe le sens moral du Journaliste. Et pourtant, pourquoi pas ? Les récentes découvertes en paléo-pathologie ont révélé que, dans la plupart des sociétés adeptes des sacrifices humains, on tuait en priorité les handicapés. Les civilisations passent, les discours changent, les croyances aussi, les hommes restent les mêmes. Toutefois, le Journaliste n'est pas à l'aise avec cette affaire, alors il va (se) la présenter d'une manière qui lui permette de dormir serein, en se disant qu'il ne se rend pas complice d'un assassinat. Pour le Journaliste, il faut « laisser partir » Vincent Lambert (Alice Darfeuil sur iTélé) ; il ne faut pas le « condamner à vivre » (Fabienne Sintes sur France Info). Les parents du paralytique sont fréquemment présentés comme des catholiques intégristes, ce qui laisse entendre que c'est au nom de prescriptions religieuses primant sur leur volonté et sur leur spontanéité affective qu'ils obligent leur fils à vivre. Cet élément a également pour vocation (au même titre que les habituelles expressions « proche de l'extrême droite », « sulfureux », « controversé », etc.) de créer le malaise chez ceux qui seraient tentés de prendre position contre l'euthanasie, en leur faisant sentir qu'ils se retrouvent de fait dans le camp du mal. À terme, pour calmer la gêne du Journaliste et de Bernard Kouchner, on ne dira peut-être plus *être euthanasié* mais *bénéficier du DMD* (droit à mourir dans la dignité).

Mots-couperets : les phobes et les sceptiques

Ce qu'on découvre, à travers ces exemples, c'est à quel point *désigner* et *décrire*, dans la bouche du Journaliste – et malgré lui –, c'est déjà *juger*.

Malgré lui ? Prenons un exemple sans grande incidence. Le journaliste qui assure la chronique du jeu vidéo sur France Info ignore manifestement que l'adjectif *moyenâgeux* n'a rien d'un compliment. Il le prend, semble-t-il, pour un équivalent exact de *médiéval* (qui signifie « du Moyen-Âge »), mot dont il ignore peut-être l'existence. Sinon, comment expliquer qu'il puisse louer, dans tel nouveau jeu, « un magnifique décor moyenâgeux », dans tel autre, « un décor moyenâgeux et chevaleresque ». Que voilà un bel oxymore ; il vaut presque l'*obscure clarté* qui, sous la plume de Corneille, tombait des étoiles.

L'impact de la connotation affecte également l'emploi des affixes (préfixes et suffixes). Ainsi, l'*antiaméricanisme* n'est pas l'*américanophobie*. Le premier est une posture positive, dont on peut se revendiquer et être fier. La seconde est un défaut, voire une insulte. Le suffixe – *phobie* était, à l'origine, réservé aux pathologies psychiatriques : arachnophobie, nyctophobie, claustrophobie, etc. Il est devenu un moyen commode de discréditer un adversaire. Les termes en – *phobes* sont particulièrement affectionnés des médias de masse. Pourtant, ces mots ne constituent pas des caractérisations objectives. Tout comme « fasciste » et « raciste » qui ont presque totalement perdu leur définition originelle, les *-phobies* actuelles sont des insultes, des outils à slogans, des charges gratuites qui permettent de transformer l'adversaire idéologique en ennemi tout en s'épargnant la peine de l'argumentation. C'est d'ailleurs pourquoi il est absolument inutile de s'en défendre. Durant les manifestations des opposants au mariage pour tous, les participants interrogés par les médias commençaient leur réponse par « nous ne sommes pas du tout homophobes ». Mais le seul fait qu'ils manifestassent contre le « mariage pour tous » constituait pour leurs adversaires une initiative homophobe. Ils se défendaient d'être homophobes d'après leur propre définition de l'homophobie et leurs adversaires les accusaient d'être homophobes d'après leur définition de l'homophobie à eux. Autrement dit, le terme d'homophobie n'a pas de sens établi, il n'a que celui qu'on lui donne, pour les besoins de la cause, dans un cadre conjoncturel donné. En réalité, il n'a pas de sens du tout (la « peur du même » ?) : si l'on voulait parler correctement, on dirait homosexualophobie. Mais en toute rigueur, on ne devrait pas dire non plus homosexualité mais homophilie, voire homosexophilie, l'homophobie devenant donc l'homosexophilophobie. Passons. Ce qui nous intéresse, c'est la fortune médiatique du terme qui s'est imposé, celui d'homophobie. Étymologiquement mal-conçu, il souffre d'une imprécision sémantique qui autorise la désignation, et la condamnation en bloc, de réalités fort diverses. Il est pratique – ou dangereux, selon le point de vue qu'on adopte. Il a effectivement ceci de commode qu'il permet d'effacer la différence entre, disons, la brute épaisse qui aime « casser du pédé », le catholique qui considère l'homosexualité comme un péché et l'homosexuel qui milite contre le mariage gay au nom d'une conception traditionnelle de l'union conjugale. Le *Rapport 2014* de la lutte contre l'homophobie rédigé par les bénévoles d'SOS-Homophobie stipule, de manière très large et avec les artifices typographiques désormais usuels dans les textes produits par ce type d'organisations : « Est ainsi homophobe toute organisation ou individu rejetant l'homosexualité et les homosexuel-le-s, et ne leur reconnaissant pas les mêmes droits qu'aux hétérosexuel-le-s. L'homophobie est donc un rejet de la différence, au même titre que la xénophobie, le racisme, le sexisme, les discriminations sociales, liées aux croyances religieuses, aux handicaps, etc. »[91]

Si l'on s'en tient à cette définition, être opposé à la PMA et à la GPA est une posture homophobe puisque cela revient à ne pas reconnaître les mêmes droits aux homosexuels qu'aux hétérosexuels, en leur niant celui d'avoir des enfants par procréation naturelle (fût-ce avec l'aide d'un tiers). Il est probable que la PMA sera rendue accessible aux lesbiennes sans trop de difficulté. En revanche, le terme de *gayphobie* s'imposera lorsqu'on assistera à la levée de bouclier des féministes, et notamment des féministes lesbiennes, farouchement opposées à la GPA et refusant donc un accès égalitaire à la procréation entre couples de même sexe masculins et féminins. Dénonçant la mise en place d'un « homopatriarcat », les membres de la CLF (Coordination Lesbienne en France), qui se sont offusqués du soutien de l'inter-LGBT/Paris-RP à la prostitution et à la GPA (qu'elles considèrent comme des formes de marchandisation du corps de la femme) ont déjà quitté la coordination pour ce motif[92]. Le Journaliste va s'y perdre.

Intermède ludique. Dans le kit de l'AJL (association des journalistes LGBT), on peut lire : « Le masculin l'emporte toujours sur le féminin. Cette règle de grammaire toute simple structure nos esprits et exclut implicitement les femmes. Pourquoi ne pas parler d' "homosexuel-le-s" ? Ou de l'élection "du ou de la futur-e président-e de la République" ? – on préférera un "tiret" ou un "point" : ne mettons pas les femmes entre parenthèses »[93]. Pourtant, plus loin, on peut lire ceci (cherchez l'erreur) : « La bisexualité n'est pas forcément une première étape vers l'homosexualité. Si quelqu'un déclare qu'il-elle est bisexuel-le, décrivons-le-la ainsi. Pourquoi décider pour lui-elle ou le soupçonner de manquer de franchise ? »[94] Bravo ! Il manque un « – la » avant « soupçonner ». Et si l'on est perfectionniste, à la phrase précédente, on écrira « quelqu'un-une ». Question annexe : comment réagiront-ils-elles quand ils-elles apprendront que le pronom « on » (dans la citation : « on préférera »), merveilleusement indéfini, vient étymologiquement du mot « homme » ? Rappelons que ce texte a été rédigé par une association de journalistes. Ils maîtrisent si bien la langue française qu'ils se piquent de l'améliorer. Farceurs-ceuses.

Autre terme en – phobe abondamment utilisé, *islamophobie* permet également de faciles amalgames (comme on dit) : ce mot désigne aussi bien le petit militant identitaire qui tague des têtes de cochons sur les mosquées que le responsable politique qui propose une loi contre le port de la burqa en France (Michèle Aliot-Marie en 2010), tout comme la *xénophobie* amalgame le néonazi bodybuildé qui n'a que l'insulte à la bouche et le démographe appelant à une meilleure maîtrise des flux migratoires. La vérité, c'est que les – *phobies* sont des mots piégés et ceux qui les emploient le reconnaissent parfois. Un passage très intéressant du *Rapport 2013* sur le racisme rédigé par la CNCDH (Commission Nationale Consultative des Droits de l'Homme) est consacré à l'ambiguïté de ces termes. Dans une sous-partie intitulée « observations préliminaires sur le sens des mots », on peut lire : « Pour l'édition 2013 de son rapport, la CNCDH a ressenti la nécessité d'un débat en son sein sur le sens et l'usage des mots, non pas le mot "racisme" ni "antisémitisme", mais le mot "islamophobie", utilisé à tort et à travers, mais aussi à bon escient. On ne peut nier que le mot fait aujourd'hui partie du paysage politique, médiatique et institutionnel. Il s'est notamment illustré par une actualité tout à fait prégnante, à l'occasion de faits divers inquiétants qui se sont succédé, à l'instar de ces agressions ciblant des femmes voilées. [...] L'impropriété sémantique du terme est [...] largement critiquée. Surtout, c'est l'instrumentalisation faite de part et d'autre qui est avancée comme devant conduire à disqualifier le terme. »[95]

Suit une section dont le titre « l'histoire d'un mot » annonce la mise en perspective diachronique de l'emploi d'« islamophobie » en faisant un sort à la rumeur tenace – dont le point de départ serait un article de Fiammetta Venner et Caroline Fourest dans la revue *Prochoix* – selon laquelle ce mot aurait été inventé par les mollahs iraniens en 1979 « pour en faire un instrument de censure »[96]. Cette démarche conduit les rédacteurs du rapport à déplorer que la « terminologie [soit] imparfaite »[97] ; le commentaire qu'ils livrent vaut, en fait, pour tous les termes en – phobe et pointe au passage d'autres abus de la langue médiatique actuelle, tel que l'emploi à tout va de la notion de « racisme » ou l'usage problématique du mot « antisémitisme » pour « judéophobie » : « La sémantique [...] oblige à constater que le terme [islamophobie] est impropre. D'un point de vue étymologique, le suffixe « phobie » désigne une peur paranoïde, quelque chose de maladif et d'irraisonné. L'expression évoque l'irrationnel et le pathologique, alors que les conséquences des comportements dénoncés sont bien inscrits dans la réalité. Cette assimilation à la maladie mentale a cela de dérangeant qu'elle exclut du champ des actes condamnables les manifestations haineuses qui trouvent en elle leur justification. Elle déresponsabilise celui qui, finalement, ne fait que subir son affection. Comment en effet condamner une peur ? Il est clair toutefois que ce n'est pas le sens étymologique qui est retenu le plus souvent, comme d'ailleurs pour le terme "xénophobie". Cependant, le terme est aussi source de confusion. L'islamophobie renvoie sémantiquement à la religion musulmane, et ne saurait donc, au sens strict du terme, relever des formes de racisme. Toutefois, par simplification à visée fédératrice, les tenants de la lutte contre l'islamophobie chercheraient à l'inscrire dans le sillage de la lutte contre le racisme dont font l'objet les personnes d'origine maghrébine. Le terme "islamophobie" tend ainsi à nourrir l'amalgame entre Arabe et musulman, amalgame que la CNCDH s'évertue à rejeter. Pourtant, nombreux sont ceux qui, derrière cette peur des musulmans, affichent en fait une forme de racisme non assumée, voire, au contraire, une aversion parfaitement revendiquée. [...] Le travail de clarification conceptuelle mené par la CNCDH manquerait d'objectivité si les autres expressions de la lutte contre le racisme ne faisaient pas également l'objet d'un examen terminologique. Ainsi, l'expression "racisme antimusulman", parfois préférée au terme "islamophobie", se révèle également faillible. En effet, il est erroné de parler de "racisme" pour désigner une discrimination qui se rapporte à la religion et non exclusivement à une question ethnique. [...] D'autres ont également pu recommander l'usage du terme "musulmanophobie". Le mot "musulmanophobie" permettrait de condamner exclusivement l'hostilité manifestée à l'encontre des personnes ayant une appartenance réelle ou supposée à la religion musulmane, au contraire du terme "islamophobie" qui a pu être utilisé pour contrer toute critique de l'islam. Cependant, ce terme est lui aussi imparfait, en raison du suffixe "phobie". Il semblerait en outre artificiel d'en préconiser l'emploi alors même que son usage est rare, au contraire du terme "islamophobie". D'autres terminologies, qui ont pourtant été adoptées comme étendards de la lutte contre les discriminations, n'en sont pas moins imparfaites. Le mot "antisémitisme", par exemple, dérivé de la racine "sémite" devrait renvoyer au sens strict du terme aux discriminations visant généralement les peuples juifs et arabes, et non pas exclusivement les personnes juives. Pourtant, le terme s'est imposé aujourd'hui sous cette dernière acception et est ainsi compris de tous. En outre, les terminologies de substitution ne seraient pas non plus à l'abri d'une instrumentalisation. Finalement, les expressions "racisme antimusulman" ou "musulmanophobie" pourraient tout aussi bien être prises en otage pour le compte d'idéologies radicales. De même, les termes "xénophobie" et "homophobie", largement employés par le grand public et la presse, mais également par les gouvernements, les organisations et institutions internationales, n'échappent pas à la critique de l'assimilation à la maladie mentale, de par leur construction sur le suffixe “phobie”. D’un point de vue terminologique, aucune de ces expressions n’est exempte de griefs. Finalement, c’est moins la parfaite exactitude de la sémantique de notions aux contours souvent difficiles à délimiter, que leur large appropriation et leur force expressive qui devraient plaider en faveur ou non de leur emploi. »[98]

La dernière phrase frappe par sa vérité glaçante : vides de sens, d’un emploi risqué, les mots en – *phobie* n’existent que parce qu’à force de les entendre, on finit par les employer, c’est le premier point. Ensuite, parce qu’ils bénéficient d’une grande force expressive. Ce sont des mots terrifiants. Accuser quelqu’un d’islamophobie ou d’homophobie, c’est porter contre lui une accusation grave, peut-être totalement infondée, mais forcément efficace. C’est le classer parmi les *méchants* dans le monde simple du Journaliste. Si le mot n’a peut-être pas été inventé par les mollahs, les rédactrices de *Prochoix* n’ont néanmoins pas tort sur son utilité actuelle ; il s’agit bien d’un « instrument de censure ». Ce qui est étrange, c’est qu’on ne les entende jamais dénoncer avec la même véhémence tous les autres termes en *-phobe*, de *xénophobe* à *europhobe*, en passant par *homophobe* ou *LGBT-phobe*, qui ont exactement le même rôle. Le rôle qui est aussi celui de *fasciste* et de *raciste*, même si ces deux termes tendent à tomber en désuétude au profit de la dénonciation des particularismes de la haine (les… *-phobies*). Dans *Langage et idéologie*, Olivier Reboul propose d’appeler « mots-chocs » ces termes qui empêchent de penser et qui orientent, par leur seule prononciation, le point de vue et l’action des auditeurs : « Je n’ai pas besoin de dire : “Mettons ces fascistes à la porte” ; il me suffit de crier : “Fascistes !” pour que le résultat soit le même. »[99]

Lors de l’affaire Zemmour, Titiou Lecoq a produit, sur *Slate.fr*, un article intelligent et courageux car méta-journalistique (c’est-à-dire prenant pour objet la démarche des journalistes eux-mêmes), interrogeant aussi bien la pertinence des réactions aux propos polémiques du chroniqueur que les méthodes d'interview : « Là où Zemmour n'a pas tort (attention, veuillez reposer ces cailloux, je n'ai pas fini ma phrase), c'est que les cris n'ont aucune valeur explicative. Pour disqualifier un ennemi, il ne suffit pas de jeter l'anathème sur lui sous la forme de l'insulte suprême "gros raciste". Traiter quelqu'un de "gros raciste" n'a jamais constitué un argument valable dans un débat. Ça consiste seulement à disqualifier un orateur, à s'attaquer à son "ethos", mais disqualifier quelqu'un ne disqualifie pas pour autant ses arguments. Quand la Licra attaque Éric Zemmour en justice, elle fait passer un message qui ressemble en gros à "dire que la plupart des trafiquants sont noirs ou arabes, c'est raciste et le racisme c'est mal". Et bien je ne suis pas convaincue par la force de la démonstration. Plutôt que de se borner à interdire les propos jugés racistes, est-ce qu'il ne vaudrait pas mieux les décortiquer, les analyser et y répondre ? [...] Et c'est pour cette raison qu'il faut lui opposer des arguments plutôt que des insultes. Refuser la discussion, c'est en un sens lui donner raison. Et dans notre système démocratique empreint de paranoïa, cela revient à laisser penser qu'il dit la vérité et que c'est pour ça qu'il dérange. Invité sur le plateau de "l'Objet du scandale", à l'occasion de la promo de son livre *Mélancolie Française*, Éric Zemmour était face à Frédéric Bonnaud et Gérard Miller. Ce dernier n'eut de cesse de [sic, NDLA] s'exclamer sur le mode "gros raciste", "c'est intolérable", "une honte", sans réussir à donner d'argument parce qu'à chaque phrase de Zemmour, il était clairement pris d'une envie de se rincer la bouche avec du Cif ammoniacal ».[100]

La référence à l'*éthos* oratoire (l'image que la personne donne d'elle-même dans son discours) est très pertinente. Le mot-choc est commode en ce qu'il atteint directement la personne et permet de la discréditer sans s'embarrasser de la contestation méthodique des propos qu'elle a tenus. Ces termes n'ont d'utilité que médiatique : ils s'intègrent parfaitement à la fonction inquisitoriale du Journaliste précédemment décrite. D'un emploi simple, utiles pour anathématiser les gens et identifier à tout va des *dérapages*, les *phobies* et autres étiquetages du même acabit donnent l'impression qu'une ligne rouge a été franchie, que la sanction n'est pas loin, que le *rétropédalage* (mot éminemment journalistique) s'impose.

En un sens, il est totalement inutile et contreproductif de répondre à ce type de catégorisation. Ce serait comme répliquer : non, vous vous trompez, je ne suis pas un connard/abruti/gros emmerdeur, etc. On répond à l'insulte par l'insulte ; ou bien on la tourne en dérision, mais on n'y répond pas posément comme on réfuterait une thèse. Ou alors on se rend ridicule. C'est là que les participants de la Manif pour Tous ont très mal manœuvré. Au Journaliste qui leur demandait : « Que répondez-vous à ceux qui vous considèrent comme homophobes ? », que ne lançaient-ils : « on s'en moque ! » Les « nous ne sommes pas homophobes mais » étaient pitoyables. C'était un terrible aveu de faiblesse, de honte et d'hésitation ; et cette défense vaine gaspillait un temps qui eût été précieux pour l'attaque. Leurs adversaires ne s'excusaient jamais ; au contraire, ils avaient compris que pour exister médiatiquement dans le cadre d'un mouvement de masse et pour peser dans le débat public, il faut appliquer ce qu'Adolf Hitler prônait déjà dans *Mein Kampf* (voir, plus haut, l'exemple des savons) : une posture monolithique, simpliste, caricaturale et tranchée, sans aucune déférence pour l'opposant qui doit être diabolisé sans trêve, à tort ou à raison. On peut le déplorer mais c'est ainsi, et le fait est que cela fonctionne. Cicéron le disait déjà : le principe de *convenance,* au sens d'*adaptation au contexte*, est fondamental. On ne peut pas défendre une idée de la même manière dans un débat de deux heures, dans une manifestation, sur un blog ou sur *tweeter*. Le format et les conditions d'expression doivent présider au choix de la stratégie. Dans une manifestation, on ne se défend pas contre les arguments de l'adversaire, on fait valoir son point de vue, on « montre ses muscles », comme le disent parfois les journalistes. Or, aux yeux du lobby LGBT, dans la mesure même où ils participaient à ce défilé politique, tous les manifestants de la Manif pour Tous étaient homophobes. Deux stratégies étaient possibles :

1. Faire de l'insulte un étendard pour en dénoncer la vacuité : « si être contre le mariage gay, c'est être homophobe, alors il y a beaucoup d'homophobes dans la rue aujourd'hui ». De fait, si être homophobe, c'est refuser aux couples homosexuels les mêmes droits qu'aux hétérosexuels, alors leur refuser le droit de se marier, c'est être homophobe. Cela obligeait théoriquement le gouvernement, si cette manifestation était un appel à la discrimination et comme tel, passible de sanctions, à interdire la *Manif pour Tous* et à considérer que le débat autour du projet de loi Taubira n'était pas autorisé puisqu'on était en infraction dès lors qu'on s'opposait à ce texte. La démocratie était temporairement abolie au service d'un bien supérieur : pourquoi pas ? Un grand moment de télévision témoignant de cette impasse restera la réponse de Najat-Vallaud Belkacem à la question d'Yves Calvi :
– Peut-on contester ce texte sans passer pour un homophobe ? C'est important que vous le disiez… si c'est ce que vous pensez.
– On… [lentement] on peut le contester sans être homophobe ; cela étant, l'inégalité des droits est le terreau de toutes les discriminations et de toutes les violences commises contre les personnes en raison de leur orientation sexuelle[101].

L'expression « passer pour homophobe » montre qu'Yves Calvi est très conscient du caractère ambigu de l'adjectif. Pour être honnête, Najat Vallaud-Belkacem aurait dû répondre que tout dépendait de la définition de l'homophobie à laquelle on faisait référence. Son « oui mais non » est d'une hypocrisie qui trahit la gêne. Aussitôt, David Abiker envoie ce tweet qui s'affiche en bas de l'écran et lui vaudra quelques insultes sur *Twitter* : « Pour les ANTI il n'y a eu aucun dérapage homophobe. Pour les PRO la #manifpourtous EST un dérapage homophobe »[102]. De fait, si le mot n'avait pas le même sens pour les deux parties en présence et que personne n'était habilité à trancher, il fallait le laisser là où était sa place : dans la bouche des promoteurs de la loi. Il n'était pas une donnée objective d'appréciation du positionnement idéologique des uns et des autres. Il fut pourtant convoqué à tort et à travers par les journalistes comme un aspect déterminant du débat.

2. Utiliser la stratégie de l'adversaire. Tout préoccupés par l'obligation qu'ils se faisaient de démontrer qu'ils n'étaient pas homophobes, les militants anti-« mariage pour tous », pourtant chrétiens dans leur majorité, n'ont pas vu l'occasion qui leur était donnée de dénoncer la « christianophobie » de leurs adversaires. Lesquels n'ont eu à répondre à aucune accusation de –phobie alors même que, là où la dimension légalement répréhensible des slogans de la Manif pour Tous était contestable, celle des chants et pancartes de la manifestation favorable à la loi Taubira ne faisait pas de doute et tombait même sous le coup de la loi : appel au meurtre et au viol, incitation à la haine. D'un côté, craignant d'être pris en flagrant délit de – phobie, les chrétiens n'osaient plus dénoncer la haine évidente dont ils auraient pu se dire victimes. De l'autre,

certains de n'être pas inquiétés, les militants de la cause gay ne s'imposaient aucune limite. Et on aurait tort de les blâmer puisque si les « dérapages islamophobes » et « antisémites » ont intégré le vocabulaire du Journaliste comme des données objectives, la notion de « dérapage christianophobe » lui demeure étrangère. Elle est toujours présentée comme un fait de discours : « les catholiques espèrent une forte mobilisation contre *ce qu'ils appellent* un acte christianophobe » *versus* « le CRIF appelle à la mobilisation contre cet acte antisémite ». Le Journaliste semble vivre dans un monde où personne ne déteste les chrétiens. À moins que nier les malveillances dont ils font l'objet ne soit le signe que lui-même leur est hostile, comme le pensent certains – en tête desquels, bien sûr, l'Observatoire de la christianophobie[103].

Toujours dans le domaine des modes de désignation, le scrutin européen de mai 2014 a été l'occasion pour le Journaliste de faire entrer en vigueur une distinction conceptuelle nouvelle dans le discours du Journaliste, et fondamentalement orientée. Jusqu'alors, il distinguait les *pro-européens* et les *anti-européens*, équivalents français des expressions *EU-optimists* et *EU-pessimists*. Mais le Journaliste ne se privait pas de remplacer le second terme par celui d'« europhobe ». Or, là où *eurosceptique* est une caractérisation neutre, *europhobe* est lesté d'une connotation subjective dépréciative. Quand le Journaliste dit d'un parti qu'il est *europhobe*, il dit deux choses : 1) que ce parti est eurosceptique ; 2) qu'il a tort. La montée de l'euroscepticisme et la multiplication des projets politiques proposant une alternative à la vision de l'Europe qui avait prévalu jusque-là ont contraint les commentateurs à intégrer dans leur discours la différence entre *soft euroscepticism* et *hard euroscepticism*, qui s'est traduite dans la bouche des journalistes français par la mise en place d'une distinction entre *eurosceptique* et *europhobe*. Il y a désormais un anti-européisme toléré (Nicolas Dupont-Aignan, par exemple) et un anti-européisme nauséabond, qu'on se doit de détester (le Front National). Cette répartition s'est faite de manière arbitraire et imprécise (tel parti est « plutôt » eurosceptique, tel parti serait « presque » europhobe), la qualification d'*europhobe* relevant en grande partie du délit de sale gueule ; mais la contrepartie a été de libérer la parole eurosceptique dite *soft* en lui accordant un statut officiellement différent de sa version *hard*. Ce qui est gênant, c'est que la validation comme objective de l'existence d'un mauvais discours anti-européen n'a pas eu de contrepartie dans le camp *pro*. Alors même que se répandait dans la sphère politique la distinction à visée polémique entre *europhiles* et *eurobéats*, c'est-à-dire entre bons et mauvais *EU-optimists*, le Journaliste a considéré qu'il s'agissait là d'une distinction née dans la bouche des anti-européens et n'a donc pas repris cette distinction à son compte, alors qu'il a totalement assimilé la distinction entre *eurosceptiques* et *europhobes*, grille de lecture mise en place par les pro-européens. Dans la bouche du Journaliste, il y a les *europhiles*, des gens bien, les *eurosceptiques*, tolérables dans une certaine mesure, et les méchants, les *europhobes*. Cette hiérarchie le place à l'évidence dans le camp des *europhiles*, parti-pris dont il serait surpris qu'on lui reprochât de le dévoiler, tant il s'agit évidemment pour lui de la seule posture moralement acceptable.

Après les « eurosceptiques », mentionnons également les « climatosceptiques ». Un climatosceptique serait littéralement quelqu'un qui exprime des doutes à propos du climat. Ce mot n'a donc de sens que si l'on réduit la climatologie à une seule thèse : le réchauffement global, durable et d'origine anthropique. Justement, les climatosceptiques sont ceux qui expriment des doutes sur la *réalité*, la *durée* ou la *cause* du réchauffement climatique, sans que le mot permette de faire la différence entre ces différentes options. Il est obligatoire d'approuver sans réserve les trois aspects de la thèse, sous peine de se voir étiqueté « climatosceptique ». Ce terme fourre-tout présente l'avantage de mettre dans un grand sac tous ceux qui ne pensent pas *exactement* comme il faut. Il dessine, par conséquent, en creux, la seule pensée autorisée. Les récalcitrants sont parfois également accusés d'anti-réchauffisme. Mais le mot du Journaliste pour les désigner reste bel et bien « climatosceptiques » (il n'a pas osé adopter la notion de « climato-négationniste », qui existe pourtant mais reste d'un maniement délicat, puisqu'elle met le réchauffement climatique au même niveau de sacralité que la Shoah !). Ce qui est problématique, c'est que « climatosceptique » ne s'oppose à rien. Ou plutôt si ; dans le discours médiatique, il s'oppose à climatologue : « Bonjour Anne-Laure Barral. Cette semaine, vous revenez sur le débat relancé entre climatologues et climatosceptiques »[104]. Excellent : vous revenez sur le débat entre les spécialistes et les gens qui disent n'importe quoi. Le Journaliste a, semble-t-il, déjà tranché le « débat ». D'ailleurs, c'est de manière tout à fait concertée qu'il choisit la désignation dépréciative de « climatosceptiques », tout en précisant que ces gens « préfèrent s'appeler » les « climato-réalistes »[105]. Il pourrait y avoir des climatologues réchauffistes et des climatologues anti-réchauffistes. Il pourrait donc théoriquement y avoir des climatologues climatosceptiques. Pour le Journaliste, un climatologue qui professe des théories considérées comme climatosceptiques n'est plus un climatologue ; c'est aussi simple que cela. Le choix de l'opposition climatologues/climato-sceptiques rejette dans l'illégitimité de l'incompétence les défenseurs de thèses divergentes, *quelle que soit la nature de cette divergence*. Et c'est là que la fonction exclusivement idéologique de la notion apparaît pleinement : condamner le traitement apocalyptique du changement climatique (à tort ou à raison) vous classe parmi les climatosceptiques[106], même si vous affirmez – comme le fit Philippe Verdier – que « le réchauffement climatique est là, il est dû à l'homme »[107].

Notons, pour conclure cette partie, que les mots-couperets sont souvent employés dans les questions-insultes que le Journaliste place, en général, au début de l'interview : « Bonjour Monsieur Machin – Bonjour – Êtes-vous homophobe ? » C'est une fausse interrogation. La réponse que donne l'invité n'a strictement aucune importance pour le Journaliste.

Un « extrémiste modéré » ?

Les – *ismes* ne sont pas forcément d'un usage plus commode. Sur *islam*, on a formé *islamisme*, les suffixes en *-isme* signifiant, en politique, le soutien, le parti-pris en faveur d'une cause, d'une théorie, d'une personne : colonialisme, rigorisme, clintonisme, thatcherisme, *etc.* Signalons, au passage, au risque de décevoir le Journaliste, qui avait pris plaisir à diversifier les désinences adjectivales lors de la primaire socialiste de 2011, que si l'on est partisan d'un candidat, on est son – *iste* et rien d'autre : les *aubrystes* existaient bel et bien, tout comme les *vallsistes* et les *bayletistes*, mais en bon français, il aurait fallu bannir les *montebourgeois* et les *hollandais*, au profit des *montebourgistes* et des *hollandistes* (une décision *de* François Hollande étant une décision *hollandienne*). Restait le cas problématique des *royalistes*, soutiens de Ségolène Royal, qui présentaient une troublante homonymie avec les thuriféraires de la monarchie.

À l'origine, les islamistes sont donc seulement ceux qui pratiquent l'islam, c'est-à-dire les musulmans. Mais avec la radicalisation de certaines fractions de la population musulmane, qui ont fait le choix d'un islam politique, conquérant et coercitif, est apparue la nécessité d'une distinction terminologique que ne fournissait pas le discours musulman lui-même (aucun magistère ne fixant le dogme, les idées d'écart, d'hérésie, de radicalisme ou d'intégrisme sont sans fondement théologique en islam). S'opère alors le même phénomène que dans le cas de la distinction eurosceptique/europhobe : deux mots qui désignaient une même réalité acquièrent un fonctionnement indépendant. *Islamisme* se voit attribuer une connotation négative. Cette distinction conceptuelle et axiologique est entérinée à la fin des années soixante-dix et elle est aujourd'hui totalement ancrée dans les mentalités. C'est même devenu un *topos* du discours médiatique de nous rappeler qu'« il ne faut pas faire d'amalgame entre islam et islamisme », voire que « l'islamisme n'a rien à voir avec l'islam, religion de paix, etc. ». Cette distinction a été inventée par les non-musulmans afin de discriminer entre vrais et faux musulmans... d'après des critères non-musulmans. Dans les faits, un « bon musulman » est un musulman soluble dans la République : un musulman qui choisit l'interprétation la plus édulcorée des textes sacrés de sa foi et la pratique religieuse la moins ostensible, ou même quelqu'un qui renie certains principes et préceptes de sa propre religion. C'est donc paradoxalement quelqu'un qui prend le risque (au regard du jugement d'Allah) d'être un mauvais musulman. Dans la vidéo filmée à l'université d'été de l'UMP où Brice Hortefeux déclare, à propos d'un militant UMP de type maghrébin, que « quand il y en a un ça va ; c'est quand il y en a beaucoup qu'il y a des problèmes », on entend une dame signaler, comme si elle donnait à admirer les qualités du jeune homme, qu'« il mange du cochon et il boit de l'alcool ». On ne sait pas si le militant est effectivement musulman, mais, en soi, évaluer sa respectabilité au fait qu'il n'applique pas les préceptes de sa religion est tout à fait symptomatique.

L'*islamiste*, pratiquant zélé et convaincu, fidèle à la lettre des textes, est décrié par le Journaliste comme un dangereux intégriste. Un *islamiste* désigne donc désormais un « musulman extrémiste ». Ce qui est presque amusant, c'est que dans la foulée des révolutions arabes, on a vu apparaître un étrange oxymore : les « islamistes modérés ». Traduisons : un musulman extrémiste modéré. Une panthère noire blanche, un panda géant nain. Proférée avec beaucoup de sérieux par le Journaliste pour désigner des partis prétendant ne pas vouloir « appliquer » la charia mais s'en « inspirer », l'expression suscita l'hilarité dans les chaumières et sur les forums internet. Jeannette Bougrab, alors Secrétaire d'État à la Jeunesse, affirme alors dans une interview donnée au *Parisien* : « Je ne connais pas d'islamisme modéré »[108]. Elle explique que les islamistes ne peuvent pas prétendre donner des gages de démocratie en opérant le tri entre ce qui leur convient et ce qui ne leur convient pas dans ce système politique qu'ils rejettent *a priori* : « La démocratie n'est pas un supermarché où l'on pourrait prendre uniquement ce qui nous fait plaisir. » Mais chaque jour la démocratie française s'arroge le droit de ne prendre que ce qui lui fait plaisir dans l'islam (comme dans toutes les religions), rejetant le reste dans les limbes de l'extrémisme. Soit on est démocrate, soit on ne l'est pas, semble dire Jeannette Bougrab ; on ne peut être modérément démocrate, comme on ne peut l'être trop. Mais on ne peut être modérément musulman, ni l'être trop ! L'expression « islamisme modéré » est certes ridicule mais la distinction entre islam (par nature modéré) et islamisme (version radicale de l'islam) est, elle aussi, une construction de nos médias occidentaux. On doit préciser ici que, parallèlement à la notion d'*islamisme modéré*, est apparu le concept d'*islamisme radical*. Notre ennemi, ce n'est pas l'islam, certes ; mais ce n'est pas même l'islam radical. C'est l'« islamisme radical ». L'« islamisme » désignant par définition l'« islam radical », on doit aussi se demander ce que peut être l'« islam radical radical ».

Théoriquement, si Allah existe et si le Coran est sa parole, on ne pourra jamais lui être *trop* soumis et ceux qui prétendent l'être modérément ne le seront donc pas assez. En tout état de cause, l'interprétation véridique des textes sacrés a peu de chances de sortir de la bouche du Journaliste. C'est encore cette volonté des autorités laïques de trancher entre bon et mauvais islam qui s'est manifestée quand on a décidé en haut lieu – et les journalistes ont suivi – de ne plus désigner l'EIIL comme l'« État islamique en Irak et au Levant » mais sous le nom de « Daech » (on se souvient du discours de Laurent Fabius), acronyme composé des initiales des mots arabes signifiant... « État islamique en Irak et au Levant ». Le changement a donc consisté à dire la même chose, mais désormais sans s'en rendre compte. Parallèlement, on a déployé une nouvelle rhétorique : elle ne reposait plus sur la distinction entre islam et islamisme, sans doute parce que cette subtilité lexicale, à la longue, perdait en efficacité. Au début de la prise en charge médiatique, quand on parle encore d'« État islamique », on énumère les communautés visées par les massacres : chiites, yézidis et chrétiens. À partir du moment où l'on s'est mis à employer l'acronyme « Daech », on a aussi insisté sur le fait que leurs exactions visaient des musulmans, sans plus préciser – comme c'était le cas auparavant – qu'il s'agissait principalement de chiites visés parce que chiites (ou de sunnites, mais en rien visés parce que sunnites). Cette nouvelle approche a un double avantage : elle est censée décourager les candidats au djihad (ils partent là-bas pour tuer leurs frères dans la foi) et elle permet d'excuser le relatif silence de la communauté musulmane (elle n'a pas à se désolidariser d'une action qui la concerne seulement en tant qu'elle en est victime). On a vu se multiplier les communiqués soulignant combien il était *stigmatisant* d'attendre une réaction officielle de condamnation contre Daech de la part des autorités musulmanes. Une étude réalisée par ICM-Research, révélant qu'une partie non négligeable de la population française avait une bonne opinion de Daech ne reçut presque aucun écho médiatique, sinon pour la discréditer de manière parfois caricaturale (« il ne faut pas confondre *assez favorable* et *très favorable* »[109]), même si l'exactitude des chiffres méritait effectivement d'être reçue avec prudence en raison du manque de clarté sur le protocole de compilation et de traitement des données. Pourtant, il est évident que les musulmans français étaient, plus que nos journalistes, capables de juger de la nature islamique ou non de cette organisation. S'ils ne se sont pas précipités pour crier leur révolte devant les massacres abusivement perpétrés au nom de l'islam et pour pleurer le sort de leurs coreligionnaires égorgés en masse, c'est probablement parce qu'ils partagent un point commun théologique fondamental avec les hommes de Daech : ils sont sunnites (et comme tels, ennemis du chiisme). Autrement dit, là où le Journaliste voulait voir des *barbares* égorgeant des *musulmans*, les musulmans, eux, voyaient des *ultra-orthodoxes* éradiquant des *hérétiques*. Ils ne les soutenaient sans doute que du bout des lèvres pour la plupart et regrettaient ce déchaînement de violence, mais ils ne pouvaient pas, radicalement, condamner leurs actes. Comme l'a écrit Boualem Sansal, les musulmans « qui désapprouvent [les islamistes] ne vont cependant pas jusqu'à les dénoncer et les combattre »[110]. La véritable raison qu'on avait de contester objectivement la dénomination d'« État islamique », c'était que ce groupe terroriste ne répondait peut-être pas aux critères permettant de définir un État. Le reste est pure polémique de théologiens. On ne nous fera pas croire que le Journaliste s'est réellement penché sur des questions aussi complexes que celle des versets abrogés et abrogeants ou des hadiths apocryphes avant de nous dire qui sont les vrais musulmans.

Le Journaliste est comme vous et moi : il a des amis musulmans. Comme ce sont de bons amis, il considère que ce sont de bons musulmans. C'est la théologie du sentiment à la sauce médiatique. Et voilà sur quelle base on nous explique le monde.

Nazi mais pas *coco*

Le Journaliste oscille entre deux manières de nommer les gens : l'auto-désignation (les appeler tels qu'ils se désignent), la désignation idéologique (les appeler comme on les considère). Ainsi, pour illustrer la première option, on ne parle presque plus de romanichels, de gens du voyage, de bohémiens, de tziganes, de nomades ou de gitans, mais de *Roms* (même quand ce ne sont pas des Roms). Les fidèles de Mahomet s'appelaient jadis les mahométans, adeptes du mahométisme, tout comme les disciples du Christ s'appellent les chrétiens, pratiquant le christianisme. On ne dit plus mahométisme mais islam, c'est-à-dire *soumission à Dieu*. Et les *musulmans* sont, littéralement : les *soumis à Dieu*. Cette désignation est étonnante dans une société laïque, sinon athéiste, puisqu'elle revient à reconnaître implicitement l'existence de Dieu (c'est un peu comme si l'on désignait couramment les Juifs comme *le peuple élu*, sous-entendu *par Dieu*).

À l'inverse, il est des entités que le Journaliste se réserve le droit de désigner à l'aide de termes idéologiquement marqués, c'est-à-dire de mots qui impliquent un jugement de valeur.

De même que, lors d'un match de football, « les Verts », « les Stéphanois » et « Saint-Étienne » se succèdent dans le discours du Journaliste, de même, pendant des obsèques de Nelson Mandela, a-t-on pu entendre nombre de journalistes, sans doute seulement désireux de varier les appellations et nullement conscients de ce que ce choix impliquait, appeler le défunt *Madiba*. Il s'agit là du nom tribal de ce dirigeant, repris comme une marque d'affection par ses partisans. Ce terme ne peut donc être employé par le Journaliste qu'avec les précautions énonciatives qui s'imposent : « celui que ses partisans appellent *Madiba* ». L'emploi de ce surnom ne passe inaperçu que dans la mesure où admirer le leader charismatique de l'opposition à l'apartheid est considéré comme une évidence. Aucun journaliste français, lors de la mise à mort de Mouammar Kadhafi, n'aurait eu l'idée de dire que « le *frère guide* a été assassiné ». Cette adhésion à la personnalité de Nelson Mandela s'est accompagnée, dans le discours journalistique, d'une glorification de sa non-violence, allant jusqu'à passer sous silence le motif de son arrestation : le Journaliste nous parlait de « ses années d'incarcération » sans nous en rappeler la cause, à savoir que, constatant l'inefficacité de la résistance non-violente après le massacre de Sharpeville, Nelson Mandela avait choisi de passer à la lutte armée. Le Journaliste ne peut imaginer de faire l'éloge d'un combattant, prêt à tuer et à mourir pour sa cause. Un héros ne peut être que non-violent.

Autre exemple de dénomination idéologique : le mot « nazi » ne devrait jamais être employé comme une appellation neutre. « Nazi » n'est pas un diminutif. Comme le rappelle Olivier Reboul, c'était le « sobriquet » péjoratif que les adversaires du *Nazional Sozialismus* donnaient à ce parti[111]. Employer *nazi*, nom ou adjectif, comme son dérivé *nazisme*, ce n'est donc pas parler *du* nazisme mais parler *contre* le nazisme. Ce mot a surtout l'intérêt de faire oublier les deux mots qui le composent. Étrangement, d'ailleurs, quand on n'emploie pas *nazi*, si l'on veut montrer qu'on connaît l'expression que ce terme apocope, on dit, en français : le « national socialisme ». Or, normalement, dans notre langue, on place l'adjectif après le nom qu'il modifie. Hitler est donc le théoricien du « socialisme national ». Ainsi désigné, le mouvement apparaît beaucoup moins comme un parti d'« extrême droite ». Imaginons cette phrase : « les socialistes nationaux, en Allemagne, sont responsables de la plus grande persécution antisémite du XXe siècle »... Que l'obsession anti-fasciste de nos sociétés médiatiques actuelles soit à l'origine une invention stratégique des communistes est bien connu ; l'hitlérisation de l'ennemi est d'ailleurs une méthode qui ne prend plus guère (on moque les « points Godwin »). Mais on n'en est pas encore à considérer que les deux grands totalitarismes du XXe siècle sont portés par une idéologie « de gauche » et se distinguent essentiellement par une différence d'échelle : l'un étant un socialisme national, quand l'autre se veut international. Cela viendra. Comme viendra le moment où Hitler connaîtra le sort de toutes les figures négatives de l'histoire : la réhabilitation partielle. De Néron à Napoléon III en passant par Domitien et Attila, ces personnages sombres, voire monstrueux dans l'imaginaire populaire, ont fini par trouver grâce auprès des historiens et c'est même devenu une preuve d'érudition que de savoir vanter leurs mérites longtemps négligés. De même, il n'est plus très loin le moment où l'opposition entre de Gaulle et Pétain aura autant de sens pour la jeune génération que si on lui demandait de choisir entre Marius et Sylla, entre César et Pompée, ou bien entre Marc-Antoine et Octave : reléguée au statut de chapitre dans les livres d'histoire, cette opposition n'aura rien perdu de son intérêt mais elle ne comportera plus aucune implication affective.

L'éloignement temporel permet ce procès en révision qui serait perçu comme scandaleux quand le souvenir des atrocités commises est encore brûlant. Bien entendu, Hitler demeurera, comme Attila, un outil de diabolisation politique, mais à titre de figure de style. Sans doute même deviendra-t-il une antonomase :

« Untel est *un Hitler* », tout comme le « boucher des Balkans », Ratko Mladic, était aussi surnommé « l'Attila serbe ». « Nazi » est donc une désignation dépréciative dont on a oublié qu'elle l'est. Nous ne sommes pas choqués d'entendre le Journaliste parler des « crimes commis par les nazis » mais nous le serions sûrement de l'entendre mentionner les « crimes commis par les cocos » (pour communistes). C'est pourtant exactement le même phénomène lexical.

Il était utile de le mentionner ici puisque la même opération se produit avec l'adoption de « Daech » pour parler de l'État islamique. L'acronyme dont nous avons déjà parlé précédemment a été popularisé par les opposants à ce groupe. Spécialiste du Moyen-Orient, Mathieu Guidère, tente de trouver un mode de désignation non-idéologiquement marqué et propose « organisation d'Al-Baghdadi » [112], sur le modèle de la bande à Bonnot ou la bande à Baader, c'est-à-dire en identifiant le groupe par son chef. Pour l'instant, le Journaliste s'en tient à « Daech » (dénomination idéologique, non-neutre, anti-daech), qu'il fait alterner avec « organisation État islamique », expression qui a pour but de signaler que cette organisation se désigne abusivement comme un État et, tout aussi abusivement, comme islamique. Même ce dernier parti-pris est problématique : à partir du moment où l'on remet en cause l'auto-désignation de l'État islamique, et seulement celle-là, on sous-entend que toutes les autres sont légitimes : que le Parti Socialiste est bel et bien socialiste, que le Front National est bien un front national, etc.

Tout aussi idéologiquement marquée, mentionnons la désignation qui pêche par généralisation abusive : « voilà trois ans que la Syrie est entrée en rébellion contre Bachar El-Assad », dit la journaliste sur France Info. Ce faisant, non seulement elle prend explicitement parti en faveur de ce soulèvement, mais elle exclut de la communauté syrienne tous les Syriens qui soutiennent Bachar

El-Assad, ainsi que ceux qui éprouvent la même aversion pour lui que pour ses opposants. Autrement dit, elle simplifie formidablement la situation.

Signalons aussi l'existence d'entités impossibles à désigner dans le paysage médiatique. Alain Finkielkraut s'est attiré les foudres des censeurs pour avoir parlé des « Français de souche »[113]. On semble avoir oublié un précédent qui avait pourtant, lui aussi, fait quelque bruit : quand le député Jacques Myard avait parlé des « jeunes Gaulois » pour désigner les jeunes portant des noms français[114]. La question est donc : quelle expression a-t-on le droit d'employer pour désigner les « Français non issus de l'immigration » sur un plateau de télévision ? Peut-être ne peut-on, en effet, les définir que par la négative. On nous rappelle régulièrement que les Français de souche n'existent pas, que nous sommes *tous des enfants d'immigrés*. Pourtant, il existe indéniablement une différence de degré dans le sentiment d'appartenance à la nation française entre ces deux extrêmes : le citoyen qui ignore son extraction étrangère tant elle est ancienne et celui qui la revendique au point d'en faire l'étendard d'un combat politique. Comble de la plaisanterie : le président François Hollande crut bien faire en précisant que les vilains qui avaient saccagé le cimetière juif de Sarre-Union étaient des « Français de souche comme on dit ». Il tenait enfin un incident où la violence antisémite n'était pas le fait d'immigrés musulmans désireux de venger les Palestiniens. Et il devint lui-même la cible de critiques pour avoir osé reprendre cette expression, fût-ce avec des guillemets audibles (« comme on dit »). Même pour en dire du mal, il est devenu impossible de désigner le Français de souche. Dans la mesure où la France n'est pas le berceau de l'humanité, il est incontestable que nous sommes tous des enfants de l'immigration et il n'y a probablement sur Terre que quelques Ethiopiens qui puissent se dire « de souche ». Mais dans ce cas-là, le Journaliste ne devrait pas pouvoir dire ceci : « Mohamed, jeune *Français d'origine algérienne*, nous explique pourquoi le ramadan est une période importante de l'année ». Ou bien il faut admettre que toutes les origines existent, sauf l'origine française (réservée aux étiquettes des viandes).

Cheveux courts et veste noire

La manière de *désigner* peut donc orienter le jugement du récepteur de l'information. Mais la manière de *décrire* également, cela va de soi. Écoutons, par exemple, la journaliste qui, sur France Info, nous donne à voir un candidat Front National en campagne pour les élections municipales, compensant par les mots l'absence d'images induite par le support radio : « Étienne Bousquet-Cassagne, cheveux coupés court et veste noire, va à la rencontre des habitants ». On ne saura ni la couleur de ses cheveux, ni celle de sa chemise ou de son pantalon. La journaliste sélectionne arbitrairement deux éléments, lesquels, combinés suggèrent une allure quasi-militaire. C'est l'image d'un jeune néonazi plus que d'un candidat respectable qui se dessine.

Le même procédé est employé lors des manifestations contre l'accueil des migrants en Pologne. Le journaliste de France Info nous décrit l'un des organisateurs, « cheveux blonds idéalement plaqués sur le côté ». Imagine-t-on couvrir une manifestation des syndicats d'enseignants en tendant le micro à « Jacques, barbe hirsute et pull-over idéalement crasseux » ? ou une manifestation de lycéens avec « Dylan, idéalement boutonneux » ?

La Manif pour Tous a aussi été l'occasion de descriptions réduites aux stéréotypes : on a écouté la réaction d'un « jeune homme soigné, raie sur le côté », d'une jeune fille « serre-tête vert dans ses cheveux blonds », ou de femmes « âgées, petite croix dorée au cou ». Cela ne signifie pas que tous les manifestants correspondaient si rigoureusement aux clichés attendus mais qu'ils étaient sélectionnés par le journaliste en fonction de leur degré de coïncidence avec ces stéréotypes. L'auditeur est incité à extrapoler ; et à se faire une opinion sur le mouvement d'après l'allure de ses participants les plus caricaturaux.

Il existe trois manières de se prémunir contre la prédilection journalistique pour l'individu-cliché :

1. Faire en sorte de ne pas correspondre au cliché. On se souvient qu'en prévision de la deuxième Manif pour Tous, Frigide Barjot, coorganisatrice du mouvement avait fait circuler un code vestimentaire précis : « Pour madame : cheveux lâchés négligemment chiffonnés, soutien-gorge pigeonnant, carrés Hermès et serre-tête prohibés. Pour monsieur : barbe naissante obligatoire, raie sur le côté et pochettes Sulka oubliées. Chevalière autorisée uniquement en perfecto. Pour les enfants : Cyrillus s'abstenir »[115]. Évidemment, la diffusion de ces consignes trahissait le bien-fondé du cliché…
2. Surjouer le cliché. Ainsi, choisissant de pousser jusqu'à la caricature les stéréotypes répandus pour caricaturer les homosexuels, vus comme des satyres obsédés du sexe et violemment antireligieux, les membres de certains mouvements LGBT défilent à la Gay Pride grimés de façon grotesque, presque ou totalement dénudés, en brandissant des pancartes obscènes et en scandant des slogans provocateurs (cette stratégie est de plus en plus contestée au sein de ce qu'on appelle la communauté gay parce qu'elle donne une image dégradante et superficielle du mouvement en réduisant la personne homosexuelle à l'état de bouffon hypersexuel, au détriment du message politique).

3. Censurer la diffusion des clichés. L'AJL, association des journalistes LGBT a diffusé en juin 2014 un kit destiné à permettre aux journalistes d'« informer sans discriminer ». On y peut lire : « Difficile de rendre compte de toute la diversité d'une communauté en une seule photo ! Ainsi, chaque année, de nombreux médias choisissent d'illustrer la Marche des fiertés (ex-Gay Pride) avec des images de personnes très maquillées (généralement des hommes), vêtues de tenues exotiques ou presque dévêtues... Pourquoi pas, c'est joyeux, coloré et c'est une des facettes de la communauté LGBT, mais essayons d'être attentif-ve à varier les représentations. Dans ce genre de manifestations, on trouve aussi des femmes, des jeunes, des vieux, maquillés, à barbe, à talons ou en sandales, en tee-shirt ou en chemise. Attention également si vous réutilisez plus tard ces photos (ou vidéos). Les images de La Marche des fiertés sont souvent resservies pour illustrer n'importe quelle actualité concernant les personnes LGBT. N'oublions donc pas de dater ces documents (et de les sourcer) et de toujours se poser la question de la pertinence de cette réutilisation. Pour ce qui est des légendes (ou de la voix off), il est important de respecter le souhait des personnes interrogées sur leur anonymat et/ou sur la manière dont elles veulent être désignées. »[116]

On imagine que les rédacteurs de ce « kit » seraient les premiers à monter au créneau si les catholiques de la mouvance traditionaliste publiaient un document du même type en demandant aux journalistes de ne plus les appeler « intégristes », le Front National de même, pour ne plus se voir affubler du qualificatif d'« extrême droite », au prétexte qu'il faudrait « respecter le souhait des personnes interrogées [...] sur la manière dont elles veulent être désignées » !

LE JOURNALISTE ET LES MOTS DES AUTRES

Satan journaliste

Nous voulons attirer ici l'attention de notre lecteur sur les dispositifs énonciatifs qui contribuent à orienter la réception de l'information. D'abord, mais c'est de notoriété publique, le Journaliste aime, selon l'expression consacrée, *tirer les mots de leur contexte*. Il le fait, en général, quand il s'agit de pointer un « dérapage » (ou, à défaut, un « propos controversé »). Antoine Fouquier-Tinville, célèbre accusateur public du tribunal révolutionnaire ne disait-il pas déjà : « Donnez-moi une phrase de n'importe qui et je l'envoie à la guillotine ! ».

Cette pratique est *diabolique* selon deux des significations que peut porter ce terme. Au sens étymologique (*dia-ballo* en grec : *séparer*), elle consiste à séparer un mot du contexte qui lui donne son vrai sens, ses nuances et ses justifications. Mais elle est aussi diabolique dans le sens où l'un des premiers à avoir laissé dans l'histoire un exemple célèbre de ce type de *diabolie* (comme on disait au Moyen-Âge) n'est autre que Satan lui-même. Souvenons-nous, c'est en *Matthieu*, IV, 1-11 ; Jésus est au désert quand le Diable apparaît et lui dit : « Si tu es fils de Dieu, dis que ces pierres soient des pains ». Jésus aurait pu l'ignorer et tourner les talons mais il choisit de lui répondre en utilisant ce qu'on appelle l'argument d'autorité, c'est-à-dire la citation d'un texte dont la valeur et la fiabilité font consensus, en l'occurrence le *Deutéronome* (section de l'*Ancien Testament*) : « Il est écrit : "l'homme ne vit pas que de pain, mais de la parole de Dieu" ». Le Diable revient alors à la charge et décide d'utiliser le même type d'argument. Il emmène Jésus au sommet du temple de Jérusalem et lui dit, citant un Psaume (autre texte de l'*Ancien Testament*) : « Si tu es fils de Dieu, jette-toi en bas, car il est écrit "Il donnera des ordres pour toi à ses anges, et ils te porteront de crainte que ton pied ne heurte la pierre" ». Le Diable fait comme le Journaliste : il choisit un passage précis qui, coupé du reste du texte, semble servir adéquatement son but immédiat. Mais le Christ n'est pas dupe et remet la citation dans son contexte en rappelant au Diable un autre extrait du *Deutéronome* : « Oui, mais il est aussi écrit : "Tu ne mettras pas à l'épreuve le seigneur ton Dieu" ».

On pourrait donner de multiples exemples de cette manière de faire. Pensons au reproche adressé à Alain Finkielkraut pour avoir employé l'expression « Français de souche », alors que c'était précisément dans une envolée louant l'assimilation, où il déclarait lui-même n'être pas français de souche. Pensons aussi à Éric Zemmour, sévèrement critiqué pour avoir parlé des « Noirs » et des « Arabes » dans sa phrase polémique : « la plupart des trafiquants sont noirs et arabes », alors qu'il avait repris ces mots dans la bouche de son interlocuteur, Bernard Murat. De la même manière, Nicolas Sarkozy reste blâmé pour avoir prononcé cette phrase : « on va vous débarrasser de cette racaille ». La vérité, c'est qu'il n'a jamais dit cela. Discutant avec une habitante d'Argenteuil qui lui parlait depuis la fenêtre de son immeuble, il lance : « Vous en avez assez, hein ? » – « … » – « Vous en avez assez de cette bande de racailles ? Eh bien, on va vous en débarrasser ! » On n'entend pas les paroles de son interlocutrice mais les voisins de la dame confirmeront que c'est bien elle qui a employé le mot en premier et que Nicolas Sarkozy l'a repris tel quel de sa bouche : ce sera confirmé par un reportage mené pour l'émission « Arrêt sur image » quelques semaines après les faits[117], puis par le ministre et futur président lui-même[118]. Mais dans tous les médias de masse et chez les défenseurs de la moralité des paroles publiques, cela restera : « il a dit *racailles*, c'est stigmatisant, méprisant, raciste, etc. ». En fait, c'était surtout, très malin ; et toutes ces personnes auraient dû se rendre compte qu'en entérinant le mot et en l'intégrant désormais à son discours sur la délinquance (de même que « voyous »), il utilisait à son profit la réaction de ceux qu'on appelle souvent les gardiens du politiquement correct. Quand ceux-ci s'offusquaient « il a dit *racailles* ! », ils contribuaient à populariser le franc-parler de Nicolas Sarkozy, lequel savait fort bien que beaucoup de gens, en les entendant, penseraient «… et il a bien raison ». C'était ces gens-là qu'il cherchait à atteindre, en leur montrant qu'il voyait les choses comme eux, puisqu'il employait les mêmes mots qu'eux. En définitive, la dissociation opérée par les journalistes qui avaient ôté le mot de son contexte et fait oublier qu'il était, avant de devenir un argument politique, la simple répétition d'un terme entendu et non un choix lexical délibéré, a rendu service à Nicolas Sarkozy. Ce n'est pas la première fois dans ces pages que nous voyons le Journaliste jouer contre la cause qu'il croit défendre.

Comprendre ou ne pas comprendre l'ironie

Sur France Info, on annonce une nouvelle affaire Dieudonné. Faisant allusion à la décapitation de James Foley par les hommes de l'« État islamique », dans une vidéo postée sur Youtube, Dieudonné déclare, si l'on en croit la journaliste, « que la décapitation est un symbole de progrès et d'accès à la civilisation ». Ce n'est pas parce que cette vidéo est insoutenable et odieuse qu'on peut se permettre d'en déformer ignoblement le propos.

Le *Nouvel Observateur*, entre autres, opère la même dissociation contextuelle[119]. Mais si on regarde cette vidéo, on voit ceci : ce que Dieudonné présente comme l'avènement du progrès et l'accès à la civilisation, ce sont les exactions commises par les populations blanches à l'égard des Noirs, que ce soit durant la colonisation (il montre une photographie où l'on voit des soldats européens goguenards brandir les têtes ensanglantées de plusieurs hommes noirs) ou durant la période esclavagiste, aux États-Unis (défilent alors une série d'images représentant des pendaisons d'esclaves en présence de « plein de petits James Foley », selon l'humoriste). C'est très clair : les mots « progrès » et « accès à la civilisation » sont ironiques. L'ironie est un procédé bien connu consistant à dire le contraire de ce que l'on pense pour tourner en dérision une idée. En mettant en parallèle ces images d'archives (ainsi que les exécutions de Mouammar Kadhafi et de Saddam Hussein) avec la vidéo de la décapitation de James Foley, Dieudonné n'entend pas cautionner l'acte des terroristes. Il veut seulement souligner l'injustice qui réside, selon lui, dans la différence de traitement réservée aux bourreaux. Certaines décapitations sont mises sur le compte de la nécessaire marche vers le progrès (éradiquer les résistants à la mission civilisatrice de l'homme blanc, tuer un dictateur) comme si elles n'étaient que des dommages collatéraux excusables, alors que d'autres reçoivent une condamnation unanime de la communauté internationale. Il aurait tout aussi bien pu souligner que, si l'« État islamique » diffusait depuis des mois des photographies de combattants exhibant les dépouilles et les têtes de milliers de victimes, la décapitation de James Foley, par la couverture médiatique dont elle bénéficia, semblait d'une gravité supérieure à toutes les autres réunies. Derrière le sarcasme et l'exagération, c'est la variabilité des bons principes et la différence de valeur accordée à la vie des individus que dénonce Dieudonné. En prétendant le citer, alors qu'il fait lui-même référence à des propos qu'il tourne en dérision, le Journaliste dénature, en fait, complètement la pensée de l'humoriste. Il est dommage qu'on ne puisse savoir si les journalistes avaient vu la vidéo. En tout état de cause, une fois le « scandale » médiatisé, elle disparut du site de partage Youtube. Il devint donc impossible – au Journaliste ou à quiconque – d'en vérifier la teneur. On restera donc sur l'idée que Dieudonné cautionne l'assassinat de James Foley et considère la décapitation comme un symbole de progrès. Cette incapacité à déceler l'ironie est le signe d'une faiblesse intellectuelle de plus en plus répandue. Ainsi, un collègue me rapportait récemment cette anecdote : alors qu'il avait ironisé en conseil de classe sur « l'admirable capacité de concentration de cette classe » en ajoutant « au bout de dix minutes, on a perdu tout le monde », il apprit par le professeur principal que la déléguée des élèves chargée du compte-rendu auprès de ses camarades avait rapporté ses propos comme s'il s'agissait d'un authentique compliment : « Monsieur X dit que nous avons une admirable capacité de concentration ». L'ironie se manifeste toujours par une discordance : celle-ci peut résider dans le décalage entre le contenu du discours et le ton adopté, ou bien dans une incompatibilité de contenu, voire une évidente contradiction. Dans le cas de Dieudonné, entendre le défenseur noir de la cause noire présenter des photos de Noirs pendus ou décapités comme des exactions excusables au nom du progrès oblige à considérer son propos comme ironique. La *diabolie* journalistique consiste alors à dissocier le discours de son support en taisant l'allusion aux crimes de l'homme blanc. Dans le cas du professeur, la déléguée de classe, gênée par le manque manifeste de cohérence entre la première et la seconde phrase du professeur, choisit de ne pas citer « au bout de dix minutes, on a perdu tout le monde » qui confirmait la dimension ironique du pseudo-compliment. Transformer volontairement en propos sérieux un énoncé ironique relève de la désinformation ; ne pas percevoir la dimension évidemment ironique d'une phrase est un défaut d'intelligence. Où se situe le Journaliste ?

Défaut d'intelligence encore, quand une journaliste sélectionnée par le « Plus » de *l'Obs* s'interroge sur d'éventuels problèmes auditifs de Véronique Genest parce qu'elle ne comprend pas sa réaction à un propos de Diam's dans l'émission « Sept à Huit ». L'ancienne chanteuse, intégralement voilée, avance, pour défendre le port de ce vêtement, l'argument suivant : « De quel droit une femme aurait le droit d'être toute nue dans une publicité et moi n'aurais-je pas le droit d'être couverte et entièrement voilée ? ». L'actrice rétorque sur *tweeter* : « Est-ce que quelqu'un peut dire à Mélanie que c'est interdit de se promener nue dans la rue parce que ça choque certaines personnes ? » Selon Caroline Parlanti, la chroniqueuse de *l'Obs*, Véronique Genest « tombe carrément à côté de la plaque »[120]. La répartie de l'actrice est pourtant tout à fait appropriée. Diam's ciblait la tenue des femmes *dans les publicités* pour justifier sa propre tenue *dans la rue* : cette discordance argumentative porte un nom, c'est le sophisme de l'accident inverse. Nul besoin de le savoir pour repérer le problème. Véronique Genest tape juste. Et Caroline Parlanti ne comprend rien. Quand on ne comprend pas, on se tait. Mais Caroline Parlanti parle : « Qui a dit que Diams parlait de personnes se promenant nues ? Véronique Genest a-t-elle un souci auditif ? Devrait-elle porter un petit appareil lorsqu'elle regarde la télévision ? » Tout le monde a saisi le sens et l'à-propos du tweet de Véronique Genest, sauf elle. Elle se croit maligne et percutante ? La journaliste donne seulement sa propre bêtise en spectacle. On rougit pour elle.

Un « communiqué de dix pages »

Revenons au travail de *dissociation* opéré par la parole médiatique : lorsque les journalistes se sont mis à parler de « Daech » en lieu et place d'« État islamique » et à désigner les membres de ce groupe comme des « barbares », il a fallu, corollairement, qu'ils effacent, autant que possible, l'identité islamique de ces hommes, désormais présentés comme des tueurs de musulmans. Pour entretenir ce postulat, les journalistes eurent soin d'estomper le caractère *musulman* des terroristes. Le procédé le plus marquant fut appliqué dans la médiatisation du communiqué audio, diffusé le 22 septembre 2014 par le Sheikh Abū Muhammad al 'Adnānī. Tous les journalistes citèrent les mêmes trois lignes appelant au meurtre des « sales Français » mais certains eurent l'imprudence d'ajouter que le message était très long, « environ dix pages de transcription ». Cela donnait envie de lire le reste. Recherche faite, on devait ingurgiter, en effet, une dizaine de pages de rhétorique guerrière et ce qui frappait d'emblée, c'était l'abondance des citations coraniques scrupuleusement référencées afin de convaincre les musulmans réticents du bien-fondé de l'action du groupe en accord avec les volontés d'Allah[121]. Il était étrange, après cela, d'allumer la radio et d'entendre des imams assurer que « Daech, ça n'a rien à voir avec l'islam car nulle part dans le Coran, il n'est dit de tuer des gens ». On se serait attendu à ce que le Journaliste dégaine alors l'une de ses répliques favorites : « je ne peux pas vous laisser dire cela ». Mais cette phrase – hallucinante dans son principe, quand on y pense – a précisément pour but de préserver la concorde sociale en empêchant la profération de vérités interdites. Exprimer un mensonge ou une incertitude avec l'aplomb du vrai n'est pas interdit, si cela permet de sauvegarder l'ordre, qui repose en partie sur l'idée que l'islam est une religion de paix, non-violente et tolérante. Pourtant, tout le monde est prêt à admettre l'absence de rapport direct entre le terrorisme de Daech et l'islam ; seulement, il faut avoir l'honnêteté de reconnaître qu'elle n'est pas nécessairement évidente et qu'elle appelle une démonstration en bonne et due forme. Surtout, on ne saurait, pour s'en convaincre, se contenter des subterfuges journalistiques consistant soit à dissimuler pour la bonne cause des pages entières de textes sans même en indiquer d'un mot la teneur, soit, plus simplement, à s'en remettre béatement à la méthode Coué : « Daech, ce n'est pas l'islam », « c'est important que vous rappeliez que cette violence est incompatible avec l'islam », etc. Que, pour la sécurité de tous, il soit préférable que les musulmans n'appliquent pas à la lettre les préceptes de leur religion, et qu'ils renoncent, contre son principe le plus fondamental, à considérer le Coran comme la parole de Dieu – comme telle, non susceptible d'interprétation – c'est tout à fait admissible. Mais dans ce cas, il faut aussi accepter de considérer que l'islam toléré dans nos sociétés occidentales est un islam abâtardi et hétérodoxe. C'est à peu près comme si on ne voulait considérer comme authentiquement catholiques que les fidèles favorables à l'avortement, à la contraception, au divorce, au mariage des homosexuels, etc., c'est-à-dire comme si on refusait, au nom de valeurs non catholiques, le nom de « catholiques » à ceux qui appliquent le plus scrupuleusement le dogme.

Selon que vous serez ici ou là-bas, vous serez un fasciste ou pas

Ce qui est tout aussi intéressant et peut-être moins aisé à repérer si l'on n'y prête attention, ce sont les tournures de distanciation dans la manière dont le Journaliste rapporte les paroles d'autrui. La différence apparaît nettement quand des formules se font écho : à peu près au même moment ont lieu en France et en Ukraine deux mouvements qui, pour être différents, reposent néanmoins sur le même principe. Des jeunes manifestent contre le pouvoir en place. En Ukraine, c'est le « mouvement de Maïdan », en France, c'est le « Jour de colère ». Dans le premier cas, le Journaliste parle de « jeunes qualifiés d'extrémistes par le gouvernement », dans le second, de « jeunes extrémistes ». Autrement dit, en France, il s'agit *objectivement* d'extrémistes alors qu'en Ukraine, c'est la propagande gouvernementale qui les présente ainsi. Longtemps les médias français verront comme une invention de Viktor Ianoukovitch l'idée que le noyau dur de la contestation, son bras armé, soit constitué de groupuscules fascisants. Jusqu'au moment où, parvenus au pouvoir, les leaders de la révolte de Maïdan annonceront officiellement dissoudre les milices néonazies, information qui reçut peu d'écho (passée sous silence, réduite à une phrase dans le bandeau en bas de l'écran, ou mentionnée rapidement sans reportage à l'appui, selon le média).

De même, lors du débat autour de la loi Taubira, le Journaliste fera bien la différence : d'un côté, des « manifestants qui *se présentent comme* les défenseurs de la famille », de l'autre « des manifestants qui défendent les droits des homosexuels ». Les premiers ne sont donc pas des défenseurs de la famille, du moins, pas nécessairement. Les seconds sont *objectivement* défenseurs des homosexuels. Cela suppose qu'il y a des vrais et des faux défenseurs de la famille, mais qu'il n'y a que des vrais défenseurs des homosexuels.

Enfin, en septembre 2015, face à l'arrivée massive des réfugiés (ou *migrants*), une journaliste sur France Info, envoyée spéciale en Hongrie, commente : « le gouvernement refuse d'accueillir les réfugiés. La propagande s'organise pour convaincre la population ». Imagine-t-on, en France, un reportage qui dirait « le gouvernement choisit d'accueillir les réfugiés. La propagande s'organise pour convaincre la population. » ? Certes, pas. Cette discordance de traitement est d'autant plus manifeste que la population hongroise n'avait, d'après les sondages rapportés par la presse, nul besoin d'être « convaincue ». Les Français, en revanche, étaient beaucoup moins favorables à l'accueil des réfugiés que les Hongrois ne lui étaient hostiles. La question d'ailleurs revenait fréquemment, dans les interviews de responsables politiques : « comment convaincre les Français, qui sont plutôt réticents ? » Et la propagande s'organisait pour convaincre la population. Ce n'est pas un jugement dépréciatif : cette propagande était peut-être parfaitement justifiée, en tout cas incontestablement morale d'après le système de valeurs qui régit la pensée du Journaliste. Seulement, comme toujours, celui-ci n'assume pas d'être ce qu'il est.

Paresse et mauvaise foi journalistique

Parfois, c'est seulement de la mauvaise foi : le Journaliste feint de ne pas comprendre l'auteur des propos qu'il rapporte et déforme sa pensée. Si ce n'est pas de la mauvaise foi, c'est grave. Rappelons seulement le traitement médiatique de cette anecdote rapportée par Xavier Lemoine : « On est dans un centre social. C'est un goûter un après-midi, donc il y a toutes sortes de jus de fruits… et des bouteilles de Champomy. Un enfant demande à sa maman : "je veux du Champomy". La maman lui dit "non, tu sais bien qu'on ne doit pas leur ressembler, on dirait du champagne". »[122]

Sur des sites musulmans, la thèse de cette intervention fut résumée à « si tu ne bois pas de Champomy, c'est que tu ne veux pas t'intégrer »[123], opposition idéologique oblige. Mais, moins excusable, la grande presse ne fit pas autrement : ainsi, l'Express.fr titra « Pour le maire de Montfermeil, ne pas boire de Champomy rime avec refus d'intégration »[124] ; et David Abiker se fendit d'un tweet ridicule : « mon fils me réclame du Fanta, que faire monsieur le maire ? » qui montrait bien, soit qu'il n'avait rien compris, soit qu'il faisait semblant de ne pas comprendre. En effet, le segment de phrase le plus important, qui constitue le cœur du propos de Xavier Lemoine, c'est évidemment « on ne doit pas leur ressembler ». Dans cette anecdote que l'élu *rapporte comme* authentique, la mère ne dit pas à son fils : « notre religion nous interdit l'alcool, donc ne prends pas l'habitude de consommer une boisson qui y ressemble ». Le Champomy est banni, non pas parce qu'il ressemble à de l'alcool mais parce que le fait d'en boire fait ressembler aux *autres*. Xavier Lemoine ne s'insurge donc pas contre le fait que l'on puisse interdire à un enfant de boire du Champomy (prohibition qui pourrait très bien avoir des motifs diététiques) mais contre la vraie raison de cette interdiction, car elle prouve que l'argument religieux est secondaire par rapport au rejet méprisant du mode vie occidental (symbolisé *dans le discours de la mère* par la consommation d'alcool).

La parole de l'autre, ce peut être une parole écrite, ce peut être un livre, par exemple. Quand il s'agit de commenter un ouvrage, le Journaliste s'en tient à la partie essentielle de sa mission : il nous dit ce nous devons en penser. Le reste n'a pas d'importance pour lui. De fait, il n'est pas rare qu'il mène des interviews au sujet d'ouvrages qu'il n'a pas lus. Ce qui est irritant, c'est qu'il n'a même pas la décence de délaisser le ton inquisitorial qui le caractérise. C'est ainsi que lors de la parution de l'*Eloge littéraire d'Anders Breivik*, on vit la majorité des journalistes interviewer l'auteur sans citer le contenu du livre. On s'en tenait au titre : *Anders Breivik = méchant, donc éloge d'Anders Breivik = pas bien*. S'ils avaient lu l'ouvrage (qui n'est pas bien long), ils en auraient peut-être retiré le sentiment d'avoir été trompé puisqu'en guise d'éloge littéraire, Richard Millet développe une réflexion personnelle sur les conditions de possibilités socio-psychologiques du massacre d'Utoya. Le texte qu'on attend provocateur ne l'est pas du tout et contient même, à plusieurs reprises, l'affirmation très appuyée du refus de faire l'éloge du terroriste. Les journalistes, qui ignorent d'ailleurs complètement la tradition littéraire de l'éloge paradoxal (à l'aune de laquelle il fallait juger le texte de Millet), furent contraints de creuser pour mettre en évidence quelques expressions que seules les âmes sensibles trouvèrent choquantes : on fit croire qu'admirer la « perfection formelle » d'un crime revenait à l'approuver. Au final, quoique nourri de références culturelles, cet « éloge » ne vaut pas l'essai qui le précède dans le même opuscule, *Langue fantôme*, pour lequel les journalistes ne manifestèrent pas le moindre intérêt. Incapables d'évaluer la qualité littéraire du texte, ils se contentèrent donc d'une évaluation idéologique du titre.

Le Journaliste ne lit pas les livres. Il ne lit pas non plus les rapports. Là aussi, ce qui compte, c'est l'orientation idéologique du document. Plus exactement, le Journaliste lira impitoyablement un « rapport » dont l'orientation lui paraît suspecte. Il fera preuve d'une bienveillante paresse en n'ouvrant même pas un rapport dont il sait approuver les conclusions. Comparons les textes suivants que j'ai choisis parce qu'ils sont caricaturalement représentatifs de ces deux tendances conjointes et complémentaires (gras et italiques sont dans les textes sources).

Texte 1 : « Christianophobie : le tsunami et le clapotis »[125]

« […] Vendredi 10 décembre, un **Observatoire de l'intolérance et de la discrimination envers les chrétiens en Europe**, […] a rendu public un rapport d'une quarantaine de pages répertoriant une multitude d'affaires couvrant les cinq dernières années et qui relèveraient de cette **intolérance antichrétienne**.

Sa lecture est instructive à plusieurs égards. Elle permet d'abord de prendre la mesure de la multitude des cas qui peuvent être ressentis comme relevant de la christianophobie dans certains milieux.

Mais elle pousse aussi à s'interroger sur la capacité de ces mêmes milieux à se focaliser sur quelques affaires, en particulier toutes celles qui touchent… à l'homosexualité. […] »

Texte 2 : « Explosion du nombre d'actes homophobes en 2013 »[126]

« […] "*Mariage pour tous, cela veut dire que je pourrai me marier avec mon chien*", "*Aujourd'hui, la mode, c'est les gays, on est envahis de gays*" Ces citations, publiées en première page du rapport 2014 sur l'homophobie, sont à l'image des chiffres alarmants que dénonce l'association. "Alors qu'en 20 ans les témoignages de lesbophobie, de gayphobie, de biphobie et de transphobie reçus par notre association n'ont cessé de croître, leur nombre a littéralement explosé en 2013", expose SOS Homophobie, qui s'appuie sur 3 500 témoignages reçus.

L'ouverture du mariage aux couples de même sexe, désormais actée, s'est paradoxalement accompagnée d'une multiplication sans précédent du nombre d'actes homophobes. La plupart des témoignages, environ 39 %, rapportent surtout des insultes, reçues sur internet, au bureau ou dans la rue. Les agressions physiques représentent 6 % des actes. Rapportés à une année, les chiffres sont révélateurs : en 2013 une agression homophobe a été enregistrée tous les deux jours, soit une hausse de 54 % par rapport à 2012. Internet reste le principal contexte concerné par ces témoignages, preuve s'il en est de la violence des propos qui ont pu circuler sur la toile lors du débat sur le mariage pour tous : 1 723 cas ont été enregistrés, contre 656 en 2012. […]

Ces 3 500 témoignages représentent autant de situations uniques. La hausse du nombre d'actes signalés peut être également liée au fait que les victimes osent davantage témoigner, comme l'association l'avait avancé dans son rapport annuel précédent. Mais ces derniers mois, "*la parole s'est totalement décomplexée, dans toutes les sphères de la société*", déplore l'association en conclusion. "*Nous pourrions nous réjouir du vote de la loi sur le mariage pour tou-t-e-s, (...) de ce nouveau pas vers l'égalité », écrit-elle. Mais « cette victoire laisse un goût amer*" car les "*paroles décomplexées*" entendues à l'occasion du débat "*ont légitimé insultes et violences homophobes.*" »[127]

La différence de traitement saute aux yeux dès le titre. Le rapport sur la « christianophobie » est présenté comme la cristallisation d'un mensonge par exagération (on prétend qu'il y a un tsunami de comportements christianophobes mais, en fait, il y en a peu). Le rapport sur l'« homophobie » est considéré par le rédacteur de l'article comme une enquête objective, autrement dit comme un travail de journaliste. Le rapport *dit* qu'il y a une explosion d'actes homophobes, donc le journaliste *titre* sur l'explosion d'actes homophobes. Le contenu du rapport sur la christianophobie ne sera pas connu : c'est la méthode elle-même qui est questionnée. Le journaliste parle d'« un » Observatoire de l'intolérance envers les chrétiens, le choix de l'article indéfini à la place du défini (l'Observatoire) remet en question la légitimité de l'institution. C'est une organisation qui *se fait appeler* ainsi, abusivement peut-être. L'usage du conditionnel (« qui relèveraient ») montre que le Journaliste ne considère pas la qualification d'actes antichrétiens comme allant de soi. Quand il s'agit de dire en quoi la lecture de ce rapport est « instructive », le journaliste s'en tient à commenter les présupposés des rédacteurs du rapport et, à nouveau, il remet en cause leur appréciation des faits : bien des cas peuvent « *être ressentis comme* relevant de la christianophobie *dans certains milieux* ». Non seulement ces cas ne relèvent pas objectivement de la christianophobie mais en plus, c'est seulement dans certains milieux qu'on les ressent comme tels. Quels cas ? Quels milieux ? Le journaliste enfonce le clou : « ces mêmes milieux » (lesquels ?) sont obsédés par l'homosexualité. Ce rapport est bon pour la poubelle, apparemment.

À l'inverse, la méthode et le protocole d'établissement des données n'intéressent pas le journaliste qui rend compte du rapport sur l'homophobie. « L'association s'appuie sur 3 500 témoignages ». Il aurait pu dire l'association *dit avoir reçu* 3 500 témoignages. Il privilégie le contenu du document et s'efface derrière de nombreuses citations du texte, comme s'il laissait les rédacteurs du rapport parler à sa place. Il leur cède même la phrase de conclusion.

Cela pour dire qu'il serait impensable de publier le texte suivant :

« [...] SOS-Homophobie a rendu public un rapport répertoriant une multitude de témoignages concernant des faits qui relèveraient de cette intolérance envers les homosexuels.

Sa lecture est instructive à plusieurs égards. Elle permet d'abord de prendre la mesure de la multitude des cas qui peuvent être ressentis comme relevant de l'homophobie dans certains milieux.

Mais elle pousse aussi à s'interroger sur la capacité de ces mêmes milieux à se focaliser sur quelques affaires, en particulier toutes celles qui touchent... à la religion catholique. [...] »

Inadmissible. Pourtant, sans dire que le rapport se prête à une présentation aussi peu favorable, il y avait au moins matière à question sur ce dernier point, à condition d'avoir lu ce rapport. En le lisant[128], on pouvait remarquer l'étrange similitude (c'est peu dire) entre les témoignages de Ludivoc (p. 51) et de Victor (p. 142). « Ludovic a 18 ans, il est scolarisé dans un lycée privé catholique, sa famille fréquente une paroisse catholique traditionaliste dans le Sud de la France. Il se dit heureux de quitter son lycée en fin d'année ». Or, « pour Victor, la fin de sa scolarisation dans un lycée catholique est un soulagement ». Simple ressemblance de situation entre les deux garçons ? On apprend ensuite que Ludovic « a besoin de se confier, de raconter qu'il a dû être complice de cette homophobie ordinaire ». Et Victor d'affirmer : « je ne vais plus devoir être complice de cette homophobie ordinaire. » Une pure coïncidence. La dernière est plus troublante. Ludovic dit : « J'ai défilé sous les bannières de la Manif pour tous, comme pour me faire un certificat de bonne hétérosexualité, j'ai applaudi aux prêches du prêtre de ma paroisse qui nous montrait en quoi les gens comme moi étaient bons à brûler. » Victor, pour sa part, apporte ce témoignage : « Je l'assume, j'ai défilé sous les bannières de la Manif pour tous, comme pour me faire un certificat de bonne hétérosexualité. Je l'assume, j'ai applaudi aux prêches du prêtre de ma paroisse traditionnaliste (sic), qui, sous la dictée de *Civitas*, nous montrait en quoi les gens comme moi étaient bons à brûler ».

Le témoignage de Ludovic est placé dans un « focus » sur la « gayphobie » en milieu scolaire, celui de Victor dans une partie sur l'homophobie religieuse. Il ne s'agit pas de nier qu'il puisse exister des Ludovic ou des Victor. Mais en l'occurrence Ludovictor (appelons-le ainsi) n'est qu'un canevas narratif à visée argumentative. C'est-à-dire un schéma de base, à partir duquel les rédacteurs du rapport brodent des détails spécifiques au thème abordé, afin d'atteindre leurs cibles idéologiques. Ainsi, autour de Ludovic gravitent d'autres personnages : l'« adjointe au catéchisme », le « diacre » qui se trouve être un « homo repenti » et, bien sûr, les camarades cruels, méchamment « homophobes ». Le témoignage de Victor est plus intéressant parce que les ressorts de son élaboration sont plus subtils. Passons sur l'idée bizarre qui consiste à vouloir « se faire un certificat de bonne hétérosexualité » en participant à la Manif Pour Tous, alors que la stratégie de communication de ce mouvement (stratégie qui a justement provoqué des remous dans ses rangs) reposait amplement sur la présence, dans ce collectif, d'associations et de personnalités homosexuelles, complaisamment poussées devant les caméras. Pour se faire un certificat de bonne hétérosexualité, il fallait donc fuir la Manif Pour Tous et participer au défilé de Civitas, émanation de la Fraternité Saint-Pie-X. Mais alors, quel est l'intérêt du texte de Victor ? Il serait faux de croire qu'il vise à discréditer les traditionalistes, ou même Civitas. On ne diabolise pas le Diable. On diabolise un ennemi en suggérant qu'il est *proche du Diable*. En l'espèce, l'ennemi, c'est la Manif Pour Tous. De fait, n'est-il pas quelque peu étonnant, ce garçon qui applaudit à des prêches « dictés par Civitas » mais qui choisit de participer à la Manif pour Tous alors même que Civitas déconseillait de rejoindre ce mouvement, le jugeant trop politiquement correct ? On se souvient que la comparaison entre les deux organisations a bénéficié à la première qui fut considérée par certains médias comme plus fréquentable, voire respectable (personne pour souligner le ridicule du sigle, par exemple). En faisant sauter les barrières entre l'une et l'autre, le témoignage de « Victor » a clairement pour but de discréditer la Manif pour Tous. On peut considérer, d'un certain point de vue, que c'est pour la bonne cause. Mais où est le fameux travail critique que sont censés mener les journalistes ? Les rédacteurs du rapport pouvaient compter sur le « journalisme de révérence » dont nous parlions plus haut, particulièrement complaisant…

Ni l'article sur le rapport concernant la christianophobie, ni celui qui traite du *Rapport d'SOS-homophobie* n'adoptent une bonne méthode de traitement. La solution ne consisterait pas à parler du rapport sur la christianophobie comme l'autre média parle du rapport sur l'homophobie, ni l'inverse. Il faut parvenir à présenter la *méthode* avec neutralité (ils ont fait ceci et cela ; tel aspect du protocole est intéressant ; mais n'aurait-il pas été plus pertinent de prendre en compte tel aspect ?), et à examiner le *contenu* sous deux angles complémentaires : du point de vue des rédacteurs (ils veulent montrer que, ils constatent que, ils nous invitent à prendre la mesure de) puis selon une approche plus critique (on peut regretter que, on aimerait en savoir plus sur).

Qui parle ?

Parfois, la dissociation opérée par le discours journalistique fonctionne clairement en deux temps. Une première affirmation est posée ; dans une seconde phrase seulement, on comprend qu'il ne s'agit pas d'une information en soi mais d'une information *portant sur le point de vue de quelqu'un*. C'est une manière de citer qu'ils apprennent dans les écoles de journalisme. En elle-même, elle n'est ni bonne ni mauvaise, elle permet de varier la présentation des propos rapportés. Encore faut-il voir comment on l'exploite.

Dans un premier temps, la parole du Journaliste fusionne donc avec celle de la personne citée, ce qui crée un brouillage des niveaux de lecture. À l'inverse une opération très nette de mise à distance permet de rejeter comme faible ou invalide le point de vue que le Journaliste ne partage pas.

En juin 2010, Mohamed Bridji comparaît devant la justice pour avoir insulté le président Nicolas Sarkozy (« Va te faire enculer, connard ! Ici, t'es chez moi ! »). L'arrestation a été musclée et les trois policiers se sont portés partie civile. À la sortie de l'audience, voici ce qu'on peut entendre sur France Info : « Mohamed est un garçon des cités, il s'est exprimé comme les gens des cités. C'est ce que dit l'avocat de Mohamed

Bridji. [...] Selon l'avocat des trois policiers: la condamnation n'est absolument pas satisfaisante.» La journaliste prononce la première phrase comme si elle en était personnellement l'énonciatrice, alors qu'il s'agit d'une citation, ce qui contribue à donner l'impression qu'elle adhère au point de vue de l'avocat. En revanche, avant de citer le commentaire de l'avocat des policiers, elle a soin de préciser qu'elle va le citer, prenant donc ses distances avec le propos.

Lors de l'affaire des écoutes de Nicolas Sarkozy en mars 2014, quand se posa la question de savoir si Christiane Taubira était tenue au courant du contenu des enregistrements, on put entendre sur iTélé: «Les interrogations sur ce que savait Mme Taubira ne doivent pas faire oublier qu'il s'agit avant tout d'une affaire Sarkozy, mettant en cause un trafic d'influence de la part de l'ancien président de la République. C'est la position des socialistes depuis ce matin.» Il faut attendre longtemps avant d'être informé qu'il ne s'agit pas du discours de l'information, supposément neutre, mais bien de la citation d'un autre discours, celui des socialistes. L'esprit du téléspectateur distrait a eu le temps d'adhérer instinctivement à l'idée que la mise en cause de la garde des Sceaux est sans importance et qu'il faut se concentrer sur la culpabilité de Nicolas Sarkozy.

On observe le même choix de présentation dans cet exemple encore signé iTélé: «La France accomplirait un geste humanitaire mais aussi probablement symbolique, envoyant un encouragement à tous les journalistes et lanceurs d'alerte qui, de par le monde, risquent leur vie au quotidien pour permettre à leurs concitoyens de faire un pas de plus vers la vérité. C'est ce qu'écrit Julian Assange dans une lettre adressée au président de la République.» Dans le texte original, la phrase commence par ces mots: «*en m'accueillant*, la France accomplirait, etc.»[129]. En supprimant a référence à «je» (il est évident qu'il ne s'agit pas du présentateur de l'information), on brouille les repères d'identification. Qui parle ? L'adhésion de la parole journalistique au contenu du message lu est indéniable, puisque celui-ci comporte un hommage au courage des journalistes.

Ce type de procédé est extrêmement fréquent. Il joue sur l'estompage de la ligne-frontière entre discours citant et discours cité, ligne matérialisée dans la presse écrite par les guillemets, mais repérable à l'oreille uniquement aux marqueurs de citation audibles (« c'est ce que dit untel », etc.), que l'on place où l'on veut. De même qu'il y a mille manières de dire, il y en a mille de laisser parler, dont certaines discréditent par avance les propos rapportés. Et l'adhésion du Journaliste à la parole citée, *via* l'effacement des indices de citation (ou leur report le plus loin possible), constitue une forte incitation à épouser le point de vue exprimé.

« Christiane Taubira n'a pas menti, elle a commis une maladresse »

« Les princes qui ont fait de grandes choses sont ceux qui ont tenu peu compte de leur parole, et qui ont su, grâce à la ruse, circonvenir l'esprit des hommes » : si le Journaliste connaît cette maxime de Machiavel, il s'en rend consciemment complice. Cependant, il reste, avant tout, la première victime des princes.

L'incident du téléobjectif le prouve encore. Le 10 mars 2014, Christiane Taubira, Ministre de la Justice prétend n'avoir eu connaissance des écoutes dont Nicolas Sarkozy faisait l'objet que le 7 mars (elle l'aurait appris par la presse) ; mais le Premier ministre Jean-Marc Ayrault dément cette assertion et affirme qu'elle en était tenue informée depuis le 26 février. La ministre plaide alors le « malentendu » : tout en changeant légèrement sa version de la date (elle aurait appris l'ouverture de l'information judiciaire le 28 février), elle ajoute avoir, en réalité, voulu dire qu'elle n'avait pas eu « d'informations concernant la date, la durée, le contenu des interceptions judiciaires ». Mais lors du point presse du 12 mars, elle brandit, pour prouver ce qu'elle avance, deux documents. En usant d'un zoom puissant, des journalistes les déchiffrent et en réalisent la transcription : ils contiennent bien des indications de dates et de contenu, ainsi que la mention du fait que Christiane Taubira était régulièrement informée de la procédure d'écoute. Pour certains (comme Jean-François Copé), c'est un « deuxième mensonge »[130]. Ce sont alors des personnalités de gauche qui prennent le relai dans la stratégie de défense que Christiane Taubira n'a plus de légitimité à assurer elle-même, après son démenti malencontreusement auto-accusatoire. Et le mot qui va dominer, cette fois, ce n'est plus « malentendu », mais « maladresse ». Comme dans le premier cas, il s'agit non seulement de minimiser l'incident, mais surtout de désamorcer la charge morale contenue dans la notion de « mensonge ». Dire que c'est un « mensonge », c'est estimer que la Ministre a fait quelque chose de mal. Parler de « maladresse » permet d'excuser la contradiction entre les faits et les propos. Un journaliste scrupuleux et soucieux de neutralité présenterait simplement ce décalage, de la manière la moins engagée possible, laissant à son auditeur le soin de décider s'il veut appeler cela « mensonge ». C'est ainsi que *le Point* parle, pour la première partie de l'affaire (le premier « mensonge ») de « déclarations contradictoires »[131], de même que *le Monde*, pour le scandale du téléobjectif (le second « mensonge »), signale que les documents brandis par la garde des Sceaux « contredisent sa défense » et « démentent cruellement ses propos » qui deviennent des « affirmations contestables »[132] ; seul l'adverbe intensif « cruellement » est de trop ici. Sur France Info a lieu chaque soir le débat des éditorialistes. Un journaliste plutôt classé à gauche y confronte son point de vue avec un confrère étiqueté comme « de droite ». L'échange est tempéré et éclairé par le chef du service politique de la station, Marie-Ève Malouines. Celle-ci apporte des nuances afin de permettre à l'auditeur de comprendre les enjeux du débat et de se forger son opinion propre sur le sujet du jour. Elle introduit des informations supplémentaires et apparaît comme la voix de la raison et de la modération au-dessus des considérations polémiques et partisanes. Il lui arrive de prendre parti mais en tout état de cause, elle n'est pas censée être la porte-parole du gouvernement. Or, quand l'éditorialiste de *Valeurs Actuelles* François d'Orcival affirme que « Christiane Taubira a menti », ce n'est pas son contradicteur qui prend la parole mais Marie-Ève Malouines qui l'interrompt et corrige sévèrement : « Christiane Taubira n'a pas menti, elle a commis une maladresse ». La question n'est pas de savoir si Christiane Taubira a dit quelque chose de faux : tout le monde en convient et la Ministre a fourni elle-même le bâton pour se faire battre. Non ; il s'agit de déterminer si le fait de dire consciemment quelque chose de contraire à la vérité doit être appelé « mensonge ». Il ne s'agit pas d'une évaluation aléthique (vrai ou faux) mais d'une appréciation éthique (bien ou mal). C'est donc uniquement une question de parti-pris individuel. À ce titre, il est extrêmement surprenant que la responsable du service politique d'une chaîne d'information publique fasse sien, comme s'il était neutre, le terme de « maladresse » qui avait été répété plusieurs fois dans la journée par des figures influentes du Parti Socialiste et apparaissait donc comme ce qu'il est convenu d'appeler un *élément de langage* ; c'est-à-dire un mot d'ordre imposé par l'équipe de communicants du gouvernement afin d'apaiser une situation de crise. Si l'on veut être rigoureux, l'information c'est : « Madame Taubira dit avoir commis une maladresse » ; ce n'est pas : « Madame Taubira a commis une maladresse ».

Il faut signaler que, dans son démenti lors du point presse, Christiane Taubira dit ceci (les barres obliques marquent les pauses orales) : « Je n'ai pas/et je n'ai toujours pas/d'information/ concernant la date, la durée, le contenu des interceptions judiciaires ». La formulation et la scansion du début de la phrase, malheureusement pour la ministre, ont sans doute trouvé un écho dans l'inconscient collectif en évoquant un autre démenti, qui s'était lui aussi révélé faux, celui de Jérôme Cahuzac le mercredi 5 décembre 2012 à l'Assemblée Nationale : « Je n'ai pas, Monsieur le Député,/je n'ai jamais eu/de compte/à l'étranger, ni maintenant, ni avant. » Dans les deux cas, une négation (« je n'ai pas ») est reformulée par une autre négation contenant cette fois un adverbe temporel à visée d'insistance (« je n'ai toujours pas », « je n'ai jamais eu ») puis le complément d'objet direct est exprimé de manière détachée afin de souligner la réfutation et de donner du poids au démenti (« d'information »/« de compte »). Si cette tournure avait produit un fort effet lors du discours de Jérôme Cahuzac, elle évoquait désormais immédiatement le mensonge et a sans doute contribué, avant même la révélation des téléobjectifs, à affaiblir la démarche de Christiane Taubira. Heureusement que de fidèles « chiens de garde » (Serge Halimi[133]) veillent pour limiter les dégâts. Habituellement si prompts à étudier les mimiques des puissants censées trahir leur gêne ou leur hypocrisie (je dis *censées*, parce que souvent les analyses sont peu probantes), ils n'ont pas su repérer la petite musique de la dénégation mensongère.

C'est vrai parce qu'il l'a dit

Dan sa *Petite histoire de la désinformation*[134], Vladimir Volkoff désigne deux symptômes de la manipulation de l'opinion par les médias, formulés ainsi : « C'est vrai puisque je l'ai vu » et « c'est vrai puisque je l'ai lu ». Pris au pied de la lettre, ces énoncés confèrent un pouvoir énorme au Journaliste, celui de créer du vrai à volonté, indépendamment du réel. Mais je pense qu'il faut appliquer ces deux phrases au comportement du Journaliste lui-même. Quand il croit être au service du Bien, il congédie son esprit critique ; il considère uniquement la personne qui parle et/ou la cause qu'elle défend et cela suffit pour lui à légitimer un propos. Untel l'a dit donc c'est vrai.

Cet attachement à la morale est ce qui distingue le Journaliste de l'homme d'État et fait du premier une victime ou, s'il est intelligent, le complice du second. Ainsi, on a assisté, sur *LCP*, dans l'émission « Politique Matin » du 3 février 2014 à l'échange suivant, assez ahurissant, entre Gérard Leclerc et Yves Thréard : « La théorie du genre n'existe pas, le ministre l'a rappelé » – « Mais il ment ! » Quelques minutes plus tard, le premier revenait à la charge, appuyé par l'animateur de l'émission pour dire que non, vraiment, la théorie de genre ne pouvait pas exister puisque le ministre l'avait dit.

On imagine le ridicule de qui aurait dit : « M. Cahuzac n'a pas eu de compte en Suisse, il l'a dit à l'Assemblée ». Il s'en trouva bien quelques-uns, mais ils étaient dans les rangs des hommes politiques et ont, sans doute, réagi ainsi uniquement par allégeance envers une solidarité gouvernementale obligée. C'est le cas du ministre délégué aux relations avec le Parlement Alain Vidalies : « je crois qu'il faut s'en tenir à ce qu'a dit Jérôme Cahuzac hier très solennellement à l'Assemblée : « Je n'ai pas, je n'ai jamais eu de compte en Suisse » [...] Dorénavant c'est le juge qui dira la vérité et la vérité, c'est celle qu'affirme Jérôme Cahuzac ». Le propos est effarant par son auto-contradiction interne et immédiate : Alain Vidalies feint de laisser au juge le soin de discerner la vérité et enchaîne en affirmant lui-même quelle est cette vérité.[135]

Bien moins qu'un manipulateur, le Journaliste est un manipulé. En tant que tel, il sert de courroie de transmission à des stratégies de discours qui le dépassent totalement. Surtout, on peut observer avec quel cynisme le personnel politique parie sur la complicité du Journaliste. La prise de risque est importante : il faut croiser les doigts pour que celui-ci n'aille pas déterrer tel vieux document, qu'il ne souligne pas tel glissement subreptice de sens, qu'il ne s'interroge pas trop sur les mots qu'on lui impose par la seule vertu de la répétition (les fameux éléments de langage) : en d'autres termes, pour qu'il fasse bien, comme nous le verrons plus loin, le travail de Winston dans le roman d'Orwell. Et souvent, cela fonctionne. Le Journaliste est docile quand il croit l'être pour une bonne raison, une raison supérieure.

Ajoutons que, parmi les présupposés qui régissent le discours des journalistes, l'idée que l'on puisse, en tant que personnage politique, changer d'avis par simple opportunisme, n'est pas choquante. Elle ne fait pas partie des phénomènes que le Journaliste considère comme mauvais. Le Journaliste a totalement accepté le fait que les hommes politiques veulent le pouvoir en lui-même, et que le discours et les opinions dont ils s'embarrassent constituent seulement un passage obligé et stratégique pour parvenir à leur fin. Le rôle du Journaliste est donc de relayer ces discours et le monde de l'information constitue le champ de bataille où s'affrontent des *egos* ambitieux qui tentent des stratégies de discours différentes selon les périodes et selon les manœuvres des adversaires : adhésion à la morale traditionnelle, rejet de cette morale, adhésion à des opinions jugées subversives ou avant-gardistes, rejet de ces opinions. Seul importe le résultat, c'est-à-dire le rendement électoral. Le Journaliste ne connaît pas d'autre manière de faire de la politique. À preuve cette réflexion d'une journaliste de France Info qui interviewait Jean-Marie Le Pen dans sa matinale. Se référant à des enquêtes d'opinion défavorables au Front National, elle demande à celui qui est encore le président du FN s'il ne serait pas temps « voyant que ça ne marche pas, de changer de discours ». Jean-Marie Le Pen n'eut qu'à répondre qu'il était un homme de conviction et qu'il ne variait pas au gré des sondages ni de la loi des urnes. La journaliste de France Info aurait voulu participer au retour en force du FN qu'elle ne s'y serait pas prise autrement. Si le cynisme des hommes politiques ne dérange en rien le Journaliste, c'est bien parce qu'il s'est lui aussi arrogé une forme de pouvoir qui surpasse même celui des hommes politiques : il dépend de sa volonté de relayer tel discours ou tel fait, de les dissimuler (au bénéfice ou au détriment des protagonistes), de donner de l'ampleur à une bévue, d'offrir de la résonnance à une saillie bien trouvée.

Comment réagissez-vous en apprenant l'assassinat d'un antifasciste par un néonazi ?

Parfois, ce n'est pas le discours sur une réalité qui change (du « malentendu » à la « maladresse »). C'est la réalité elle-même qui se révèle sous un nouveau jour. Dans ce cas, le rôle du Journaliste devrait consister à examiner si le discours politique prend en compte l'apparition de la vérité. Dans les faits, le Journaliste recueille les réactions à chaud et lorsque la vérité est connue, l'affaire ne l'intéresse déjà plus.

L'exemple le plus probant en la matière est sans doute l'affaire Clément Méric : le 5 juin 2013 à Paris, dans la station Haussmann-Saint Lazare, ce jeune militant antifasciste est frappé à mort lors d'une rixe opposant sa bande à un groupe de skinheads. Les médias s'emparent immédiatement du drame, avant que les faits aient été clairement établis ; une armée de micros se tend sous le menton de toutes les personnalités politiques, sommées d'avoir une opinion sur une bagarre dont personne ne connaît le déroulement. Peu désireux de prendre des risques en laissant entendre que le jugement n'irait pas de soi, les ministres, députés, chef de partis et autres responsables d'associations dénoncent donc dès le lendemain cette « violence qui porte la marque de l'extrême droite »[136] : en moins de vingt-quatre heures, outre Manuel Valls, ce sont Alain Vidalies, Eduardo Rihan Cypel, Jean-Pierre Raffarin, Jean-Vincent Placé, Marine Le Pen, Florian Philippot, Kader Arif, Olivier Besancenot, Jean-Luc Mélanchon, Jean-Marc Ayrault, et Najat Vallaud-Belkacem, sans compter d'autres personnages moins en vue, qui réagiront à cette affaire pour condamner les agissements des néonazis. Décision est prise d'ordonner la dissolution des groupuscules qui professent cette doctrine malsaine. Il ne se trouvera guère que Jean-François Copé pour demander – par prudence ou par opportunisme politique – « la dissolution des groupuscules d'extrême droite comme d'extrême gauche »[137]. Mais rapidement, des témoins parlent, un enregistrement de la vidéo-surveillance jette le trouble, un article de l'hebdomadaire identitaire *Minute* enfonce le clou et le manichéisme s'enraye. Clément Méric n'a pas été assassiné, peut-être même son agresseur a-t-il agi en situation de défense. Il apparaîtra que c'est un certain Steve Domas, de la bande de Méric, qui aurait ouvert les hostilités quelques minutes plus tôt dans un espace de vente, en annonçant aux skinheads, venus s'acheter des vêtements Fred Perry, que lui et ses amis les attendaient non loin de là pour en découdre. Les vigiles rapportèrent que Clément Méric, quant à lui, avait proféré ce qui ressemble à une menace de mort à l'encontre des néonazis (« ce sont des gens qui ne devraient même pas être vivants »[138]). Apparemment, le goût de la violence n'était pas l'apanage des skinheads. Il n'est plus possible, en tout cas, de présenter la jeune victime comme un paisible militant antifasciste : c'est bien un activiste membre d'un groupuscule ultraviolent, habitué des batailles de rue. À la radio comme à la télévision, le discours change alors un peu : Clément Méric est quasi uniquement désigné comme « membre d'un groupe d'extrême gauche » et on ne dit plus qu'il a été « tué par un skinhead » mais qu'il a « trouvé la mort dans une rixe entre groupuscules d'extrême gauche et d'extrême droite ». Mais en toute rigueur, ces ajustements lexicaux ne suffisent pas. À partir du moment où il devient probable que, comme le confirmera la justice, Esteban Morillo est coupable de violences ayant entraîné la mort de Clément Méric « sans intention de la donner », à partir du moment où les torts sont, pour le moins, bien plus partagés qu'on ne l'avait laissé entendre dans un premier temps, il fallait retourner auprès de tous les hommes politiques qui avaient réagi à la première version de l'histoire. Leur propos initial portait sur des faits non avérés et n'était dicté que par des présomptions reposant sur des préjugés. Il fallait, par exemple, demander à Manuel Valls s'il comptait aussi, au vu des événements, demander la dissolution des mouvements dits « antifascistes ». On ne vit personne. Dès que l'affaire sembla, disons, plus complexe que prévu, elle fut médiatiquement enterrée en quelques jours.

Il est vrai aussi qu'avec la publication des noms des protagonistes, l'affaire était déjà dérangeante en ce qu'elle ne rentrait pas tout à fait dans les cases attendues. Les « antifascistes » autoproclamés étaient des petits-bourgeois plutôt bons élèves aux noms franchouillards (Clément Méric, élève à Sciences-Po, militant aux côtés d'un Matthias Bouchenot et d'un Aurélien Boudon) et les prétendus nationalistes d'extrême droite, loin d'être des blondinets de Versailles, étaient des enfants d'immigrés à la scolarité assez chaotique (Esteban Morillo, jeune Espagnol ayant abandonné l'école avant le baccalauréat et membre de la Troisième Voie, mouvement fondé par le Franco-Libanais Serge Ayoub où militaient aussi une Lydia da Fonseca, présente lors des faits, et une Katia Veloso, petite amie de Morillo). Tout cela faisait désordre. Après tout, la solution aurait peut-être consisté à laisser de côté les étiquettes convenues que s'auto-attribuaient ces individus, en lien avec des idées sans doute plus folkloriques que mûrement réfléchies, et de considérer que le caractère xénophobe de l'agression justifiait la réaction du présumé coupable. Les associations antiracistes auraient pu monter au créneau et les journalistes traiter de l'affaire Méric avec bonne conscience : le méchant petit Français de souche riche et xénophobe est mort en agressant un immigré espagnol défavorisé. Justice est faite. La lutte des classes et la cause antiraciste sont sauves. Trêve de plaisanterie. La vérité, c'est que le Journaliste n'avait que faire d'une rixe entre fascistes et antifascistes, il voulait une agression fasciste ; il n'avait que faire de fascistes impliqués dans une bagarre, il voulait des fascistes coupables de meurtre. Son éthique reprenait le dessus : si on laissait entendre que les activistes d'extrême gauche avaient les mêmes pratiques que les fascistes, on risquait de *faire le jeu de l'extrême droite*. Et dans ces cas-là, le Journaliste abdique ce qu'il a de plus cher : son sens du devoir. Il préfère renoncer à informer plutôt donner une information qui, selon lui, risquerait d'avoir des conséquences néfastes pour l'humanité. Avec cet exemple, outre le manichéisme simplificateur dont nous avions déjà parlé, nous avons rencontré deux tendances majeures dans la pratique journalistique : le choix de *ne pas dire* et la propension à *mettre en scène le réel*.

DIRE SANS DIRE

Les non-coupables et les non-victimes

Il n'est pas toujours aisé de mettre au jour ce que le Journaliste ne dit pas, pour la simple raison que, par définition, un silence ne s'entend pas. Il est difficile de connaître une information à laquelle il n'est pas du tout fait allusion, sauf à multiplier les sources.

Il y a des coïncidences symptomatiques, en la matière. Le 15 février 2015, on apprenait le saccage sur cimetière juif de Sarre-Union. On cria à l'acte antisémite, avant de découvrir que les petits malappris coupables du délit ignoraient que les tombes fussent juives. Leur comportement s'avèrera toutefois plus ambigu lors des interrogatoires de police et chez certains se révéla au grand jour une haine réelle à l'encontre des Juifs. Là encore, dans un premier temps, les faits n'étaient pas clairs, mais le Journaliste, lui, avait une vision très nette des événements. En effet, l'absence éventuelle d'une motivation relevant de la détestation des Juifs n'ôtait rien à l'horreur de l'acte : vandaliser une tombe, c'est grave. Cependant, les gens de médias ne voyaient pas la chose ainsi. Nier le caractère antisémite de cette dégradation aurait été perçu comme une posture tendant à minorer le délit, voire à le dépouiller de toute gravité. On parla donc d'antisémitisme « diffus », « intériorisé », « culturel », « inconscient », « larvé ». Cela donnait à entendre, en filigrane, la description même des préjugés des journalistes et hommes politiques eux-mêmes, lors de chaque saccage d'un cimetière chrétien : leur antichristianisme « diffus, intériorisé, culturel, larvé, inconscient » qui les porte à considérer qu'endommager un cimetière chrétien n'est pas nécessairement un acte antichrétien, alors qu'infliger ce traitement à un cimetière juif est indéniablement un acte antisémite. Ainsi, même non explicitement visé, le juif se voit attribuer le statut de victime désignée. Même spécifiquement visé, le chrétien se le voit refuser. Cette différence de traitement qui ne relève pas de pressions communautaires quelconques mais bien de l'initiative du Journaliste – lequel manifeste ainsi ses propres catégories de pensée – nourrit les rancœurs qui attisent les conflits.

Le même jour, l'État islamique diffusait une atroce vidéo de décapitation. Vingt et un Égyptiens sélectionnés parmi des prisonniers parce qu'ils portaient la mention « chrétien » sur leur carte d'identité étaient alignés sur une plage de Lybie et égorgés, certains criant, avant de mourir, le nom de Jésus. Puis l'un des assassins, brandissant un couteau ensanglanté vers la mer annonçait qu'avec l'aide d'Allah, Rome serait conquise. Le titre de ce film était sans équivoque : « Message signé avec le sang adressé à la nation de la croix ». Pourtant, François Hollande ne voulut voir dans les victimes que des « ressortissants égyptiens » (communiqué du 16 février) et fit un discours – en réaction, avant tout à la profanation des tombes sur laquelle on ne savait encore rien – où il dénonça, très globalement, « les actes antisémites », « les actes antimusulmans » et les « actes antireligieux »[139]. Les médias chrétiens de la *réinfosphère* se déchaînèrent. Le Journaliste, quant à lui, avait au moins matière à questions. Il reprit pourtant à son compte cette posture officielle, désigna les victimes égyptiennes comme des « personnes tuées par Daech », au mieux comme des « Coptes », ce qui évitait de prononcer le mot tabou, passa sous silence le contenu exact de la vidéo et veilla à ce qu'on n'insistât pas trop sur l'idée qu'il pût y avoir des martyrs chrétiens. Ainsi, quand Valérie Pécresse rappelle qu'elle est à la tête d'un groupe parlementaire pour la défense de chrétiens d'Orient, ajoutant que « toute une série d'autres minorités » est aussi visée, Jean-François Achilli intervient pour insister : « pas seulement les chrétiens » [140]. Or, le problème de l'information, à ce moment de l'histoire, ce n'est pas la survalorisation des exactions commises à l'encontre des chrétiens, que ce journaliste pourrait vouloir compenser ; c'est leur constante et systématique minoration, à laquelle il apporte sa contribution. Sur iTélé, un reportage est consacré à une famille chrétienne de Mossoul ayant fui les persécutions, qui est accueillie en France par une association catholique, appelée Écho, laquelle « favorise l'accueil des chrétiens ; les musulmans n'ont quasiment pas droit de cité ». Le reproche est patent. Les médias alternatifs se régalèrent de la prise [141].

De la même manière, après les événements de début janvier 2015, la religion du policier tué devant les locaux de Charlie Hebdo fut lourdement soulignée ; en l'occurrence, il s'agissait de l'islam. Mais la cause de l'assassinat de la policière Clarissa Jean-Philippe, le lendemain, ne bénéficia pas du même traitement : que le policier du mercredi fût musulman était de la première importance, que la policière du jeudi fût chrétienne n'en avait aucune. En réalité, leur religion, quelle qu'elle fût, n'entrait pas en ligne de compte. Les assassins n'avaient visé ces personnes que parce qu'elles appartenaient aux forces de l'ordre. Mais le traitement de l'information était totalement biaisé par la nécessité de faire figurer un musulman parmi les victimes. Ce dispositif fit aussi grimacer les juifs, visés deux jours plus tard à la supérette casher, en tant que juifs... Il est vrai que l'échelle de valeurs journalistique réconcilia tout le monde quand s'imposa le slogan #jesuischarlie. La victime emblématique n'était ni le juif, ni le musulman, ni le chrétien : c'était le Journaliste. La mobilisation du 11 janvier se fit autour de ce slogan et aucune voix ne s'éleva sur les ondes pour souligner que, enfants juifs tués devant leur école ou militaires assassinés dans la rue, les victimes de

Mohamed Merah n'avaient pas bénéficié d'un tel hommage et que les journalistes, à l'époque, n'avaient pas arboré de badge à l'antenne. En revanche, déjà lors de la tuerie de Toulouse, on avait assisté à la même insistance sur le caractère musulman – ou supposé tel (porteur d'un nom arabe, l'un des militaires était chrétien) – de certaines victimes ; alors que, là aussi, c'était l'uniforme qui avait valu à ces personnes d'être prises pour cibles.

Certains choix éditoriaux sont assez surprenants quand ils mettent en évidence une volonté nette de ne pas traiter l'information. Ainsi, il n'est média qui n'ait suivi l'affaire de la profanation de l'Eglise de la Madeleine à Paris. Exception faite de France Info (il y fut fait référence bien plus tard, lors du procès des Femen faisant suite à la dégradation commise à Notre-Dame). Cette radio avait consacré plusieurs sujets aux Femen lors de leur happening à la cathédrale. Rien sur la mise en scène d'Éloïse Bouton, alors membre de ce groupe, à la Madeleine. À cela, il y a une raison, qui suppose de prêter de mauvaises intentions au Journaliste. On n'est donc pas contraint d'y souscrire. Jusqu'alors, France Info avait plutôt donné une image positive de ce groupe de féministes radicales. Or, la médiatisation de cette deuxième action était susceptible de nuire à leur réputation. D'abord parce que, même sous forme de mime, elles y donnaient à voir un avortement, avec un foie de bœuf pour figurer le fœtus expulsé. Or, on l'a vu, le Journaliste estime que représenter l'avortement (surtout de manière repoussante) est une démarche hostile à cette cause et se refuse donc à montrer cette opération. Ensuite, parce que le Journaliste n'est pas stupide et qu'il anticipait les réactions qui furent effectivement celles de l'opinion publique suite à cette seconde profanation. L'action à Notre-Dame avait une dimension symbolique forte qui tenait en partie au fait qu'elle était unique. Des gens qui ne soutenaient les Femen que du bout des lèvres pouvaient affirmer comprendre cette initiative comme une manière d'attirer l'attention sur le statut des femmes dans l'Eglise, par exemple. Mais deux actions dans des églises catholiques, cela faisait déjà trop, cela commençait déjà à ressembler à du harcèlement (dans le monde des médias, la force de l'information est décuplée et la répétition du même est fortement ressentie) et surtout, cela mettait en évidence la facilité de telles actions. Dans la presse en ligne, les commentaires des lecteurs tournent d'ailleurs autour de deux idées principales : ils soulignent le caractère grotesque car répétitif de ces scénographies, et mettent les Femen au défi d'aller faire la même chose dans une mosquée[142] (conformément à l'idée répandue que les musulmans, contrairement aux chrétiens, réagiraient violemment au blasphème) ; celles qui voulaient apparaître comme des guerrières se voient donc traitées de lâches et, par contrecoup, l'Eglise catholique se trouve revalorisée par la mise en évidence de ce qui pourrait être un défaut, à savoir sa faiblesse au moins apparente (alors même que l'action des Femen visait à dénoncer cette institution comme un danger).

« L'assassin du jeune Hakim »

On a tous en mémoire ces lettres de poilus censurées pendant la Grande Guerre : une écriture parsemée de taches ; des mots, des bouts de phrases rayés d'un gros trait d'encre. Le reste du texte importe peu : notre regard est comme captivé par ces souillures qui camouflent les vérités que l'on avait, en haut lieu, jugé préférable de dissimuler (conditions de vie au front, mutineries, fraternisation avec l'ennemi, positionnement des troupes, etc.). On ne sait peut-être pas ce qu'il y avait sous le trait d'encre, mais on voit que cela *cache* quelque chose ; et en soi, cela confère à ce *quelque chose* une importance énorme. De la même manière, certains silences dans le discours du Journaliste sont – paradoxalement – audibles. Pensons à toutes les fois où le Journaliste recourt à la *périphrase*. Hors contexte, peu de gens savent qui désigne ce vers de Racine : « la fille de Minos et de Pasiphaé ». Il faut consulter un dictionnaire de mythologie pour comprendre que cette périphrase, sorte de détour par les mots, renvoie à la reine Phèdre. Cette figure permet donc de désigner quelqu'un autrement qu'en indiquant son nom. Voyons en contexte l'utilité médiatique de ce procédé.

Le 8 janvier 2010, un jeune homme est poignardé à mort par l'un de ses camarades, dans les locaux du lycée Darius-Milhaud au Kremlin-Bicêtre. À l'origine de cette agression, les explications que la victime aurait voulu obtenir de son futur agresseur, concernant le comportement de celui-ci à l'égard de sa sœur, scolarisée dans sa classe. Observons, dans quelques articles parus au moment des faits, la désignation des deux principaux protagonistes : la victime (colonne de gauche) et l'agresseur (colonne de droite), par ordre d'apparition dans le texte :

La Dépêche.fr [143] : « Un différend futile à l'origine de la mort du lycéen poignardé dans son lycée »

Hakim Haddi	
	Un camarade
	Le jeune homme interpellé samedi matin
Le lycéen	
La victime	
	Le lycéen soupçonné d'être l'auteur des coups
La victime	
Hakim	

Hakim	
	Son agresseur
Hakim	
	Son agresseur présumé, Islam
	Le jeune homme
	Islam
Hakim	
Le lycéen	

Le Figaro.fr[144] : « Décès du lycéen poignardé au Kremlin-Bicêtre »

Hakim	
	Son agresseur présumé, un camarade de lycée
Un élève de 18 ans d'un lycée du Kremlin-Bicêtre	
	L'agresseur présumé de la victime, un jeune de 18 ans scolarisé dans le même établissement
	Le suspect
Hakim Haddi	
La victime	
Hakim	
La victime	
Le jeune Hakim	
Hakim	
Hakim	
Hakim	
La victime	
	L'agresseur[145]
La victime[146]	

Que remarque-t-on ? Si la victime est systématiquement – et avec insistance – désignée à l'aide de son prénom parfois accompagné du patronyme, son meurtrier est avant tout, selon la périphrase fréquente « l'agresseur du jeune Hakim ». C'est également ainsi qu'il est constamment désigné à la radio et à la télévision.

Le Journal du Dimanche a trouvé une parade en choisissant d'orthographier différemment le prénom du meurtrier :

Lejdd.fr (10 janvier) : « Hakim, premier tué dans un lycée »

L'adolescent mort poignardé dans un lycée	
Hakim	
La victime	
Hakim	
« mon bébé » (mère d'Hakim)	
Hakim	
Hakim	
Hakim	
Hakim	
	L'agresseur
	Islem
Hakim	
Hakim	
	Islem
Hakim	
	Islem
	Le jeune homme d'origine algérienne
	L'agresseur présumé
Hakim	

Partout, l'accent est mis sur le fait qu'un jeune *a été tué* dans son lycée et non qu'un jeune *a tué* dans son lycée. Le point de vue adopté est donc celui de la victime et les articles du type « qui est vraiment le meurtrier d'Hakim ? » ne sont pas légion : pas d'interview de ses proches ni de ses amis. Le meurtrier est un personnage-fantôme dans une affaire qui se résume à deux éléments-clefs : le meurtre a eu lieu *dans un lycée* et la victime s'appelle *Hakim*. Gageons que le rééquilibrage de l'information eût été naturel si l'agresseur s'était nommé Jules. Mais surtout, personne n'aurait cherché à connaître le nom du meurtrier si on ne nous avait martelé celui de la victime : « un jeune homme poignardé par un camarade », cela éveille moins le soupçon. On peut même se dire que c'est un choix cohérent, afin de préserver l'anonymat des protagonistes. Mais « Hakim poignardé par l'un de ses camarades » trahit le parti-pris de ne donner qu'un seul des deux noms. Il faudra attendre le 12 janvier pour que le prénom de l'agresseur apparaisse dans un titre : « Islam, le meurtrier d'Hakim, écroué » [147]. Sans doute une réaction aux soupçons exprimés notamment par les internautes, qui commençaient à peser sur la volonté manifeste des grands médias de cacher totalement, ou de dire le moins possible, le nom du coupable. En effet, les sites identitaires, pour leur part, ont choisi d'exhiber ce prénom. Dès le 9 janvier, lendemain des faits, le site Defrancisation.com titrait : « Hakim, l'élève poignardé par Islam est décédé » [148]. Dans le corps de l'article, les prénoms figurent en gras. L'idée défendue est celle d'une « tribalisation » de la société. Même procédé sur le site d'information identitaire Françaisde-France qui titre « Lycée Darius-Milhaud, Le Kremlin-Bicêtre, France : Islam a tué Hakim… » [149] et met les prénoms en vert, couleur de l'Islam, dans le corps du texte. Alors que dans les grands médias, on jouait la carte de l'Arabe-victime, les identitaires dénonçaient des pratiques barbares, entre Arabes, sur le territoire français. Que ce soit l'agresseur qui se prénommât Islam revêtait chez eux une charge symbolique, celle de l'Islam violent, agressif et dangereux. On voit ici que le Journaliste, en s'évertuant à dissimuler le nom de l'agresseur, n'est ni méchant ni mauvais : il croit bien faire. Il ne veut pas que son lecteur-auditeur-téléspectateur associe islam et agressivité. Bien entendu, ce n'est qu'un prénom ; mais le Journaliste sait que les gens à qui il s'adresse sont « des êtres humains aussi hésitants que disposés au doute et à l'indécision », peu « susceptibles de prononcer un jugement raisonnable » (Adolf Hitler, voir plus haut), prompts aux amalgames et aux déductions malséantes. Pour leur bien et pour le bien de l'humanité, il convient donc d'éviter qu'ils puissent déduire de la violence *d'Islam* la violence *de l'islam*. Comme c'était le cas dans les lettres censurées, la manière de taire est parfois une incitation à chercher ce qu'on ne veut pas nous dire. Quelqu'un qui eût écouté uniquement France Info à l'époque des faits ne pouvait qu'être tenté d'aller chercher ailleurs l'information qu'on lui refusait de manière si ostensible : pourquoi ne nous dit-on jamais comment il s'appelle ? Qu'est-ce que cela cache ? Le discrédit porté sur les médias est alors énorme parce que 1) on découvre que l'information est accessible (le journaliste ne l'ignore donc pas) ; et 2) on comprend sans peine pourquoi certains ont fait le choix de ne pas la divulguer.

L'information majeure qu'on retire de l'affaire Hakim, c'est donc le mépris des médias pour la masse qu'ils doivent informer. Mais une fois encore, ce mépris apparent, cette infantilisation du peuple n'est sans doute que l'effet d'une éthique de l'information, qui pousse le Journaliste à anticiper constamment la réception de son discours et, partant, l'interprétation qu'en fera l'auditeur.

On pourrait mener le même type de travail sur un autre fait divers sordide, l'assassinat de Kilian, 13 ans, le 22 juin 2012. Cette fois, le Journaliste, qui se souvient de l'affaire Hakim, a compris qu'il fallait donner d'emblée un prénom au tueur. Mais la loi ne l'oblige pas à donner le vrai. C'est *le Monde* qui baptise en premier l'assassin : ce sera « Vladimir ». Mais l'auteur de l'article, Serge Le Luyer, indique entre parenthèses que « le prénom a été changé ». Comme l'écrira le médiateur Pascal Galinier dans un article consacré aux remous provoqués par ce changement de prénom, il s'agissait fondamentalement de « respecter l'anonymat [du présumé coupable], conformément à la loi »[150]. Le problème réside dans le fait que Serge Le Luyer n'a pas osé aller au bout de la logique d'anonymisation. Il a choisi un prénom à consonance étrangère, comme l'était celui du tueur. Malheureusement, certains sites se sont fait une spécialité de révéler les noms des coupables, surtout – voire exclusivement – quand ceux-ci permettent d'appuyer la thèse du lien direct entre immigration et violence. On sut vite que Vladimir s'appelait Souleymane et le médiateur du *Monde* fut assailli de courriers parfois injurieux dénonçant une volonté de manipuler l'opinion. La gravité de la substitution onomastique était accentuée par le fait que, sans y réfléchir, le Journaliste avait attribué un prénom russe à un jeune homme d'origine tchétchène ; en période de tension russo-tchéthène, c'était fort maladroit. Devant le tollé qui s'ensuivit, certains médias choisirent de revenir à la solution de l'anonymat total : on trouve sur le site de l'*Express* cinq articles consacrés à l'agression mortelle de Kilian, dont un qui s'intitule même « Ce que l'on sait de la mort du collégien rennais »[151] mais pas un qui mentionne le nom du présumé coupable, pourtant connu de tous à ce moment-là. Quand on tape les mots « Kilian » et « Souleymane » dans un moteur de recherche, on tombe sur une succession de sites affiliés à la mouvance identitaire puis sur un site d'information israélien qui relaie, quatre jours seulement après les faits, l'agression du petit Breton, mais en titrant sur ce qu'il estime être le vrai scandale dans cette affaire : le changement du prénom[152]. La difficulté du Journaliste à traiter l'information du meurtre de Kilian est donc devenue une information en soi, le symptôme d'un problème. Sur les sites identitaires, l'anecdote a marqué et désormais, quand le nom d'un délinquant n'est pas révélé par les médias, la formule « c'est sûrement un Vladimir » fleurit dans les commentaires d'internautes. Car, bien entendu, ce n'est pas la consonance étrangère qui interpelle les contempteurs de la méthode du prénom changé ; c'est la connotation islamique.

Il faut reconnaître parfois au Journaliste une certaine capacité à apprendre de ses erreurs. Ainsi, lors de l'assassinat d'une institutrice à Albi par une mère d'élève, le 4 juillet 2014, France Info eut soin de ne communiquer ni le nom de l'enseignante, ni celui de la meurtrière. D'autres médias se risquèrent à pratiquer la stratégie habituelle, tout de suite dénoncée sur la page facebook ouverte en hommage à la victime, Fabienne Terral-Calmès : « j'ai cherché, écrit une internaute, mais la presse en ligne ne donne pas plus d'infos : on trouve le nom de l'enseignante mais pas celui de la meurtrière ». Et les réponses de fuser sur le mode habituel : « c'est cela qui est louche ». Un intervenant sur cette page croyait savoir que cette femme, désignée comme « espagnole », se prénommait Rachida, ce qui se révélera exact. Parmi les médias qui choisirent de diffuser cette information, la plupart eurent soin d'en publier une autre, simultanément ou juste avant (sur la Dépêche.fr, le décalage est de quelques heures[153]) : l'institutrice assassinée soutenait une famille béninoise menacée d'expulsion. C'était une manière de faire comprendre aux éventuels racistes, prompts à traquer la consonance du nom de la meurtrière, que la victime, elle, n'était pas des leurs. Mais la plupart des médias ne s'embarrassèrent pas de telles précautions et se contentèrent de ne jamais prononcer le prénom de la présumée coupable.

Mystérieux hyperonyme

La lexicologie nous apprend que pour définir un mot, on commence par l'inclure dans une catégorie générale (l'*incluant* ou *hyperonyme*) avant de spécifier des *traits différenciateurs*. Ainsi peut-on décrire le labrador comme un chien au poil ras, de taille moyenne, à la robe de couleur noire, marron ou sable. *Chien* est l'hyperonyme désignant la classe de référents (disons : les choses du réel) à laquelle appartient le labrador. On peut utiliser l'hyperonyme dans le cours d'un texte, pour éviter les répétitions : « on vit surgir un magnifique labrador. "Rudi !" cria Annie. Et le chien traversa le jardin pour se précipiter en jappant dans les bras de sa jeune maîtresse ». « Le chien » et « un labrador » désignent le même référent : Rudi.

Observons, à présent, le titre de quelques articles : « Religion : deux fois plus de revendications au travail » (*Le Parisien*[154]), « Religion au travail : une question qui se banalise ? » (*Actu Orange*[155]), « Religion au travail : un sujet régulier pour un manager sur quatre selon une étude » (*L'Express*[156]), « Religion et travail : la première s'invite de plus en plus chez le second » (*La Voix du Nord*[157]), « Les revendications religieuses au travail augmentent » (*Le Monde*[158]), « La religion s'invite de plus en plus au travail » (*Le Point*[159]), « La religion, un sujet de plus en plus récurrent au travail » (*Les Échos*[160]). Quand on lit ces articles, on se rend vite compte que les sujets de friction entre le patron et les employés qui formulent des revendications religieuses ne concernent pas n'importe quelle religion. La généralisation serait légitime, à la limite, si deux ou trois religions étaient impliquées dans ces problèmes. Mais les exemples sont sans ambiguïtés : respect des heures de prières, refus de la mixité, interdits vestimentaires, etc. De même que désigner Rudi comme « le chien » permet de ne pas répéter « labrador », le détour par l'hyperonyme « religion » permet, en l'occurrence, de *ne pas dire* « islam ». Sauf que dans notre exemple, l'impératif est d'ordre stylistique, esthétique ; en revanche, celui que s'imposent, de manière parfaitement homogène, tous les journalistes, est de nature idéologique. Ce n'est pas qu'on ignore de quoi il est question en réalité. Quiconque lit ces articles comprend immédiatement que le mot religion *cache* le mot islam. Personne n'est dupe. Mais tous acceptent le code.

Le travail de Winston Smith

Il est de bon ton, quand on dénonce le politiquement correct, de faire référence à *1984*, le roman d'anticipation de George Orwell. On y renvoie lorsqu'il s'agit de s'inquiéter de l'émergence d'un Big Brother omniprésent à travers les systèmes de surveillance variés qui se développent dans les espaces publics et virtuels. On parle aussi de la généralisation progressive d'une Novlangue (le *Dictionnaire de novlangue*[161] est régulièrement mis à jour). Mais on ne s'intéresse guère à la similitude entre le travail de nos journalistes et le métier de Winston, le personnage principal dans ce roman : il travaille au Commissariat aux archives du Ministère de la Vérité. Sa tâche consiste à « rectifier » des informations anciennes afin qu'elles correspondent aux vérités nouvelles. Les ennemis d'hier sont devenus des amis, il convient donc de « corriger » les articles de journaux qui justifiaient la guerre contre cet ennemi. Tel ancien collaborateur du parti, devenu encombrant, a été éliminé : il est devenu une « non-personne » et son nom doit donc disparaître de toutes les archives, comme s'il n'avait jamais existé. « De même, le *Times* du 19 décembre avait publié les prévisions officielles pour la production de différentes sortes de marchandises de consommation au cours du quatrième trimestre 1983 [...]. Le journal du jour publiait un état de la production réelle. Il en ressortait que les prévisions avaient été, dans tous les cas, grossièrement erronées. Le travail de Winston était de rectifier les chiffres primitifs pour les faire concorder avec les derniers parus. »[162]

En septembre 2015, devant l'arrivée massive de migrants, aussi appelés réfugiés, certaines personnalités, se référant aux menaces explicites de l'État islamique, mettent en garde contre la possible présence de terroristes parmi eux. Le Journaliste réagit immédiatement en pondant un nombre considérable d'articles qui visent à dénoncer ce mensonge anxiogène. Le « discours intimidant », pour reprendre la très juste expression de Laurent Fidès[163], est clair : aucune méfiance vis-à-vis des réfugiés ne sera admise, le réflexe de prudence allégué est le masque d'une hideuse xénophobie teintée de racisme et d'un manque criant de charité. Géraldine Hallot, sur le site de France Inter, rédige un article, paru le 14 septembre 2015, dont le titre est : « Réfugiés : le fantasme de l'infiltration terroriste »[164]. Il commence avec ces mots péremptoires : « L'argument est répété à longueur d'interviews par des personnalités comme Marine Le Pen ou Christian Estrosi : des terroristes se cacheraient parmi les migrants... Mais est-il crédible ? Autant le dire tout de suite : non, et on vous explique pourquoi. »[165] Après les attentats du 13 novembre, l'enquête révèle qu'au moins l'un des djihadistes est arrivé dans le flux des migrants. Comme disent euphémistiquement les journalistes, l'un des terroristes a « emprunté la route des réfugiés »[166]. Durant environ une journée, l'information reste incertaine et les journalistes insistent : nous n'en avons pas la confirmation. Toute personne qui ne parlerait pas au conditionnel est scrupuleusement rappelée à l'ordre. Mais contrairement à ce qu'ils laissent entendre, les journalistes eux-mêmes ne sont pas à l'aise, ils commencent à douter. C'est là que Winston intervient. Toutes les personnes ayant gardé dans leurs « favoris » le lien électronique vers l'article de Géraldine Hallot (et nombreux étaient ceux qui se promettaient d'y faire référence le jour où un migrant apparaîtrait au nombre des terroristes) eurent une surprise, le dimanche 15 novembre, soit deux jours après les attentats. L'article avait été modifié. Il s'appelait à présent « Des terroristes parmi les migrants ? »[167]. Le nom de la journaliste avait été supprimé ; étrangement, elle n'assumait plus son texte. Devant l'avalanche de critiques, la rédaction ajouta une précision dans un encadré, stipulant que le contenu était resté inchangé. C'était faux : les premières lignes de l'article avaient été réécrites, faisant disparaître l'effarant « disons-le tout de suite : non ». L'encadré faisait état de « menaces et insultes à l'encontre de notre consœur ». C'est grave. Mais Géraldine Hallot, par son article, a contribué à *intimider* les gens, à endormir leur vigilance, à étouffer leur esprit de résistance. Et les gens sont morts. Géraldine Hallot a du sang sur les mains. Difficile, dès lors, de la plaindre. Le Journaliste peut écrire n'importe quoi : du moment que son texte sert la bonne cause, il n'a de compte à rendre à personne. Le CSA ne dira probablement rien à Géraldine Hallot. Rien non plus à Fabienne Sintès qui prend la défense de sa collègue, le lendemain sur France Info. Alors que Christian Estrosi – mis en cause dans l'article alors que les faits lui donnent finalement raison – dénonce à l'antenne le honteux stratagème qui consiste à modifier un texte *a posteriori* quand les faits contredisent sa rédactrice, il est coupé par Fabienne Sintès : « Vous règlerez ça avec France Inter, et nos amis de France Inter restent nos amis de France Inter ». Fabienne Sintès affirme donc sans rougir qu'elle ne condamnera jamais les pratiques de ses collègues qui enfreindraient l'éthique du métier. En outre, elle use d'un subterfuge mensonger puisque Géraldine Hallot n'intervient pas uniquement sur France Inter. Le jour où son article a été modifié, on pouvait l'entendre sur… France Info. Elle interrogeait les proches des victimes.

L'affaire de la « théorie du genre » s'inscrit, elle aussi, exactement dans le cadre du travail de Winston Smith. Cessons de nous en prendre au personnel politique : qu'ils manipulent, qu'ils mentent, qu'ils adaptent par pur opportunisme leur discours à la conjoncture idéologique, c'est de bonne guerre et rien, si ce n'est une morale qui n'a pas cours dans le milieu où ils évoluent, ne pourrait les en empêcher. Mais c'est un pari : quand un homme politique prétend n'avoir pas tenu un propos qu'il sait avoir effectivement tenu, il parie que les journalistes vont faire comme Winston dans le roman d'Orwell. Il croise les doigts pour que ceux-ci relaient son nouveau discours et n'apportent pas la preuve du mensonge. Il mise sur l'autocensure d'un journalisme de révérence. Cela ne fonctionne pas systématiquement et internet, qui a la mémoire longue et coriace, rend risqué ce type de pari.

Mais parfois, les journalistes acceptent tacitement d'entrer dans la combine. Pourquoi le font-ils alors ? Pourquoi s'abaissent-ils à une tâche qui va à l'encontre de l'éthique de leur profession ? Toujours en vertu d'une préoccupation morale. Si cette infraction au devoir d'informer permet, au final, l'avènement d'un monde meilleur, ils acceptent ce renoncement. En janvier 2014, les fameux *ABCD de l'Égalité* sont au cœur d'une polémique car certaines associations familiales soupçonnent ce dispositif de servir à la propagation de la théorie du genre. La première stratégie de défense du gouvernement consiste à garantir l'adéquation du contenu de ce programme à son titre : il ne s'agirait que d'éduquer à l'égalité entre filles et garçons. La notion de « rumeur » est, à ce moment-là, employée pour dénoncer le soupçon de duplicité[168] ; il s'agit, pour le gouvernement, de rassurer les familles : non, on n'enseigne pas la théorie du genre. Vincent Peillon le dit en réponse à une question du député Olivier Faure, mardi 28 janvier 2014 à l'Assemblée Nationale : « L'Education Nationale [...] refuse totalement la théorie du genre. [...] Je veux, très solennellement, rassurer tous les parents de France [...] : ce que nous faisons, ce n'est pas la théorie du genre, je la refuse ». C'est déjà étrange, puisque le même Vincent Peillon travaille, à ce moment, main dans la main avec Najat Vallaud-Belkacem, ministre du Droit des Femmes, aux côtés de qui il a assisté à des séances d'éducation à l'égalité dans les écoles. Or, elle avait, quant à elle, quelques mois plus tôt, donné une interview au journal *20 Minutes* et dans cet entretien, à la question : « En quoi la "théorie du genre" peut-elle aider à changer la société ? », Najat Vallaud-Belkacem répondait que « la théorie du genre, qui explique l'identité sexuelle des individus autant par le contexte socio-culturel que par la biologie, a pour vertu d'aborder la question des inadmissibles inégalités persistantes entre les hommes et les femmes ou encore de l'homosexualité, et de faire œuvre de pédagogie sur ces sujets »[169]. Son point de vue sur ladite théorie est donc nettement positif puisqu'elle lui reconnaît des vertus pédagogiques et que le but de cette interview était précisément, pour la ministre, de défendre sa position en faveur de l'introduction de cette théorie dans les manuels scolaires, contre un groupe de parlementaires de l'opposition qui en réclamait le retrait. Néanmoins, le débat autour des manuels est déjà ancien de presque six mois quand Vincent Peillon prononce son allocution : l'incohérence ne saute donc pas aux oreilles. À ce stade, la théorie du genre existe si bien que le ministre du Droit des Femmes s'y est dite favorable, tandis que celui de l'Éducation Nationale s'y est dit opposé.

L'argumentation du Ministre de l'Education Nationale ne calme toutefois pas les opposants au dispositif des ABCD. Alors, le gouvernement tente une autre stratégie de défense et s'efface progressivement derrière une catégorie de personnes appréciées des médias : les experts. Et cette fois, il s'agit de faire accepter l'idée suivante : « la théorie du genre n'existe pas ». Il faut rendre justice à Najat Vallaud-Belkacem : bien avant de donner l'interview où elle vantait les vertus pédagogiques de la théorie du genre, elle avait répondu à la question d'un internaute en juin 2013, en affirmant « la théorie du genre, ça n'existe pas, il n'y a que des études de genre »[170]. Les journalistes disposent de tous les éléments pour mettre le gouvernement face à ses contradictions. On voit trop que Vincent Peillon et Najat Vallaud-Belkacem ne savent pas sur quel pied danser et s'empêtrent. Mais les journalistes n'appuieront jamais où cela fait mal et décident de reprendre totalement à leur compte la rhétorique gouvernementale : « la théorie du genre n'existe pas ». Ils s'approprient même un autre aspect de l'argumentation, qui consiste – bien étrangement – à vouloir rassurer les parents en leur disant que le dispositif *ABCD de l'Égalité* n'est pas un enseignement établi mais un dispositif expérimental puisque, comme on s'emploie à le rappeler, « il n'y a pas de théorie du genre, il n'y a que des études de genre », c'est-à-dire des orientations de recherche, des hypothèses soumises à l'examen des chercheurs. On peut s'étonner de ce choix argumentatif ; car on ne voit pas en quoi il est rassurant pour les parents d'apprendre qu'on n'enseigne pas une théorie ayant fait ses preuves mais qu'on soumet leur enfant à un dispositif expérimental dans un champ d'étude que personne ne semble capable de définir !

De fait, la théorie du genre n'existe pas, il n'y a que des études de genre. On a raison de le dire comme avait raison ce professeur de philosophie qui disait : la philosophie n'existe pas, il n'y a que des thèses philosophiques. En fait, il y a beaucoup de théories du genre (entendues comme autant d'orientations des études de genre). Le christianisme est lui-même porteur d'une théorie du genre, en l'occurrence, une conception des *gender-roles* reposant sur une posture différentialiste.

Ce qui est gênant dans l'expression « théorie du genre », c'est le petit « du » : la question est de savoir si ce que l'on enseigne est une théorie pro-genre ou anti-genre. Le Christianisme est une théorie pro-genre. Ce qu'on appelle communément « théorie du genre » est une « théorie anti-genre ». Le comprendre aurait permis aux détracteurs des *ABCD de l'Égalité* de construire une argumentation simple et efficace. Dans la mesure où les promoteurs de la prétendue « égalité » remettent en cause des codes culturels non axiologiquement marqués (associer le rose à la féminité n'a, *a priori*, rien de dégradant) et promeuvent comme modèle l'éducation non-genrée, il devient évident que sous prétexte d'anti-sexisme, on applique une théorie anti-genre. Sous prétexte d'abolir une hiérarchie, on veut abolir la différenciation, sinon biologique du moins culturelle ; en effet, il ne s'agit pas de proposer de nouveaux codes distinctifs mais bien, comme l'ont revendiqué tous les défenseurs des *ABCD de l'Égalité*, de « déconstruire les stéréotypes de genre ».

Le problème est donc, en fait, de savoir *quelle* théorie du genre on entend enseigner : celle de John Money n'est pas celle de Judith Butler. À ce titre, les médias alternatifs tenus pas les opposants à ladite « théorie du genre » opérèrent des rapprochements contestables dans le seul but de faire réagir l'opinion, en utilisant le cas de David Reimer (garçonnet transformé en fille) pour dénoncer les *ABCD de l'Égalité*. C'était taper à côté, puisque les *ABCD* s'appuyaient bien sur une théorie du genre, mais précisément, bien plus sur celle de Judith Butler que sur celle du Dr. Money (Butler ayant d'ailleurs pris position contre le parti-pris expérimental de Money dans l'affaire Reimer). Les mal-nommés *anti-gender* français se battent en fait contre une théorie bien précise (avec ses propres ramifications et débats internes), à savoir la *queer theory* qui condamne le genre comme une donnée construite dont il faut s'affranchir et refuse aussi bien l'assignation que la réassignation sexuelle. C'est sur la base de cette orientation théorique que sont fondées les fameuses crèches dites non-genrées dont il est question dans le reportage de France Info au Danemark (voir plus loin).

Cette distinction entre singulier et pluriel (*la* théorie *vs* l'une *des* théories) est au cœur de la très simple et très culottée manipulation de l'opinion mise en œuvre par le gouvernement. Plus exactement, elle permet de transformer une incohérence en un vrai mensonge ; c'était bien joué. Mais si mentir est peut-être le métier des hommes d'État, ce n'est théoriquement pas celui du Journaliste. Or ceux-ci disposaient de tous les éléments, accessibles très aisément, pour mettre en difficulté le gouvernement, dès lors qu'il était avéré que celui-ci essayait de se sortir par une pirouette verbale d'une situation dans laquelle il risquait de s'engluer. Peu, très peu de journalistes tenteront de « décrypter » le subterfuge. Une fois de plus, par peur des mots : quelque chose qui *s'appelle* « éducation à l'égalité » ne peut pas, pensent-ils, être mauvais. Leur devoir moral l'emporte alors sur leur conscience professionnelle et les convainc de tout mettre en œuvre pour défendre le Bien. De fait, le même Vincent Peillon qui avait assuré être opposé à la théorie du genre affirmait désormais, dans une réponse à Jean-François Copé : « La théorie du genre n'existe pas »[171]. Et Winston fait consciencieusement son travail.

Mais la ligne a tout de même été dure à tenir pour le Journaliste, même après qu'il a pris la sage décision de s'aligner sur le discours gouvernemental. Ainsi, sur France Info, on s'est mis à parler de la « soi-disant théorie du genre », ce qui, au demeurant, est une faute de français : il faut dire la « prétendue théorie du genre » (on dit « le soi-disant écrivain » d'un homme qui se prétend *lui-même* écrivain, or la théorie n'est pas une personne) ; dans la presse écrite, on a désormais systématiquement marqué « théorie du genre » entre guillemets. Mais les guillemets ne s'entendent pas à l'oral et lorsque Sung-Shim Courier fait un reportage au Danemark dans une crèche non-genrée, sujet diffusé le 15 avril 2014, la querelle du genre a déjà quelques semaines et les réflexes se perdent : « Comme en France, la théorie du genre divise au Danemark »[172].

Le consensus du mensonge ?

Nous avons déjà rencontré sous plusieurs formes ce corpus d'idées non-dites qui irriguent le discours et relèvent, pour reprendre le terme d'Olivier Reboul, du « déjà-pensé » (voir plus haut). Ce non-dit ne résulte pas d'une volonté de cacher ou d'arranger la réalité. C'est tout l'inverse : ce non-dit est tel, précisément parce que, du point de vue du Journaliste, il constitue une évidence incontestable, la seule vérité possible, bref, le cœur du dogme.

C'est ainsi : le discours du Journaliste est cousu d'idées toutes faites dont lui-même ne perçoit pas le caractère arbitraire. En effet, ce type de convictions porte un nom : la foi. Les propos du Journaliste, les points de vue plus ou moins explicites que ses choix d'information et de formulation laissent entrevoir reposent sur des croyances qui constituent ce qu'on appelle souvent le « politiquement correct ». Cette expression est désormais galvaudée et fait même l'objet d'une exploitation politicienne, les représentants de la droite l'utilisant comme une accusation pour discréditer la gauche (on dit parfois la « gauche bien-pensante ») sans se rendre compte que ce même politiquement correct, la plupart du temps, oriente leur propre argumentation.

Laurent Fidès, que nous avons cité plus haut, le définit comme un « discours intimidant », dont l'une des principales caractéristiques est qu'il « n'a pas d'adversaire, notion qui suppose la possibilité d'un combat à armes égales »[173] ; c'est un discours qui « joue [...] sur le registre de la honte et de la mauvaise conscience »[174].

Qu'est-ce que le « politiquement correct », au vrai ? On serait tenté de le définir comme le consensus du mensonge, ou plutôt le consensus des semi-vérités : tout le monde sait que c'est faux, ou à peine vrai, mais c'est ce qu'il *convient* de dire, notamment en public. On n'est pas contraint de le penser et personne ne viendra vérifier qu'on y adhère vraiment (internet est l'exutoire qui autorise à dire, sous couvert d'un pseudonyme, ce que l'on pense profondément) : c'est juste un discours obligé. C'est le « lieu commun » par excellence, l'espace public de la parole. Quand on discute avec quelqu'un que l'on connaît peu et qu'on a épuisé les sujets premiers (la météo, la santé), si l'on veut parler de l'actualité sans risquer de se faire un ennemi, en restant dans des termes cordiaux et sans déroger aux règles de la conversation courtoise, on dispose d'un discours tout fait qu'il suffit d'introduire tel quel dans la conversation : l'autre acquiescera car il y est tenu, au nom de la concorde sociale. Le politiquement correct, c'est l'ensemble des vérités prémâchées, assénées comme des évidences, qui soudent une société. Et finalement, les sociétés étant des constructions artificielles, elles ne peuvent sans doute être soudées que par des vérités artificielles, c'est-à-dire des mensonges, variables selon la conjoncture internationale, l'état spirituel du pays, sa bonne forme économique, les idées en vogue chez les puissants, etc. On peut donc aussi bien considérer que le politiquement correct est un ensemble de dogmes auxquels on est tenu d'adhérer, au risque sinon, de nuire à la concorde de façade qui évite la guerre permanente de tous contre tous. Néanmoins, cela gêne. Parce que cela suppose, parfois, d'abdiquer consciemment sa capacité de réflexion. Mais ce n'est pas un problème pour le Journaliste, dont la mission est peut-être, qu'il le veuille ou non, d'entretenir le politiquement correct, de s'assurer en permanence que les masses communient au mensonge qui les maintient dans une forme de paix même provisoire, même incertaine et fragile, mais en tout préférable à la guerre civile. Il s'agit là d'une position radicale mais totalement assumée par le Journaliste. Ainsi, la thèse de certains penseurs actuels selon laquelle on assisterait à la poussée d'un islam conquérant et dominateur n'est pas adoptée comme un présupposé valable par les médias de masse, parce qu'elle conduirait immanquablement à l'affrontement et donc à la guerre civile. Or, le Journaliste est garant de la paix. Il diffuse un discours que d'aucuns qualifient de lénifiant mais qui a pour vocation, avant tout, d'apaiser les tensions du corps social – ne serait-ce que superficiellement – afin d'en assurer la survie.

« Faux ! »

Le politiquement correct ne concerne pas uniquement les sujets les plus chauds comme l'immigration ou les rapports entre laïcité et religion. Il touche tous les domaines où l'on peut envisager un positionnement idéologique. Nous l'avons entrevu avec des thèmes comme l'Europe, l'écologie, l'art contemporain ou la politique vaccinale. Observons une autre occurrence d'application de ce travail journalistique qui consiste à rassurer en confortant, par son ton péremptoire et professionnel ou ses protocoles de présentation des faits, le *politiquement correct* compris comme mensonge officiel rassérénant et nécessaire à la paix sociale. Sur la question des méthodes de lecture, la *doxa* – entendue comme le mensonge établi – se résume à deux une formule bien connue : « la méthode globale n'a jamais été appliquée en France » ; et sa variante : « la méthode globale n'est plus appliquée aujourd'hui en France ». Tout comme « la théorie du genre n'existe pas », ces énoncés (si on les précise pour éliminer l'évidente contradiction) comportent une part de vérité : en France, on a privilégié les méthodes mixtes (mélange de syllabique et de globale) ; et depuis les directives ministérielles de 2006[175], seule la méthode syllabique (aussi appelée explicite) est censée être enseignée. Dans les faits, suivant en cela les conseils qu'on leur donne durant leur formation et adoptant les manuels dont on leur conseille l'usage, les professeurs des écoles – dont beaucoup présentent eux-mêmes des lacunes en langue française remontant à leur propre scolarité – appliquent encore majoritairement la méthode semi-globale, ainsi qu'ils le confirment dans les formulaires de sondage (ils n'étaient que 7 % à utiliser la méthode purement syllabique en 2006 si l'on en croit une enquête IFOP[176]). Or, voici ce que l'on a pu entendre sur France Info dans l'émission « Le vrai du faux », diffusée le 4 décembre 2013 :

« Comment faut-il apprendre à lire ? La députée FN Marion Maréchal-Le Pen a son idée sur le sujet : “Aujourd'hui, on s'est empêtré dans des méthodes comme la méthode globale. Il faut recentrer l'école sur les savoirs fondamentaux, notamment en primaire, revenir aux méthodes qui marchent comme la méthode syllabique.”

– La méthode globale, utilisée aujourd'hui au détriment du syllabique, Gérald, vrai ou faux ?

– Eh bien, c'est faux ! Je me suis renseigné auprès de plusieurs spécialistes de l'apprentissage de la lecture. Ils m'ont tous dit que la méthode globale au sens strict n'est pas enseignée actuellement, mais en plus, elle n'a jamais été enseignée en France, sauf de manière très marginale.

– Et c'est quoi exactement la méthode globale ?

– Alors au départ, c'est une méthode utilisée massivement aux États-Unis des années vingt aux années cinquante. Voilà à peu près à quoi ça pouvait ressembler, d'après Anne-Marie Chartier qui est Docteur en sciences de l'éducation et spécialiste des méthodes de lecture. Ecoutez : “Elle apparaît au moment où on se met à coupler systématiquement des images avec des mots. C'est-à-dire que quand apparaît *cat*, *dog* pour *chat*, *chien*, l'enfant peut identifier immédiatement la signification du mot.”

Voilà, ensuite, une méthode globale francophone différente a été développée en Belgique au début du siècle dernier mais elle est restée confidentielle et en France, elle n'a pas été enseignée de manière généralisée.

– Mais alors pourquoi a-t-on l'impression que la méthode globale a existé chez nous ?

– Probablement parce que dans les années soixante-soixante-dix, il y a eu une offensive de quelques pédagogues en faveur d'un apprentissage de la lecture qui pouvait s'approcher de la méthode globale et puis il y a peut-être une autre raison : au début de l'apprentissage de la lecture, pendant plusieurs semaines, des petits mots très courants sont présentés aux enfants qui doivent les reconnaître sans les décortiquer. Certains parents peuvent alors penser à une méthode globale.

– Et aujourd'hui, Gérald, comment ça se passe ?

Chaque enseignant a sa petite recette mais la base de l'apprentissage, c'est ce que nous décrit le psycholinguiste Jacques Fijalkow, Professeur émérite à l'Université de Toulouse le Mirail. Ecoutez : “Alors aujourd'hui, ils apprennent à lire comme ils ont toujours appris, c'est-à-dire de manière encore plus mécanique, encore plus sur des unités très petites, sur des unités euh... c'est du niveau de la lettre, on présente des lettres et on les associe ensemble ou on présente un petit peu plus tard deux lettres qui forment un son tels que « o-n » par exemple, ou « i-n » et qui correspondent donc à un son particulier. En fait, il n'y a jamais eu de véritable révolution dans l'enseignement de la lecture : l'enseignement de la lecture s'est toujours fait de manière plus ou moins syllabique."

CQFD, c'est exactement l'inverse de la déclaration de Marion Maréchal-Le Pen. »[177]

Marion Maréchal-Le Pen « a son idée sur le sujet » : l'expression discrédite par avance le propos cité, en sous-entendant que la députée n'a aucune compétence spécifique pour s'exprimer sur les méthodes d'instruction (ce qui est vrai : si elle peut donner son avis, celui-ci n'a pas d'autorité particulière). Mais Najat Vallaud-Belkacem non plus, après tout ; pourtant, les journalistes (et notamment M. Roux) ne sembleront pas s'offusquer plus tard qu'elle soit nommée ministre de l'Éducation Nationale. Le seul tort de Marion Maréchal-Le Pen est de parler de « méthode globale » ; eût-elle dit semi-globale, elle était inattaquable. En effet, si Gérald Roux lance un triomphant : « c'est faux ! », il va s'échiner, non pas à montrer la domination bien établie de la méthode syllabique, comme il le laissait attendre, mais à nuancer la présence du global pur. Et puisqu'on parle de méthode, celle du journaliste est troublante : quand on enquête sur les méthodes de lecture, la première chose à faire, c'est bien entendu de consulter les programmes (et l'influence du global y est très nette[178]), d'ouvrir un manuel scolaire ou d'interroger des enseignants directement confrontés à cette discipline. Or, Gérald Roux « s'est renseigné auprès de plusieurs spécialistes de l'apprentissage de la lecture ». « Plusieurs », cela manque de précision. Comme il ne donne la parole qu'à deux spécialistes, on peut considérer qu'il n'en a consulté que deux. Dans ce cas, le « tous m'ont dit » est bien emphatique. En outre, dès le début, son ton assuré cache mal les limites de sa démonstration. On s'attend à ce qu'il nous prouve que Marion Maréchal-Le Pen a tort quand elle prétend qu'on utilise la méthode globale en France. Or, selon le journaliste, « la méthode globale *au sens strict* n'est pas enseignée actuellement, mais en plus, elle n'a jamais été enseignée en France, *sauf de manière très marginale* » : j'ai fait figurer en italiques les deux éléments qui, dans le discours du Journaliste, vont dans le sens du discours adverse, qu'il prétend détruire. Selon Gérald Roux lui-même, c'est donc une méthode globale *au sens large* qui est enseignée actuellement et, si la méthode globale pure n'a jamais été généralisée, *elle a bien été enseignée en France*. Après quoi, le journaliste se perd dans les méandres du temps : la méthode globale a été utilisée « massivement aux États-Unis des années vingt aux années cinquante » et « ensuite, une méthode globale francophone différente a été développée en Belgique au début du siècle dernier ». Le début du XXe siècle se situe donc, dans l'esprit de Gérald Roux, après les années 1950. La description que donne Anne-Marie Chartier de la méthode globale correspond à sa version la plus radicale, mais pas à la méthode idéovisuelle pratiquée en France, qui n'est peut-être pas la méthode globale au sens strict mais qui y ressemble fortement ; et n'a rien à voir, en tout état de cause, avec la méthode syllabique dont elle est radicalement l'inverse. Ainsi, les exercices du type « observe bien ce mot puis retrouve-le dans la liste » ne relèvent peut-être pas à proprement parler de la méthode globale, surtout pour les « spécialistes », mais ils en exploitent les mécanismes et produisent les mêmes dégâts. Anne-Marie Chartier s'en tient à l'exemple de *cat/dog* ; plus exactement, son propos est coupé juste après sans qu'on sache si elle s'apprêtait à développer sa pensée. À nouveau Gérald Roux nous rassure : cette méthode « est restée *confidentielle* et en France, elle n'a pas été enseignée de *manière généralisée* » [mes italiques]. Sans chiffres à l'appui, l'auditeur est tenu de croire le journaliste sur parole. Si l'on tient compte du fait que *méthode globale* est devenu un moyen pour les non-spécialistes (à commencer par les parents), de parler de l'apprentissage non-syllabique – comme *théorie du genre* désigne pour le tout-venant la *queer theory* – alors, quand Gérald Roux parle de l'« offensive de quelques pédagogues en faveur d'un apprentissage de la lecture qui pouvait s'approcher de la méthode globale », il parle de ce qu'on appelle communément la méthode globale. Sinon, il faut aller au bout de cette logique : donner le nom de cette méthode, son principe, et montrer en quoi elle n'est pas globale. Comme pour la théorie du genre, on introduit de la scientificité pour spécialistes dans le débat public afin de noyer le problème et de donner l'impression aux non-initiés que le sujet les dépasse complètement : ils n'ont donc aucune raison d'avoir leur avis sur la question. Les parents se moquent bien de la manière dont les spécialistes caractérisent telle ou telle méthode, comme ils se moquent de la légitimité de la notion de « théorie du genre » : ils savent qu'ils ne veulent pas « *ça* », quel que soit le nom technique que l'on donne à cet enseignement. Ainsi, quand le journaliste ajoute : « au début de l'apprentissage de la lecture, pendant plusieurs semaines, des petits mots très courants sont présentés aux enfants qui doivent les reconnaître sans les décortiquer. Certains parents peuvent alors penser à une méthode globale », on n'a qu'une envie, c'est d'ajouter qu'ils ont bien raison. Car c'est la méthode globale à la française ; c'est-à-dire que c'est exactement ce que refusent les parents *sous le nom* – pas tout à fait mal venu – de méthode globale. Que l'on passe ensuite à une approche synthétique des mots autorise à parler de méthode « semi-globale » ; mais ce n'est pas du syllabique pur. À ce titre, les derniers mots du psycholinguiste, censés nous rassurer sur la prévalence du syllabique, sont intéressants : « l'enseignement de la lecture s'est toujours fait de manière plus ou moins syllabique ». « Toujours plus ou moins », cela peut vouloir dire « parfois assez peu ». Gérald Roux démontre donc que le syllabique a bel et bien déserté les classes au profit d'une méthode qui, sans être la méthode globale, s'en inspire fortement et fait intervenir l'apprentissage syllabique trop tard pour que l'élève bénéficie vraiment de ses bienfaits. Contrairement à ce qu'il croit triomphalement avoir démontré (« Eh bien c'est faux ! [...] CQFD ! »), on retient de son papier que le propos de Marion Maréchal-Le Pen n'est pas faux. Il pêche seulement par son exagération. Et Gérald Roux ne dit pas « exactement l'inverse » : malgré tous ses efforts, il le nuance un peu, c'est tout. On constate qu'il ne se livre pas à une entreprise de désinformation ; il a seulement soin de présenter la réalité de telle manière qu'elle paraisse autre qu'elle n'est, mais sans rien dire de faux... sauf quand il proclame que le discours de la députée est « faux ».

Moins d'un an plus tard, David Pujadas consacre le grand dossier de son journal de vingt heures aux méthodes de lecture. Le reportage porte sur de récentes études démontrant la supériorité avérée de la méthode syllabique en termes d'efficacité et de vitesse d'apprentissage. Là n'est pas le problème puisque l'émission de France Info ne visait pas à contester la supériorité du syllabique mais à nier la présence et même l'influence de la méthode globale. Or, voici ce qu'affirme la journaliste dès le début de son reportage : « la vieille méthode syllabique est aujourd'hui largement délaissée au profit des méthodes globale ou semi-globale ». N'est-ce pas exactement ce que disait Marion Maréchal-Le Pen ? Alors, « faux » ? Comme toujours en matière de politiquement correct, il faut souligner la grande hypocrisie qui règne dans les sphères politiques et médiatiques. Les mêmes qui plaident pour des méthodes novatrices ou nient l'utilisation de celles-ci dans notre pays paient très cher pour que leurs enfants profitent exclusivement des méthodes traditionnelles.

Il suffit de consulter la documentation informative et promotionnelle des cours privés fréquentés par les enfants de l'élite pour se rendre compte que ces institutions justifient leurs tarifs, entre autres choix pédagogiques « à l'ancienne », par la promesse de l'enseignement syllabique pur. En outre, quand on écoute Gérald Roux, on peut se demander quel est l'objectif de son discours : les parents qui l'écoutent savent fort bien ce qu'il en est, sans parler des enseignants. Son but n'est pas de convaincre : il est de rappeler la *doxa* officielle, non pas tant ce qu'il faut penser, mais ce qu'il convient de *dire*, l'idée étant de rendre malaisée l'énonciation publique de la vérité. Craignant de passer pour déviant, infréquentable ou dangereux, le quidam hésitera avant de révéler à son interlocuteur le fond de sa pensée. La maman tâtera longuement le terrain avant de confier aux autres parents d'élèves : « vous avez vu comment elle leur apprend à lire, Mme Machin ? Pour réparer les dégâts, je viens d'acheter telle méthode. J'espère qu'il n'est pas trop tard ». On comprend l'importance de cette mission qui incombe au Journaliste, de maintien de la paix sociale en tous domaines, quand on fait le parallèle avec des affaires sanitaires comme celle du sang contaminé : que l'État puisse se rendre complice d'un dommage à grande échelle pour la collectivité est la cause de scandales monstrueux qui entament durablement la confiance dans les dirigeants et peuvent mettre en danger la stabilité du régime. Il n'est pas question de laisser dire que des générations entières sont sacrifiées sur l'autel de l'expérimentation pédagogique (l'exigence de *faire autrement qu'autrefois* parce que tout ce qui se fait aujourd'hui est nécessairement mieux qu'autrefois, parce que nous sommes tellement plus savants, intelligents et doués qu'autrefois) avec la complicité des autorités de l'État, tandis que les enfants de l'élite fréquentent des institutions dont le prix est lié à la garantie d'un enseignement qui a fait ses preuves et permet l'accès à cette excellence qu'on refuse au petit peuple. Que cela se sache est une chose, qu'on le laisse dire en est une autre : c'est ouvrir la voie à la Révolution. En ce sens, le rôle du Journaliste est comparable à celui d'un étouffoir, d'une pédale de sourdine.

Que l'on se rassure : il semble que s'amorce le retour en grâce officiel de la méthode syllabique, mais sous un autre nom, moins idéologiquement marqué. Il est vrai que la méthode globale semble particulièrement difficile à défendre, c'est pourquoi on a inventé le subterfuge consistant à dire qu'elle n'a jamais existé ou presque : cela permet d'imputer ses ravages à la méthode syllabique. Mais personne n'est dupe. C'est encore plus vrai que sur tous les autres sujets. La *doxa* que nous rappelle Gérald Roux à grand renfort de contorsions, absolument personne n'y croit et on ne se trompe sans doute pas en disant que Gérald Roux lui-même, n'y croit pas. Or le Journaliste a besoin de croire à ce qu'il dit, ou de ne pas trop en douter. Sur les méthodes de lecture, sa foi flanche. Il se sent très seul à dire ce qu'il dit. On a vu le changement s'opérer, par exemple, avec le reportage diffusé au 20 h de Pujadas. Ajoutons que les journalistes, même très marqués à gauche, ont réservé un accueil chaleureux[179] à un essai intitulé *Réapprendre à lire*[180] et signé de deux sociologues non suspectes de connivence avec l'« extrême droite », qui n'hésitent pas à réhabiliter les méthodes anciennes contre les « pédagogies progressistes ». Elles ont tout compris : elles savent qu'on ne peut dire du bien de la méthode syllabique, trop idéologiquement marquée[181]. Alors, elles la désignent sous son autre nom, moins connu : « méthode explicite ». Le Journaliste respire.

De « folles rumeurs » propagées par une « proche d'Alain Soral »

Un scandale similaire sous-tend l'affaire de la « JRE » (journée de retrait de l'école). Une association (Égalité et réconciliation) conseillait aux parents de retirer leurs enfants de l'école en signe de protestation contre la mise en place du dispositif *ABCD de l'Égalité*. À la radio comme à la télévision, le Journaliste dénonça vigoureusement les mises en garde alarmistes envoyées aux familles par l'association : imposition de la théorie du genre, initiation à la masturbation, etc. « Faux ! » aurait pu lancer Gérald Roux. « Faux » sans doute, mais fallait-il, comme le firent la majorité des journalistes, dénoncer de « folles rumeurs »[182] en évitant soigneusement de mener le travail de – de quoi déjà ? ah oui ! – « décryptage » qui s'imposait pour découvrir l'origine de ces rumeurs ? L'affaire fût apparue sous un jour plus trouble, alors que le Journaliste s'employait à la présenter comme extrêmement simple. Si l'on choisissait de trouver ces rumeurs extravagantes, il fallait, par souci de cohérence, porter le même jugement sur le texte – bien réel – qui les avait suscitées : certes, pas les dispositions des *ABCD de l'Égalité* ; mais un rapport de l'OMS intitulé *Standards pour l'éducation sexuelle en Europe* et daté de 2010 à la page 38 duquel il était prescrit d'« informer l'enfant sur le plaisir et la satisfaction liés au toucher de son propre corps, la masturbation enfantine précoce »[183]. Révéler le contenu de ce document officiel aurait permis de rééquilibrer le débat en montrant que l'idée d'initiation précoce à l'auto-érotisme n'était pas née de l'imagination des opposants aux *ABCD de l'Égalité*. En passant ce texte sous silence, le Journaliste orientait l'opinion en discréditant comme extravagante une rumeur qui n'était peut-être pas si infondée que cela. En criant au scandale sans creuser l'origine de la rumeur, le Journaliste a donc semé la confusion sur les données du problème. Qu'est-ce qui était scandaleux au final ? Le mensonge ou le contenu du mensonge ? Qu'effectivement, on initie précocement les enfants à la sexualité ? Ou que certaines personnes *prétendent* qu'on initiait précocement les enfants à la sexualité ?

Comme d'habitude, l'effet obtenu fut exactement l'opposé de celui que recherchait le Journaliste en dénigrant la « JRE », étant entendu que, bien sûr, au silence sur l'origine de la rumeur, s'ajoutèrent les mises en garde idéologiques : la JRE était organisée par Farida Belghoul, une « proche d'Alain Soral ». « Proche d'Alain Soral », c'est l'équivalent de « sulfureux » ou « controversé ». C'est une expression qui veut dire « pas bien », un émoticône avec la bouche à l'envers. Je n'affirme pas ici, pour le seul plaisir de contredire le Journaliste, qu'Alain Soral est quelqu'un de sympathique. Mais voici ce qui est vraiment intéressant à son propos : mis à part quelques politologues spécialistes des groupuscules marginaux, personne ne sait qui est Alain Soral. Et personne non plus ne s'emploie à nous l'apprendre. Il est un peu comme Goldstein dans *1984* : une figure du méchant dont on ne sait rien, pas même s'il existe vraiment. Mais quand on veut détruire quelqu'un, on l'accuse de proximité avec Goldstein. La formule qui se voulait répulsive fit au contraire une formidable publicité au mouvement de Farida Belghoul (et sans doute à Soral-Goldstein) et celle-ci put se féliciter de la notoriété de ses sites internet, où l'on trouvait, de fait, toute la documentation (textes officiels, matériel pédagogique utilisé dans certaines classes, témoignages d'enseignants et de parents) susceptible d'étayer la prétendue rumeur et de prouver, contre le discours du Journaliste, qu'elle n'en était peut-être pas une. Comme nous l'avons déjà noté, le scrupule moral du Journaliste est parfois contreproductif ; en se refusant à donner une information qu'il estime dangereuse, il pousse son auditeur à chercher par lui-même et à trouver, non seulement l'information en question, mais un faisceau d'éléments supplémentaires qui vont dans le sens opposé à la position défendue par les médias de masse. Comment s'étonner, dans ces conditions, qu'un récent sondage place les journalistes parmi les professions qui inspirent le moins de confiance aux Français[184] ? Information relayée avec une certaine gêne par les principaux intéressés...

Il faut y insister : c'est seulement parce qu'il veut préserver l'ordre par la volonté de ne pas dire ce qui pourrait y nuire, que le Journaliste court le risque du discrédit, en passant pour dissimulateur et hypocrite, voire manipulateur. En effet, à l'inverse, un journal engagé comme *Libération* cite le rapport *Standards*, certes pas pour en approuver explicitement le contenu mais, du moins, sans le condamner en rien[185].

Mais un autre aspect du traitement médiatique de la JRE doit être souligné. Le Journaliste souhaitait manifestement – et très logiquement – présenter les parents choisissant de retirer leurs enfants de l'école comme de pauvres naïfs manipulés. Il se plut donc, pour forcer le trait, à montrer plutôt des mères de familles musulmanes, afin de jouer sur l'image de la femme illettrée et vulnérable, proie facile de rumeurs grotesques. Pourtant, à partir des mêmes images, on pouvait mettre en évidence un scandale qui ne fut presque pas mentionné, y compris par les opposants au projet. Le choix d'expérimenter le dispositif dans des écoles publiques situées dans des quartiers populaires donnait l'impression que l'élite utilisait comme cobaye la progéniture des pauvres, tout en préservant ses propres enfants.

Rien de nouveau. Il en va ainsi de tous les dispositifs présentés comme de formidables progrès dans l'éducation : les méthodes pédagogiques les plus grotesques, de même que les produits informatiques derniers cris, suscitent l'illusion d'un élan d'innovation au service du savoir, d'une dynamique du changement et de l'expérimentation permanente qu'il serait, nous dit-on, souhaitable de généraliser. Cependant, redisons-le, les maîtres à penser de la pédagogie moderne, de même que les ministres et, plus généralement, les familles qui en ont les moyens ou se saignent aux quatre veines pour se les procurer, inscrivent leurs enfants dans des institutions onéreuses où l'on paie justement pour être préservé de toutes ces formidables avancées. La France n'est pas une exception en la matière : à l'heure de la révolution numérique en pédagogie, tandis qu'on s'apprête à débourser des sommes exorbitantes pour équiper les établissements en matériel informatique, on apprend qu'aux États-Unis, les dirigeants d'*Ebay, Google, Apple* et *Yahoo*, maîtres du monde numérique, scolarisent leurs enfants dans des *computer-free schools*, des écoles sans écran[186]... Les *ABCD de l'Égalité* auraient donc pu être l'occasion de révéler ce scandale-ci : les personnes qui accaparent le pouvoir et l'argent ont soin de protéger leurs propres rejetons des dispositifs éducatifs qu'elles préconisent pour les enfants des autres.

La question n'est pas de savoir si c'est vrai

Un élément prouvant que le Journaliste entend avant tout vérifier l'adhésion au dogme afin de maintenir l'ordre, et non point faire connaître des vérités éventuellement dérangeantes, c'est l'argument dominant brandi lors de ce qu'on a appelé l'« affaire Zemmour », du nom de cet intellectuel officiellement pourfendeur du politiquement correct et donc trublion assumé. Le propos incriminé était le suivant : « la plupart des trafiquants sont noirs et arabes. C'est un fait. » On contesta la légitimité de cette assertion en prenant pour prétexte son impact : c'est grave de dire cela. L'avocat Philippe Bilger signala que la question était plutôt de savoir si cette phrase était vraie : le problème que posait l'assertion d'Éric Zemmour tenait à ce qu'il eût ajouté « c'est un fait », conférant à son observation valeur de vérité. Il fallait donc vérifier si ce qu'il disait était exact, auquel cas on n'avait aucune raison valable de lui interdire de l'affirmer. Pour avoir formulé cette mise en garde de bon sens, Philippe Bilger fut sévèrement rappelé à l'ordre[187]. Il y avait là un sujet d'investigation, d'*information* ; le Journaliste aurait pu s'emparer de la question, enquêter, fournir les chiffres validant ou invalidant la déclaration d'Éric Zemmour. Mais rien. Que cela fut vrai ou non importait peu. S'il n'existait pas de statistiques sur la question, c'est qu'il était interdit d'en produire. Et le Journaliste sait se montrer docile quand il estime que tel est son devoir.

Ce qui importait dans cette affaire, c'est que ce propos était contraire au dogme que l'on pourrait formuler par cette maxime bien connue : « l'immigration est une chance pour la France ». Comme tout point de dogme, cette phrase a pu être mal comprise. Beaucoup ont pensé, et cela donne lieu à des rancœurs malvenues, qu'elle signifiait que les immigrés eux-mêmes, en tant que personnes, étaient une chance pour les Français. Prenant prétexte de la part importante d'immigrés dans la petite délinquance quotidienne et des problèmes de cohabitation culturelle, certains considèrent ce slogan de la tolérance comme mensonger. Les internautes fréquentant les sites identitaires désignent même désormais ironiquement les immigrés, surtout d'origine arabo-africaine, comme des « CPF » (chance pour la France) : « je me suis encore fait arracher mon sac par un CPF » (dans le même ordre d'idées, on parle aussi du « padamalgam » et des « HLPSDNH »[188]). Ils pensent ainsi souligner la contradiction d'un discours qui leur présente la rencontre avec l'immigré comme une chance alors qu'elle est souvent, selon eux, l'occasion d'une déconvenue plus ou moins grave. Mais l'opposition autour de cet énoncé s'est construite sur un malentendu. L'expression selon laquelle « l'immigration est une chance pour la France » n'a pas besoin d'une exégèse subtile et signifie strictement ce qu'elle dit : en termes démographiques et économiques, l'immigration (et le Journaliste le rappelle souvent, chiffres à l'appui) serait indubitablement une chance pour la France (on dit aussi « une richesse »). Même le dealer et le proxénète sont, dans les chiffres, une chance pour le pays. Celui qui se plaint de s'être fait voler son nouveau portable par un « CPF » n'a qu'un point de vue étriqué, réduit à ses petites contrariétés. S'il était capable de prendre de la hauteur et de considérer la situation avec un peu de rigueur scientifique, il verrait que la présence même de ce « CPF » est bel et bien une chance pour son pays, et il saurait minimiser le dommage dont il a fait les frais. C'est la noble tâche qui incombe au Journaliste, que de tenter d'estomper chez le tout-venant sa perception biaisée, car individuelle, du phénomène de l'immigration. On constate toutefois que seuls les individus d'un niveau d'éducation élevé sont capables de cette prise de distance salutaire vis-à-vis de leurs tracas personnels. Le jeune Foucault G., victime d'une agression dans un bus dans la nuit du 6 au 7 décembre 2008 (agression dont la vidéo sera diffusée sur un site internet quelques mois plus tard à l'initiative d'un policier) a développé un discours exemplaire en la matière. Il a expliqué, notamment, que l'affrontement avait commencé quand il avait voulu « par instinct » récupérer son portefeuille dans les mains du malfrat ; au lieu, comme bien d'autres auraient été tentés de le faire, de considérer que l'altercation débutait avec le vol du portefeuille, ce qui aurait fait porter la responsabilité des faits sur le voleur. Foucault G. s'employa, en outre, à minimiser les séquelles psychologiques et physiques de son agression et porta plainte contre ceux qui contribueraient à faire circuler cette vidéo. Mais cette aptitude à l'abnégation et à la modification opportune de la vérité au profit de l'ordre (le policier, en voulant donner à voir la réalité quotidienne du Noctilien sur certaines lignes, devenait le fauteur de troubles), parfaitement dans la ligne de ce que prône la presse, ne peut être exigée de tous. En l'occurrence, Foucault G. était élève à Sciences-Po. Son niveau intellectuel lui permettait de trouver les mots pour désamorcer la charge de révolte suscitée par sa propre agression. Les mauvais esprits y virent le syndrome de Stockholm, les mêmes qui n'acceptent pas l'idée qu'on puisse manipuler pour la bonne cause et préfèreraient une crise de violence purificatrice au confort du mensonge permanent[189]. « L'immigration est une chance pour la France », ce n'est probablement ni tout à fait vrai, ni tout à fait faux ; ou bien c'est à la fois l'un et l'autre, comme on veut. Peu importe. C'est ce qu'il faut penser, ou du moins ce qu'il faut dire. Alors disons-le.

« Des convictions en forme d'évidence »

En 2000, l'écrivain et économiste Alain Minc avait affirmé que la nécessité du passage à la monnaie unique européenne était pour lui une « conviction en forme d'évidence »[190]. Ce faisant, il explicitait de manière très lucide le caractère irrationnel d'un pré-pensé contestable et pourtant incontesté. Le dogme d'Alain Minc a été parfaitement intériorisé par les médias. Ce qui est surprenant c'est que, sur ce sujet comme sur d'autres, le Journaliste ne paraît pas se rendre compte que sa conviction est déjà un parti-pris et témoigne de son adhésion à une croyance. Nous retrouvons Marie-Ève Malouines déjà citée plus haut, mais cette fois lors d'une discussion sur la montée des souverainismes en Europe. François d'Orcival, éditorialiste à *Valeurs Actuelles*, vient de déplorer que l'eurocepticisme soit méprisé comme une opinion sans valeur et sans avenir. Marie-Ève Malouines l'interrompt pour faire remarquer que personne ne porte de tels jugements et qu'il s'agit plutôt d'une stratégie d'auto-victimisation de la part des tenants de cette ligne hostile à la construction de l'Union Européenne. Et elle ajoute : « Nous sommes journalistes. On ne porte pas de jugement de valeur. On peut constater que l'Europe tourne le dos à sa tradition d'accueil et à sa vocation naturelle à l'élargissement. Ce n'est pas un jugement de valeur, c'est un fait ». François d'Orcival a juste le temps d'opposer un « si, c'est bien un jugement de valeur » ; on ne le laisse pas développer. Il a raison. Mais on peut être certain que Marie-Ève Malouines croit sincèrement ce qu'elle dit. Elle pense énoncer un « fait », un « constat [...] », de manière totalement désengagée et conforme à l'éthique de neutralité qu'elle associe au journalisme. Pourtant, l'expression « tourner le dos » est dépréciative ; elle montre que la journaliste désapprouve le changement en cours. Le renoncement ainsi dénoncé porte, selon les termes de Marie-Ève Malouines, sur la « tradition d'accueil » : là, ce sont des termes très positifs qui traduisent l'adhésion de la journaliste à une certaine vision de l'Europe. Elle prend donc position dans le débat de manière polémique, qu'elle (se) l'avoue ou non. Enfin, la notion de « vocation naturelle à l'élargissement » relève non seulement d'une lecture partiale des faits mais même de la manipulation. En effet, elle laisse entendre qu'il y aurait une forme d'inexorabilité du processus d'élargissement, dans la mesure où celui-ci serait naturel. S'y opposer est donc une position contre-nature, idée que renforce la métaphore de la « vocation », car l'idée de *vocation contrariée* qu'elle induit est nettement négative. Bien sûr, dans la mesure où l'élargissement ne concerne pas l'Europe comme entité géographique mais bien comme structure politique, par définition non naturelle, cette idée d'élargissement correspond à un projet politique porté par certains théoriciens de l'Europe dans une conjoncture donnée. Elle n'est ni « vocation » ni « naturelle ». Elle peut être soutenue ou récusée. Le propos de Marie-Ève Malouine est clairement une déclaration d'adhésion à un projet politique précis, à une certaine conception de l'Union Européenne. Mais cette adhésion n'est pas assumée pour ce qu'elle est – une prise de parti. Elle est tenue pour une évidence implicite à tout discours sur l'Europe.

Une croyance irrationnelle mais tenace

En rencontrant le préjugé d'inexorabilité, on met le doigt sur un présupposé très répandu dans le discours journalistique, celui du sens de l'histoire. Il faut en dire un mot. Quand on entend ou quand on lit que « le mariage homosexuel est déjà autorisé dans 10 pays »[191], que « plusieurs pays européens ont déjà adopté des législations autorisant certaines formes d'euthanasie »[192], que « dans le monde, [la peine de mort] est encore légale dans une centaine de pays » et qu'aux États-Unis « elle est encore appliquée dans 34 états »[193], on reçoit des informations vraies, rigoureusement chiffrées, mais orientées. « Déjà », « encore », « pas encore » inscrivent les phénomènes sur un axe temporel dont le terme est déjà fixé. La représentation linéaire du temps par une ligne à l'extrémité droite de laquelle on place une flèche est une commodité de figuration. C'est le propre des pensées millénaristes, dont l'essence est religieuse, que d'interpréter cette petite flèche directionnelle comme le symbole d'une progression inéluctable vers un avenir pré-écrit. Le Journaliste est un croyant ; il ne se pose pas la question de savoir s'il est pour ou contre l'euthanasie, l'avortement, l'abolition de la peine de mort, le mariage homosexuel, la légalisation du cannabis, etc. Il sait que cela va dans le sens de l'histoire, que c'est inévitable et par conséquent, il soutient tout changement présenté comme positif parce que la raison lui dit qu'on ne peut pas aller contre l'histoire. Son discours s'émaille alors de ces petites indications temporelles qui sont censées nous permettre de situer tel pays sur l'axe du progrès.

On rend souvent hommage aux Lumières de nous avoir donné cette foi dans le progrès. Pour le Journaliste, comme pour un grand nombre de candidats aux grandes écoles les plus prestigieuses (j'ai pu le constater), l'histoire se réduit à la succession de trois époques majeures : le Moyen-Âge (période de malheur et d'obscurantisme), les Lumières (où la vérité illumine enfin le monde), et aujourd'hui (avec cette certitude que l'homme n'a jamais été aussi libre, aussi intelligent, aussi heureux qu'aujourd'hui). Outre que la notion de Moyen-Âge permet d'engloutir allègrement dans un gouffre sombre tous les siècles qui puent le christianisme, on fait l'impasse sur un moment très important de l'histoire : la crise des Lumières. Moment où l'on pointe la plus grande contradiction de ce mouvement intellectuel : avoir voulu éradiquer les croyances au nom de la raison, et leur avoir, en réalité, substitué une autre croyance, non moins irrationnelle, la foi dans le progrès. Cette crise ouvrira la voie au Romantisme, règne de l'imaginaire, de la sensibilité, du rêve assumé contre la raison triste ; époque du grand retour de Dieu ; époque aussi de fascination pour la beauté de l'époque médiévale.

En fait, en imaginant qu'on accepte la thèse du progrès inéluctable et invincible (thèse déjà chancelante en soi : on sait, par exemple, que la femme du XIIIe siècle jouissait d'une bien plus grande liberté que celle du XIXe), ce qui reste étrange c'est de prétendre en connaître les critères. À moins que d'être dans le secret des dieux, personne ne peut se targuer de connaître le sens de l'histoire, si tant est qu'il existe…

Mais ne nous contentons pas de blâmer les mauvaises pratiques. Voici, sur l'exemple du mariage homosexuel, un bref article totalement neutre proposé sur leMonde.fr. Sous le titre « L'homosexualité : un crime dans de nombreux pays d'Afrique et du Moyen-Orient », le site propose une carte interactive indiquant les peines encourues par les personnes ayant choisi de vivre une sexualité homophile et accompagne le document de ce court commentaire : « L'homosexualité est réprimée dans de nombreux pays dans le monde. Selon notre décompte, 84 États (ou parties d'État) font de l'homosexualité un crime ou un délit. Certains de ces pays condamnent l'homosexualité, tandis que d'autres condamnent uniquement l'homosexualité masculine ou encore uniquement la sodomie, quel que soit le sexe »[194]. Ce court texte est remarquable de neutralité à tous points de vue et pourrait servir d'exemple à suivre. Le fait d'inclure dans l'étude les pays condamnant la sodomie quel que soit le sexe du partenaire relève d'un souci louable d'exhaustivité et de précision qui montre, en même temps, la difficulté de réduire le problème à la condamnation d'une orientation sexuelle et donc à de l'« homophobie ».

Lorsque l'Espagne a envisagé récemment une modification de la loi sur l'avortement, beaucoup de journaux ont titré sur « le retour en arrière »[195] et une journaliste de France Info a introduit son sujet en parlant d'une « incroyable régression sociale ». Pour beaucoup de journalistes, c'était une évidence que l'Espagne allait à contre-courant et tentait de s'opposer à la marche du progrès. Mais après tout, selon un autre point de vue, ce pourrait être un progrès incroyable que d'accepter dans la grande fraternité des hommes tout individu avant même sa naissance, progrès dont nos sociétés arriérées qui perpétuent et justifient des pratiques barbares ne seraient pas encore capables. À l'inverse, on peut, c'est vrai, considérer que la liberté de la femme se mesure au nombre de ses partenaires sexuels et qu'elle est inversement proportionnelle à celui de ses enfants. Dans ce cas, abolir la fécondité sera peut-être l'aboutissement ultime de la libération des femmes.

Comme toutes les religions et toutes les utopies, la pensée du Journaliste est donc porteuse d'une théorie du sens de l'histoire. Le Journaliste ne craint rien tant que de rater le train du progrès. Il suffit de présenter le changement que l'on prône comme une *évolution* et ses détracteurs comme des *réactionnaires* pour que le Journaliste concocte des reportages *ad hoc* sur des cas particuliers (pour personnaliser le problème), empesés de charge émotionnelle, afin de faire accepter par la masse ladite évolution. Certaines personnes s'accoutumeront à l'idée que c'est un « pas en avant », au point d'adhérer à cette cause en pensant qu'on ne peut pas aller contre le sens de l'histoire, sans se rendre compte que c'est à elles de faire l'histoire et qu'elles ont la possibilité d'empêcher ce que d'autres finiront évidemment par défaire. Mais certaines autres ne soutiendront jamais vraiment ce qui leur est présenté comme une évolution inéluctable et c'est par capitulation qu'elles renonceront à lutter contre ce qu'elles *croient* inévitable. Toute artificielle qu'elle soit, la théorie du sens de l'histoire, à laquelle le Journaliste accorde vraiment foi, a donc une réelle efficacité. Elle désarme idéologiquement l'adversaire en suscitant chez lui un sentiment négatif particulièrement démobilisant : le découragement. Comme nous l'avons déjà dit, il est probable que, dans ce processus, le Journaliste soit avant tout l'idiot utile qui se met bêtement au service de causes dont il ne comprend pas les enjeux.

Ainsi, sur les questions d'éthique et de société, le Journaliste soutient systématiquement tout ce qui ressemble de près ou de loin à la levée d'un tabou ou d'un interdit, persuadé que c'est cela, le sens de l'histoire, et peu désireux de tirer les conséquences de cette position : ce principe ne peut dicter qu'une fuite en avant aboutissant à un retour de l'homme à l'état sauvage, fût-ce dans le confort de l'innovation technique. La plupart du temps, il s'agit seulement, pour des personnes voulant en finir avec la conception chrétienne de l'homme, de revenir à des mœurs qui avaient cours dans les sociétés préchrétiennes. Ce que le Journaliste prend pour le summum du progrès est donc un énorme saut en arrière qu'il devrait, en toute logique, considérer comme une *régression positive* ; et pourquoi pas ? Enfin, il faut souligner que l'idée du sens de l'histoire suppose une homogénéisation de l'humanité, ce qui est en contradiction avec l'obsession relativiste qui irrigue le discours du Journaliste, même s'il est vrai que, chez lui, le respect de la différence s'arrête là où commence le dogme.

Un progressisme timide

Le dogme dont on parle ici est, par nature, un corpus d'idées perpétuellement variables puisque, en posant l'impératif absolu du progrès, il érige le changement en nécessité. C'est aussi un dogme qui s'appuie sur les exceptions pour refonder en permanence la règle générale. Ce dogme, nous l'avons déjà dit, est assorti d'une morale de l'état de fait : telle chose existe donc autant en prendre acte et l'« encadrer ». Néanmoins, il faut le répéter : le Journaliste n'est que moyennement progressiste.

Quand le Cardinal Barbarin déclare, pendant le débat de la loi sur le mariage homosexuel : « Après, ça a des quantités de conséquences qui sont innombrables. Après, ils vont vouloir faire des couples à trois ou à quatre. Après, un jour peut-être, l'interdiction de l'inceste tombera »[196], la presse grand-public qualifie ces propos de « dérapage ». Mais ils ne sont dérangeants que pour ceux qui condamnent la polygamie et l'inceste. Pour quelqu'un qui considère que les partenaires multiples simultanés et l'endogamie familiale sont monnaie courante et doivent être pris en compte (des *réalités qu'il faut encadrer*, selon la formule consacrée) dès lors que ces pratiques n'impliquent que des adultes consentants, les propos que Mgr Barbarin formule comme une crainte peuvent être repris tels quels comme expression d'un formidable « espoir » (c'est d'ailleurs le terme qu'emploie Jilian Keenan, intellectuelle new-yorkaise qui plaide en faveur de la légalisation de la polygamie[197]). Dans ce cas, on ne peut pas accuser le cardinal français de dérapage, seulement déplorer qu'il considère comme un danger ce qui représente, pour d'autres, un rêve : l'acceptation de toutes les sexualités. Deux points de vue divergents sur une réalité qui est bien « dans le sens de l'histoire ». En taxant Mgr Barbarin de dérapage, le Journaliste assume par avance d'être considéré *a posteriori* comme calamiteusement rétrograde. À moins qu'il ne participe consciemment à une opération de ce qu'on appelle couramment de l'*intox*, en choisissant de seconder la stratégie qui fut celle du gouvernement lors de la loi sur le « mariage pour tous ». Le « tous » excluait en fait beaucoup de monde. Mais il avait l'avantage d'être rassurant pour ceux qui s'opposaient à cette loi en leur confirmant que toute autre forme de sexualité n'aurait jamais droit de cité. On aurait aimé connaître les raisons de cette discrimination. Interrogé sur les propos du cardinal Barbarin, Nicolas Gougain, porte-parole de l'Inter-LGBT ne répondit pas « c'est effectivement ce vers quoi il faut aller, la reconnaissance de toutes les sexualités, je regrette juste que Mgr Barbarin s'en désole » mais il choisit stratégiquement de reprendre à son compte les préjugés du Journaliste contre la polygamie et l'inceste en qualifiant les mots du cardinal, qui mettaient sur le même plan que ceux-ci l'homosexualité, de « nauséabonds »[198]. C'était un message envoyé à toutes les âmes sensibles pour leur signifier : voyez, je suis quelqu'un de bien, je suis contre la polygamie et l'inceste. Mais M. Gougain eût probablement été bien en peine de justifier sa très discriminatoire répulsion.

Que se passe-t-il en fait ? « Décryptage » : les adversaires de la personne incriminée feignent de contester le *contenu* d'un acte de langage alors qu'ils en désapprouvent la nature. On reproche à Mgr Barbarin de prédire la légalisation de l'inceste et de la polygamie au prétexte qu'on a légalisé le « mariage gay ». Mais, en vérité, on lui en veut de présenter cette évolution comme négative. C'est donc la nature de l'acte de langage (ici, l'expression de la crainte) qui est visée.

Ceci vaut aussi pour la nature *supposée* de l'acte de parole, comme le montre l'exemple des propos tenus par Éric Zemmour dans le *Corriere della serra* du 30 octobre 2014. On l'accusa, sur la base d'une traduction fournie par Jean-Luc Mélenchon, d'avoir appelé à la « déportation » des musulmans. On constata rapidement, à la lecture du papier, que le mot *déportation* n'avait pas été prononcé par l'écrivain mais par le journaliste qui l'interviewait, lequel reconnut que même lui ne l'avait pas dit lors de l'entretien mais qu'il l'avait utilisé après coup pour résumer une question un peu longue[199]. Le débat se concentra donc sur la question de savoir, non point si le mot avait été ou non prononcé, mais s'il avait été pensé, ce qui devint rapidement grotesque. Voici la teneur exacte de l'échange qui valut au chroniqueur son éviction de la chaîne iTélé :

« Stefan Montefiori : Mais vous ne pensez pas que ce soit irréaliste de penser qu'on prend des millions de personnes, on les met dans des avions...

Éric Zemmour : ou dans des bateaux...

SM :... pour les chasser ?

ÉZ : Je sais, c'est irréaliste, mais l'histoire est surprenante. Qui aurait dit en 1940 qu'un million de pieds-noirs, vingt ans plus tard, seraient partis d'Algérie pour revenir en France ? »

On peut résumer cela en disant qu'Éric Zemmour *évoque* la déportation des musulmans, ce n'est pas choquant en soi. Mais quelle est la *nature* exacte de cette évocation ? Un souhait ou une crainte ? On peut très bien imaginer les mêmes propos dans la bouche, par exemple, de Dalil Boubakeur, ou – pourquoi pas – de Dominique Sopo qui, à la tête d'*SOS-Racisme*, fut le plus insistant de ceux qui demandèrent le licenciement d'Éric Zemmour. Le parallèle avec l'exode des pieds-noirs est très clair : Zemmour ne présente pas la déportation des musulmans comme un phénomène positif, il le met sur le même plan que l'un des plus grands traumatismes de notre histoire nationale récente. C'est une évidence, il ne s'agit pas d'un souhait mais d'un pronostic et, qui plus est, d'un pronostic abominable. Éric Zemmour considère la déportation organisée des musulmans de France comme le point d'aboutissement d'une situation intolérable, devenue intenable, d'échec de l'intégration et de dissolution de la nation au profit des communautarismes.

« Farfelu », alors chut !

Le *Rapport annuel 2014* d'SOS-Homophobie répertorie parmi les provocations « farfelu[e]s » ayant émaillé le débat sur le mariage gay cet amendement de Jacques Bompart en faveur de l'« ouverture du mariage aux polygames, aux incestueux et aux amateurs de jeunes mineurs »[200]. Cela dénoncé, le rapport passe à d'autres exemples, sans prendre le temps de démontrer en quoi cet amendement était « farfelu ». De même lorsqu'il s'agit de pointer les propos d'Éric Zemmour : « Sur iTélé, Éric Zemmour étale une nouvelle fois son homophobie sans complexe en fustigeant le "lobby gay", en qualifiant les familles homoparentales de "mythe idéologique". Il finit sa diatribe en faisant le parallèle entre mariage de couples homos et inceste, polygamie : "À partir du moment où l'amour est le seul critère du mariage, on peut tout accepter : et la polygamie, et l'inceste, et le mariage des frères et sœurs. Moi, j'aime ma fille, je vais l'épouser." »[201] Éric Zemmour met ici en œuvre ce que la rhétorique appelle « l'argument du ridicule », qui consiste à montrer qu'en tirant toutes les conséquences de la position adverse, on aboutit à des idées intenables au point de vue moral ou logique : « Sera ridicule non seulement celui qui s'oppose à la logique ou à l'expérience, mais encore qui énoncera des principes dont les conséquences imprévues le mettent en opposition avec des conceptions qui vont de soi dans une société donnée, et qu'il n'oserait pas heurter lui-même. »[202] Éric Zemmour entend montrer qu'en l'absence d'argumentation appropriée, l'arsenal discursif déployé par les partisans du mariage gay est applicable tel quel pour défendre la légalisation de n'importe quelle sexualité, à partir du moment où les tabous moraux sont levés. Les rédacteurs du rapport passent directement à la citation d'un autre journaliste sur la question de l'ouverture de la PMA aux lesbiennes. Le point de vue d'Éric Zemmour est à considérer comme incontestablement « farfelu » mais on ne nous dit pas en quoi. En effet, dans la mesure où ce qui était « farfelu » hier est aujourd'hui entré dans les mœurs, pourquoi ce qui est « farfelu » aujourd'hui ne deviendrait-il pas tout à faire acceptable demain ? Cela appellerait, de la part des rédacteurs du rapport, une réfutation en bonne et due forme. Or, cette assertion est juste posée comme une évidence indémontrable, selon le procédé de la pétition de principe. Elle n'est donc rien d'autre qu'un préjugé. Utile, pour le moment.

Utile notamment pour fournir au Journaliste le discours qui lui convient : modérément progressiste. Comme on lui dit que c'est farfelu, le Journaliste dit (et pense) que c'est farfelu.

Souvenons-nous de cette phrase cité au début de notre travail : Edward Bernays insiste sur le fait que le Journaliste « ne se pose pas la question de savoir si telle information est ou non de la propagande. L'important est qu'elle soit d'actualité. » C'est vrai, mais certains faits d'actualité font plus de bruit que d'autres. Et là, la responsabilité du Journaliste est engagée. C'est l'autre mode de participation à la communication en faveur de la loi Taubira : la manière dont le Journaliste répercuta les revendications en faveur de la reconnaissance d'autres formes de sexualités, dont les adeptes n'ont guère apprécié d'être exclus du « tous ». « Farfelu » étant le mot d'ordre, il ne fallait pas donner l'occasion à ces personnes d'être entendues du grand-public. Ainsi, une affaire d'inceste dont une des protagonistes regrettait que les gens ne soient « pas prêts » à accepter une « histoire comme la nôtre » n'a guère reçu d'écho au-delà de la presse locale, ni suscité de réactions[203]. La manifestation des Mahorais en faveur de la re-légalisation de la polygamie (interdite depuis 2010 dans l'île) n'a été connue dans l'hexagone que par le biais des opposants à la loi Taubira[204]. Il est vrai que ces Noirs musulmans en costume traditionnel ne donnaient peut-être pas une image assez moderne de la polygamie au goût de certains. Quant à la notion de « trouple », tellement plus exaltante, elle aurait pu être mise sur le devant de la scène lors du débat sur le mariage pour tous. Elle avait notamment bénéficié de l'électrochoc provoqué par un article de Lionel Labosse, qui plaidait pour l'instauration, en lieu et place du mariage, d'un « contrat universel à plusieurs »[205], texte pourtant très récent qu'on eut soin de ne pas déterrer au moment où la priorité était de blâmer le Cardinal Barbarin. Parce que « farfelu » était le mot d'ordre.

Mais d'autres faits divers bénéficieront d'une médiatisation plus intense. Il faudra « faire bouger les mentalités » et pour cela, on l'a dit plus haut, il faudra changer les mots. Parce que polygamie et inceste, tout de même, cela ne sonne pas bien. Il faut préparer les mentalités, y compris – et surtout – celles des homosexuels, qui pour l'instant, n'apprécient guère qu'on puisse mettre leur mode de vie sur le même plan que des sexualités *perçues comme* des déviances ; il faudra les amener à comprendre que tout cela va dans le sens de l'histoire.

En Allemagne, la médiatisation du couple formé par Patrick Stübing et sa sœur Susan Karolewski a, comme on dit, « ouvert le débat » (euphémisme qui signifie toujours *faire avancer la cause/changer les mentalités*). En septembre 2014, le Conseil d'Ethique estima, suite à la condamnation pénale des intéressés en 2012, que le droit n'a pas pour rôle de « protéger les tabous » et de fixer les « barrières morales »[206].

La cause de la pédophilie avancera sans doute aussi, comme toujours, à grands coups de faits divers médiatiques ; ainsi, récemment, la justice italienne a-t-elle reconnu l'existence d'une « relation amoureuse » entre une enfant de 11 ans et un homme de 60 ans qui avait profité du manque affectif de la fillette consécutif à la désagrégation de sa famille pour la mettre dans son lit, « consentante » cela va de soi[207].

Les zoophiles ont leur chance : certains arguments feront mouche à coup sûr : l'assimilation du spécisme au racisme, la levée du tabou sur la proportion importante d'individus concernés par des fantasmes zoophiles (les forums de sexualité regorgent de scénarios imaginaires ou réels, la pratique étant le plus souvent expérimentale et occasionnelle), la mise en évidence de l'engagement des zoophiles en faveur de la cause animale[208] et la criminalisation des pratiques violentes (comme dans toute sexualité, il y a des actes délictueux qu'il faut interdire mais il ne faut pas rejeter en bloc cette sexualité, il faut l'encadrer, etc.). Reste à donner, au bon moment, une résonnance médiatique intense à un fait divers utile. Ou bien attendre qu'un film fasse « bouger les choses ». Cela marche très bien, aussi, les films.

Ce que j'essaie de dire, c'est tout simplement qu'aucune idée n'est « farfelue » en soi. Pour certains, le célibat consacré ou la chasteté prénuptiale sont farfelus. Pour d'autres, c'est le mariage gay. Pour d'autres encore, le fait qu'une femme sorte dans la rue en laissant voir ses chevilles est extravagant. Quant au fait de tomber amoureux d'un bel étalon (un vrai, avec quatre pattes et une crinière), elle n'est pas farfelue pour tout le monde. Une idée est farfelue en fonction du paradigme de pensée à l'aune duquel on l'évalue. On voit bien ici que, contrairement à ce qu'on prétend parfois, notre société n'est pas relativiste. Plus exactement, le relativisme ne représente qu'une étape stratégique qui permet d'élever une idée jusqu'alors farfelue au rang d'opinion respectable. Dans un second temps s'opère le changement de paradigme au terme duquel l'idée ancienne devient farfelue. Ce basculement progressif n'a pas besoin de complot, ni même d'une intelligence supérieure de la part de ceux qui l'espèrent. Le Journaliste fait bien son travail, les idées bonnes remplaçant les mauvaises.

Puissance de la suggestion

Mentionnons ici une dernière modalité du *dire sans dire* : la suggestion. Le 26 janvier 2010, à Paris, une manifestation est organisée par divers groupes d'opposants à la politique du Président François Hollande ; elle a été baptisée « Jour de colère ». France Info couvre l'événement et dans le cours du reportage on entend ceci : « [...] Le FN n'est officiellement pas présent mais ses idées sont partout [bruit de détonation]. Des échauffourées ont éclaté en fin de manifestation [...] ». Le bruit de détonation ressemble à celui d'une arme à feu. On ne nous dira pas ce qu'il en est (pétards des manifestants ? flash-ball des forces de l'ordre ?) et, par définition, la radio ne fournit aucune image. Tout se joue donc dans le domaine de l'*effet*, de l'*impression* et partant, de l'*imagination*. Mais ce qui interpelle plus encore, dans cet extrait de reportage, c'est la quasi concomitance entre cette détonation et le dernier mot de la phrase qui mentionne le FN. On notera que cette information est en elle-même problématique. S'il est intéressant et légitime – parce que c'eût été considéré comme logique – de signaler que paradoxalement ce parti ne participe pas au Jour de colère, l'expression « ses idées sont partout » est on ne peut plus elliptique. De quelles *idées* s'agit-il ? On n'a pas le temps d'y réfléchir que la *réponse* nous est fortement suggérée : le bruit de coup de feu réduit les idées de ce parti à la posture insurrectionnelle et à la violence factieuse. En fait, le bruit enregistré est censé illustrer la phrase suivante, sur les échauffourées de fin de cortège. Mais il est, malicieusement ou maladroitement, placé une fraction de seconde après le mot « partout ». Suit une pause, avant l'explication de l'origine de la détonation que sont les affrontements avec les forces de l'ordre. La suggestion a eu le temps d'opérer. FN = coup de feu.

Parfois cet effet de suggestion opère à l'insu du Journaliste lui-même. On est dans le domaine de l'acte manqué, du discours inconscient qui contamine l'information. Une journaliste vient de relater un attentat au Caire qui a fait de nombreuses victimes. Transition : « Un autre attentat à Rome cette fois mais c'est beaucoup moins grave c'est dans une église » (nous rendons compte, par l'absence de ponctuation, du débit homogène de la phrase). Suit une brève pause-respiration, après laquelle nous apprendrons pourquoi cet attentat est beaucoup moins grave que celui du Caire : à Rome, il n'y a eu que des dégâts matériels. Mais la phrase de transition laissait clairement entendre, même si ce n'était sans doute pas l'intention de la journaliste, que c'était parce qu'il avait eu lieu dans une église que l'attentat de Rome était d'une gravité bien moindre. On est au croisement du problème d'intonation (un défaut dont nous avons traité plus haut) et de la déformation du contenu informatif par la subjectivité du Journaliste. Les petites rayures sur la vitre, attirant l'attention sur une discrète altération du verre, qui déforme la vision de ce que l'on voit au travers.

le Journaliste et son ego

« Ecouter nos auditeurs pour mieux les faire entendre. »
Jérôme Bouvier

LE JOURNALISTE METTEUR EN SCÈNE DU RÉEL

Ce qu'on fait dire aux chiffres

Avant d'examiner des exemples contextualisés, cernons notre objet d'étude en concentrant notre attention sur un phénomène caractéristique : l'évaluation chiffrée. En lien avec le thème des silences, commençons par rappeler que moins de 5 % des manifestations bénéficient d'un écho dans la presse au-delà du cadre strictement local[209]. Un choix s'effectue donc, dans les rédactions, en vue de privilégier certaines d'entre elles. Sans surprise, le parisianisme médiatique favorise les mouvements organisés dans la capitale. Cette sélection est d'ailleurs indépendante du nombre de participants : comme le fait remarquer Rémy Rieffel, c'est la capacité d'une manifestation à « faire de l'image », notamment à travers des « mises en scène élaborées » qui décide de l'ampleur de son traitement médiatique[210].

L'action des Femen est très intéressante sous cet aspect. En elle-même, leur démarche n'a aucun intérêt et, pour le coup, elle n'est guère « élaborée », puisqu'elle se réduit à des scènes d'exhibition hystérique assez navrantes. Mais ce n'est que la phase la moins importante de leurs apparitions. Les Femen (en latin : les « cuisses » ? !) ne partent pas sur simple demande courtoise. Elles jaillissent pour perturber et espèrent être expulsées avec violence. Sans ce recours à la force, elles ne partent pas mais cela les embête fort : toutes les fois que la police tarde à les expulser, on les voit inquiètes de la suite à donner à leur action (un bon tour à leur jouer serait sans doute de ne pas les expulser mais d'attendre que l'extinction de voix ou le coup de froid sur ces peaux nues fassent leur œuvre). Ces activistes sont en quelque sorte des kamikazes. Leur jeu consiste ensuite à venir se plaindre d'avoir été expulsées brutalement. Le Journaliste joue le jeu ; lisez tous les articles consacrés à une irruption des Femen, vous trouverez toujours cette expression : « elles ont été violemment expulsées ». C'est imparable : si les Femen s'invitent dans votre manifestation, vous êtes piégé. Vous ne pouvez pas vous en sortir autrement qu'en passant pour le méchant. Elles paraissent donc en position de force et se distinguent comme des expertes de la mise en scène. Dans ce groupe, « on apprend [...] comment obtenir des photos spectaculaires : comment tomber au sol, comment disposer les bras, comment se comporter avec les policiers. Sur le terrain, l'intervention de la police est un moment crucial. Les militantes ont ordre de demeurer sur le "théâtre d'opération" jusqu'à l'arrivée des forces de l'ordre. »[211] Même la police se trouve donc, de fait, instrumentalisée dans le rôle de l'alliée : « Inna Chevtchenko (la fondatrice du groupe) le répète sans cesse : "la police n'est pas notre ennemi mais un partenaire, un moyen de faire des images, du bruit médiatique." »[212] Sauf que les images et le bruit médiatique ne se font pas tout seuls.

L'autre partenaire implicite, dont la militante ne parle pas, c'est donc le Journaliste. L'action des Femen est un objet médiatique taillé sur mesure pour lui. On aurait tort de mépriser ces dames : voici un groupuscule d'une quinzaine de personnes qui, en dépit d'une stratégie aussi incompréhensible que les objectifs de leur action sont inexistants, ont néanmoins trouvé le moyen d'obtenir une couverture médiatique pour chacune de leurs apparitions. Couverture d'une ampleur variable, il est vrai, puisque le Journaliste demeure, en dernier ressort, seul juge de l'importance des sujets qu'il traite.

Or, la manière dont on fait connaître le nombre de participants à une manifestation doit retenir l'attention. Les organisateurs surévaluent le chiffre stratégiquement ; la police le sous-évalue en raison de son protocole de décompte peu précis qui néglige, en général, la densité des foules. Prenons une manifestation impliquant 950 personnes. Le Journaliste peut dire qu'elle a rassemblé 950 personnes. Mais il peut dire aussi qu'elle en a rassemblé « moins d'un millier » (= le mouvement n'a pas eu grand succès) ou « près d'un millier » (= le mouvement a eu du succès). Il délivre alors un double message, quantitatif et qualitatif, sur la manifestation. La formulation se justifie quelquefois par le décalage entre le chiffre prévu et le nombre de participants effectivement venus. Mais elle permet aussi, le cas échéant, de gonfler l'importance d'un mouvement en donnant l'impression qu'avoir réuni 950 personnes est admirable et que cette manifestation témoigne d'un réelle adhésion de l'opinion, ce qui crée une dynamique artificielle et permet d'asseoir l'autorité médiatique d'un groupe de pression. À l'inverse, certaines causes peinent à recruter des manifestants et peuvent surprendre en atteignant presque le millier de personnes. Dans ce cas, pour peu que cette cause soit jugée immorale par le Journaliste, il y a fort à parier que c'est l'autre formulation qui sera choisie, afin de suggérer un essoufflement du mouvement et de décourager ceux qu'il aurait pu recruter, en leur donnant l'impression que la bataille est perdue d'avance. Application concrète. Le 6 avril 2014 paraissent en ligne deux articles dont le contenu est, au mot près, rigoureusement le même. Les titres sont quasi identiques, mais pas tout à fait. Exercice : en vous appuyant sur les explications qui viennent d'être données, déterminez lequel des deux donne plus qu'une évaluation quantitative de la participation. Sur le site de *Direct Matin*, le titre est formulé comme suit : « "Jour de colère" mobilise quelques centaines de personnes » ; quelques minutes plutôt, le site de *l'Express* annonçait : « "Jour de colère" ne mobilise que quelques centaines de personnes ».

L'utilisation démonstrative des chiffres peut jouer sur la typographie. Habituellement, quand on rend compte d'une manifestation, on donne deux chiffres : selon la police et selon les organisateurs. Le lendemain de la Manif pour tous du 24 mars 2013, Didier Arnaud signe dans *Libération* un article très correct ; on sent que le journaliste ne soutient pas le mouvement mais le texte est honnête, informatif, sans sarcasme. Et la photo prise par Marc Chaumeil, qui occupe le centre de la page, est très belle. Mais en bas de la page se trouve la rubrique « repères », dans laquelle on met en exergue un chiffre-clef. Là, en gros et en gras, on lit : 300 000. Sous le chiffre, en petit mais toujours en gras : « tel est le nom de manifestants contre le mariage pour tous ». On croit la phrase terminée. Elle se poursuit mais sans la mise en gras : « hier, entre la Défense et l'Arc de triomphe à Paris, selon la police. Les organisateurs revendiquent 1,4 million de personnes ». Visuellement, tout est fait pour que le chiffre de 300 000 apparaisse comme le décompte objectif, le chiffre réel. Et même le *seul* chiffre pour les lecteurs paresseux ou dont la vue fatigue.

L'exemple des atteintes aux lieux de cultes est intéressant.

Les chiffres régulièrement communiqués par le ministère de l'Intérieur ou par tel groupe d'études de l'Assemblée nationale mettent tous en évidence la surreprésentation des sites chrétiens parmi les lieux profanés (avec 543 vandalismes entre 2012 et 2013, le nombre de ces dégradations représentait 80 % des profanations recensées). On peut considérer, avec les associations chrétiennes, que ce chiffre témoigne d'un acharnement spécifique contre cette religion. Ou bien, comme y invitent les auteurs du rapport de 2011 que « compte tenu d'une implantation plus ancienne, les sites chrétiens, et en particulier ceux du rite catholique, apparaissent ainsi, en valeur absolue, parmi les lieux de culte et les cimetières les plus lourdement affectés par les profanations »[213]. Peu importe ici. Ce qui est frappant, c'est le décalage entre le pourcentage réel des actes visant les lieux de cultes chrétiens sur l'ensemble des profanations de lieux religieux d'une part et d'autre part, la proportion *d'information* qu'ils représentent dans l'ensemble des sujets traitant de profanations. Cinq chiens et trois chats écrasés : le Journaliste mentionne deux des chiens et les trois chats. On dira qu'il s'agit d'une compensation. Mais qui a dit que le rôle du journaliste était de *compenser* ? Qui décide si, d'un point de vue journalistique, le pourcentage qui compte est celui que l'on établit par rapport au nombre total des profanations ou par rapport au nombre de lieux de cultes où se pratique chaque religion ?

Équivalent des chiffres faussés, on peut penser aux « erreurs » opportunes qui font date, comme celle qui consista à montrer les photos d'une manifestation pro-Poutine en la présentant comme une manifestation hostile au président russe, les rangs de celle-ci étant plus clairsemés que la foule de celle-là[214]. De l'information biaisée par sa formulation, on glisse vers la pure et simple désinformation. Nous l'avons dit, le discours du Journaliste est un filtre au travers duquel nous parviennent les nouvelles du monde. Une information fausse peut bien être effacée, elle laissera une trace indélébile. On rectifie l'information, pas les sentiments qu'elle a inspirés. Pire : l'information peut elle-même résulter de sentiments qui lui préexistent et qui l'orientent, voire la faussent. Sentiments qui trouvent également leur source dans le travail du Journaliste : si untel nous est présenté comme le méchant, nous sommes prédisposés à croire qu'il a commis les pires atrocités.

Les lunettes du Journaliste

Atteint de leucémie, Ceausescu faisait vider de leur sang les jeunes gens pour renouveler le sien. Sauf que c'est faux. Le vol MH17 a été abattu par les pro-Russes. Sauf qu'on n'en sait rien à l'heure où le Journaliste l'affirme. Bachar Al-Assad utilise le gaz sarin contre les Syriens en révolte. Ce n'est pas encore avéré – et certains experts soupçonnent même plutôt les opposants – que c'est déjà une évidence pour tout le monde.

Dans *Que sont les médias ?*, Rémy Rieffel se penche sur cette prédisposition du Journaliste à croire et à faire croire : « Le pouvoir des médias doit être appréhendé, non pas comme une capacité d'imposition ou d'injonction d'idées ou de comportements, mais comme une capacité d'influence, c'est-à-dire une force de séduction et de persuasion apte à susciter certains types de réactions chez les récepteurs. »[215] Plus haut dans son ouvrage, il écrit déjà, extrapolant à partir du scandale des faux charniers de Timisoara : « Le journaliste-témoin qui croyait être au cœur de l'événement est en fait prisonnier de l'emballement médiatique qui s'ensuit, il ne prend plus le temps de procéder aux recoupements nécessaires et participe, sans le savoir, à la propagation de rumeurs et d'informations erronées. Celles-ci se répandent d'autant plus vite que les esprits sont mûrs pour les entendre et les prendre pour argent comptant. »[216] Et de citer l'historien Marc Bloch qui écrivait en 1921 : « Une fausse nouvelle naît toujours de représentations collectives qui préexistent à sa naissance »[217].

Sans être expert en géopolitique, l'homme de la rue a un avis sur le conflit israëlo-palestinien, sur les tensions ukraino-russes et sur le soulèvement de Syrie, entre autres. Étrangement, la plupart des gens, aussi peu spécialistes, ont le même que lui. Et ce n'est pas juste une opinion, c'est une *thèse* que l'on défend férocement dans les dîners en ville. Et l'on se méfiera de qui n'y adhèrerait pas : cette personne que je croyais mon ami, ne serait-elle pas un peu complotiste ? Parce que ne pas adhérer de tout son être à la vérité établie par le Journaliste, c'est être complotiste. L'esprit critique ne doit surtout pas s'exercer dans le champ de l'information, ou seulement au détriment des médias réputés « sulfureux ».

La distribution des rôles entre gentils et méchants est très homogène dans la pensée commune, en conformité parfaite avec le formatage médiatique de l'information qui la façonne. Mais ce qui importe ici, c'est de comprendre que le Journaliste est à la fois acteur et victime de ce conditionnement, qui l'incite à accueillir comme vrai ce qui lui apparaît comme vraisemblable, sans vérification suffisante. La désinformation n'est pas l'objet du présent ouvrage ; ce qui compte pour nous, c'est la manière dont le Journaliste met en scène le réel pour qu'il entre dans les cases préconçues de sa pensée. Il regarde le monde avec des lunettes qui le lui montrent tel qu'il veut le voir. On l'a constaté en étudiant la présentation de l'affaire Clément Méric, plus haut dans ces pages. On le constate encore, sous un autre angle, avec le reportage intitulé « Le populisme au féminin »[218], diffusé sur *LCP*, qui est l'œuvre de trois étudiants en journalisme. Le sujet est, en soi, très intéressant. Il ouvrait la voie à des réajustements conceptuels et à des analyses plus subtiles que les habituels clichés sur les partis nationalistes. En outre, les intervenants étaient bien choisis, reconnus pour leurs compétences. Mais on lit sur leur visage – attendri par la naïveté des trois journalistes en herbe – combien les questions que posent ceux-ci leur paraissent affligeantes. Les catégories traditionnelles – *féminisme, misogynie, extrême droite, populisme* – sont convoquées sans réflexion spécifique, de manière caricaturale et tranchée, comme s'il s'agissait de notions allant de soi qui n'exigeaient ni redéfinition ni questionnement. Les stéréotypes vont bon train : ainsi nous dit-on que la mise en place d'un salaire parental consisterait à « renvoyer les femmes à la maison ». L'expression suppose une coercition (on obligerait les femmes à rester chez elles) et contient en elle-même tous les préjugés négatifs associés à la femme au foyer, à commencer par l'image de la recluse. Ce que les petits journalistes prennent pour une évidence, à savoir l'infériorité intrinsèque de la fonction de femme au foyer, est en fait un point de vue, une opinion forgée sur la base de préjugés propres à un certain type de société, en l'occurrence le système capitaliste. En effet, on pourrait tout aussi bien porter un regard valorisant sur la femme au foyer : moins sujette au stress, plus disponible, jamais confrontée aux files d'attente dans les magasins, maîtresse de son emploi du temps, principale actrice du tissu associatif (auquel la femme de bureau, faute de temps, ne peut donner que de l'argent), elle contribue à faire de la demeure familiale un lieu de vie (au contraire de toutes ces maisons-dortoirs, vides toute la journée) ; elle se trouve également dans les conditions idéales pour écrire un livre sur les médias, comme l'auteur de ces lignes peut en témoigner… Autrement dit, il serait tout à fait possible de déconstruire (comme on dit) point par point le discours dépréciatif qui pèse sur ce choix de vie (en vertu d'une hypocrisie que nous avons déjà signalée, la fonction de père au foyer est en revanche fortement valorisée dans les reportages qui lui sont consacrés : à croire que ce qui est dégradant pour mesdames, ne l'est pas pour messieurs).

En un mot : les trois apprentis journalistes, que la notion de *stéréotype* rebute sans doute fortement, font pourtant leur, sans la moindre nuance ni interrogation, un ensemble de clichés négatifs prémâchés. Le reste du documentaire est dans la même veine, avec en sus l'exhibition pataude par les journalistes de leurs émotions supposées. Mention spéciale à ce plan longuet durant lequel les trois reporters en herbe se filment, silencieux, la mine inquiète, dans un ascenseur. Message implicite : face à ce que nous sommes en train de découvrir, nous prenons conscience que le ventre de la bête immonde est encore fécond et nous avons peur. Au final, la *problématique* (comme on dit) paraît se résumer à un travail de collégien : l'extrême droite est misogyne ; or, il y a des femmes d'extrême droite ; comment expliquer ce paradoxe ? Et la conclusion, en forme de mise en garde, nous apprend, en substance, qu'on peut être une jolie blonde et avoir les mêmes idées qu'un certain petit moustachu. Un sujet passionnant, en définitive, mais lamentablement gâché, car porté de bout en bout par un ensemble d'idées préconçues sur ce que doit être le statut des femmes, sur le populisme et les mouvements nationalistes. Les journalistes n'ont pas mené une enquête : ils savaient très bien, avant même de filmer la moindre image, ce qu'ils allaient dire. Nous aurions pu apprendre plein de choses ; nous n'apprenons rien. Nous aurions dû sortir tellement plus intelligents du visionnage de ce document ; et nous sommes toujours aussi bêtes. Mais nous devons être reconnaissants à ses auteurs de nous rappeler charitablement – non point ce que nous savions déjà, puisque le reportage ne prétend pas produire ni confirmer quoi que ce soit dans l'ordre du *savoir* – mais ce que nous devons penser. Le temps de ce reportage, nous avons chaussé les lunettes du Journaliste. Certaines personnes, paraît-il, les trouvent si confortables qu'elles choisissent de les garder sur le nez.

La seule compétence requise

J'ai déjà conseillé à mon lecteur de regarder l'interview de Philippe Verdier par Yann Barthès[219]. Ce qui ne manque pas de sel, c'est que les techniques employées dans le clip de promotion du livre et dénoncées par l'animateur du Petit Journal (accumulation de mots-chocs, modification de la luminosité et du contraste des images, musique inquiétante en fond sonore) sont employées à tout va dans les reportages diffusés sur les très sérieux médias d'information, sans que Yann Barthès y trouve à redire. Sous couvert de dénoncer la méthode, il dénonce donc l'orientation idéologique de cette vidéo, *et elle uniquement*, puisque la même méthode, mise au service du Bien, devient louable ou, à tout le moins, excusable.

Les mauvaises langues ont dit que Matthieu Maye n'avait pas de carte de presse. Mais c'étaient des gens d'extrême droite ; on n'est pas tenu de les croire. Il paraît douteux que l'on confie la réalisation d'un reportage en immersion à quelqu'un qui n'est pas même journaliste. Pourtant il est vrai que Matthieu Maye n'avait visiblement aucune compétence pour traiter le sujet qu'il prétend éclairer. Ce n'est pas grave : il pensait bien. Et c'est la seule compétence requise.

Souvenons-nous du documentaire « À l'extrême droite du père »[220], diffusé sur France 2 dans le cadre de l'émission *Les infiltrés*. Sans supposer chez Matthieu Maye (alias Matthieu Beurier) aucune intention de tromper le téléspectateur, on se rendait compte très vite, durant le visionnage du document, qu'il ne s'agissait pas d'un travail de journaliste. Prenons ce passage : le journaliste infiltré a rejoint les jeunes du groupuscule Dies Irae et visite leur nouveau lieu de rassemblement : « [...] Lieu discret où le groupe pourra se réunir, ils ont décidé de transformer cette cave en local. Le chantier est immense, quatre salles en pierre de taille, quatre mètres sous plafond. L'objectif : construire ici un bar, une salle de conférences, une bibliothèque et une salle de musculation. [Dialogues enregistrés] Surpris, je découvre qu'en plus d'être des antidémocrates acharnés, ces jeunes sont tous des chrétiens traditionalistes. Pour eux, politique et religion sont inséparables et justement, aujourd'hui, en plein chantier, ils reçoivent la visite d'un abbé. » « Surpris, je découvre... » ? D'abord, c'est faux : il n'est pas surpris. Il a choisi d'enquêter sur Dies Irae précisément *parce que* ses membres sont « catholiques intégristes » et « d'extrême droite » et qu'il veut faire un reportage sur les catholiques intégristes d'extrême droite. Deuxièmement, on rencontre, dans cet extrait, ce qui fait à la fois l'efficacité immédiate et la faiblesse méthodologique de ce type de documentaire, à savoir la voix *off* à la première personne. Le téléspectateur est invité à voir les choses à travers les yeux d'un individu qui lui communique ses états émotionnels (on notera aussi dans ce reportage le très comique « frappé par tant de violence, j'ai besoin de prendre un peu de distance »). Mais ce personnage à qui nous nous identifions parce qu'il nous prête ses yeux, cet homme que nous autorisons à nous dicter ses affects, à qui, par conséquent, contraints et forcés, nous faisons confiance, nous ne savons rien de lui. Poursuivons le visionnage. « [Dialogue entre un militant et l'abbé ; on apprend que la cave se trouve chez un particulier en face de l'église] La cave, gracieusement mise à disposition de DI [Dies Irae, NDLA] par des catholiques intégristes se trouve juste en dessous d'une église traditionaliste, une église dirigée par cet abbé. » Là encore, il faut écouter les mots. On a du mal à comprendre comment « des catholiques » (des particuliers) peuvent « prêter » la cave qui se trouve sous l'église (la crypte ?), bâtiment qui appartient à l'État. En fait, la cave est si peu celle de l'église que l'abbé ne s'y repère pas et demande à un militant où se situe l'église par rapport au lieu où ils se trouvent. On lui indique qu'elle est « en face ». Pour la voix *off*, cela devient : « juste en-dessous de l'église » ; il fallait établir un lien entre les nazillons et l'église. Puis, au moment où le journaliste prononce « cet abbé », on entend une vibration métallique sur une note grave, en crescendo : la *musique du méchant*, comme au cinéma. L'ensemble du reportage est sur ce modèle : exagérations sensationnalistes, musiques inquiétantes, description par le journaliste de ses propres émotions.

Mais Matthieu Maye aurait dû se contenter de filmer Jacqueline reprochant à son fils de vouloir se faire refaire le nez (voir plus bas). L'histoire ecclésiale et la théologie ne sont pas son domaine. Sa démonstration est laborieuse, parce qu'elle est trop ambitieuse. Il ne s'en tient pas à la mise au jour des liens entre l'extrême droite et les traditionalistes. Matthieu Maye est un grand journaliste : il veut la tête du pape Benoît XVI, rien que cela. Alors il se lance : en une séquence hallucinante de trois minutes, bourrée d'erreurs et d'approximations grossières qui semblent suggérer que le pauvre journaliste ne dispose même pas d'internet pour s'informer un minimum, il récrit l'histoire depuis Vatican II. Idée : les traditionalistes se sont séparés de l'Église et Benoît XVI veut leur « ouvrir les portes du Vatican » (ce sont déjà les mots de David Pujadas dans l'introduction du reportage) en levant l'excommunication des évêques de la Fraternité Saint-Pie-X, fondée par un certain Mgr Lefebvre (que Matthieu Maye élève à la dignité de « cardinal »). Le bon Matthieu Maye ignore manifestement que la messe en latin n'est pas l'apanage de la Fraternité Saint-Pie-X et que la petite église de Bordeaux où il a choisi de faire son reportage n'est pas une église de la Fraternité Saint-Pie-X (là encore, nul besoin d'être journaliste d'investigation, seulement de consulter Google) ; que, par conséquent, elle n'est pas concernée par la levée des excommunications. Administrée par des prêtres de la communauté du Bon Pasteur (dont la spécificité est de célébrer en latin), elle est, comme toutes les églises, sous la juridiction de l'évêque local, nommé par Rome avec l'accord du gouvernement français, comme tous les évêques. La guerre était en Irak et, faute de savoir lire une carte, Matthieu Maye avait filmé l'Iran. Mais aussi, quelle idée d'aller chercher de pseudo-« intégristes » à Bordeaux quand il y en a de vrais en plein centre de Paris ! Cette question a amené l'hebdomadaire *Minute*, classé très à droite, à enquêter sur le passé du journaliste, révélant que Matthieu Maye était un ancien militant du FNJ (branche jeunesse du Front National) manifestement désireux de régler ses comptes avec son passé[221]. Une thérapie, en somme. Un auto-exorcisme.

Être hostile à « l'extrême droite religieuse », c'est une chose. Tourner un reportage de bonne tenue sur ce thème en est une autre. Le monde de l'audiovisuel fourmille d'experts tout aussi allergiques que Matthieu Maye au traditionalisme – et même au fait religieux en général – mais assurément plus savants. Matthieu Maye n'y connaît rien ; partant, il ne nous apprend rien. « À l'extrême droite du Père », c'est un mélange exemplaire de malveillance probable et d'incompétence avérée, qui ne doit l'honneur de sa diffusion qu'à deux choses : son thème et l'orientation idéologique de son traitement.

La qualité de ce type de reportage est, en général, inversement proportionnelle à leur potentiel racoleur. Peut-être que l'on confie trop souvent ce genre de tâches à des journalistes débutants... En tout cas, le responsable des images et de la voix *off* assume rarement seul les suites judiciaires de ces reportages. Dans le cas d'« À l'extrême droite du Père », c'est David Pujadas que l'on vit au palais de justice comparer, sans rire, Matthieu Maye à Albert Londres[222] et défendre « ces moyens-là »[223] : il parlait de la caméra cachée mais pensait-il également aux montages fallacieux, aux effets sonores grotesques, aux raccourcis simplificateurs et aux preuves d'inculture flagrante qui émaillaient le reportage ? On peut néanmoins imaginer que la satisfaction de nuire à des indésirables permet à l'animateur de sauvegarder sa bonne conscience, malgré le sentiment douloureux d'avoir été berné et rendu complice de pratiques en totale contradiction avec l'éthique de son métier. La même remarque vaut pour Guy Lagache. Suite à la diffusion sur *D8* d'un reportage intitulé « J'ai infiltré une section du Front National », c'est lui, en tant que présentateur de l'émission *Enquête d'actualité*, qui dut s'expliquer devant le CSA sur l'utilisation de la caméra cachée dans des lieux privés et défendit le documentaire du journaliste Sylvain Laurent comme « un travail journalistique, avec la distance nécessaire »[224]. Le principal défaut de ce reportage, outre la dimension apparemment répréhensible de sa réalisation, était surtout son manque d'intérêt total ; loin de susciter la crainte ou la colère, malgré tous les subterfuges maniés par le journaliste, les « surpris, je découvre que… » et autres commentaires emphatiques, il n'inspirait que de l'ennui. À la limite, il jouait même en faveur du Front National. Les tribulations banales du petit candidat local, peu au fait des usages, mal secondé, à peine soutenu par les cadres du parti et dépassé par la tâche, avaient une dimension touchante.

François et Christine, acteurs malgré eux

Le reportage « À l'extrême droite du Père » fut beaucoup critiqué pour le procédé employé : l'infiltration en caméra cachée qui implique une violation de l'intimité. Le journaliste fit l'objet d'autres accusations plus graves. On a retenu de ce reportage le passage – choquant il est vrai – où des enfants profèrent des propos violemment antisémites devant la caméra (cachée) du journaliste Matthieu Maye qui s'était fait embaucher comme surveillant. Les images étaient présentées comme ayant été filmées dès son arrivée dans l'école. Les avocats de cette école et les parents des élèves racontèrent qu'elles étaient, en réalité, postérieures de plusieurs mois et qu'entre-temps, ledit surveillant s'était fait une réputation de pion fasciste obsédé par la question juive, ce qui lui valait les sarcasmes des élèves ; les propos outranciers présentés comme des paroles sérieuses et spontanées dans le reportage seraient donc des moqueries ? En outre, les membres du groupe de jeunes appelé Dies Irae, présenté comme une organisation fascisante sur la base des propos de l'un d'eux, firent savoir que ce dernier était apparu peu avant le journaliste au sein de leur groupe et avait disparu en même temps que lui. On vit même circuler l'information selon laquelle il s'agissait d'un militant d'extrême gauche qui aurait joué la comédie devant le micro du journaliste infiltré, à la demande de celui-ci, afin de donner au reportage l'odeur de soufre qui lui manquait (voir plus haut l'importance du mot « sulfureux » dans la bouche du Journaliste). Il est vrai que si jamais ces deux accusations se trouvaient fondées, il ne restait pas grand-chose de nouveau dans ce reportage. Un professeur d'histoire pétainiste considérant de Gaulle comme un déserteur, une vieille pied-noir qui n'aime pas les Juifs, des abbés en soutane bienveillants envers des membres du Front National… Il faut même saluer chez le petit journaliste l'art de dénicher le non-scoop par excellence, quand Matthieu Maye nous apprend avec la fierté du découvreur que l'abbé Philippe Laguérie est ami avec Fabrice Sorlin, petit candidat du Front National inconnu du grand public, alors qu'il suffisait de consulter internet pour établir que le même abbé a parmi ses relations… Jean-Marie Le Pen.

Si jamais il était exact que Matthieu Maye ait un peu, disons, *travaillé* le sensationnel de son document, il n'aurait fait que céder à la tentation de la mise en scène. Il voulait dévoiler quelque chose de scandaleux et, le réel ne se montrant pas à la hauteur de ses attentes, il a fait en sorte d'obtenir ce qu'il était venu chercher. Après tout, personne n'aime avoir l'impression de perdre son temps. Au final, le journaliste est satisfait de son document, le téléspectateur se fait plaisir en frissonnant devant « les aventures de Matthieu Maye au pays des fachos », les producteurs sont contents, bien sûr. Et les mécontents, les acteurs involontaires de ce genre de petit film ? De quoi se plaignent-ils : leur visage est flouté, leur voix modifiée. Et ils ont la chance de passer à la télé, pardi.

Les journalistes partagent cette tendance à considérer le commun des mortels comme un réservoir d'acteurs gratuits. Et cela tombe bien, les gens sont trop contents de passer à la télé. Ainsi, quand iTélé recrute, l'appel à candidature se présente sous la forme d'un benêt qui lance « Eh maman, je passe à la télé ! ». Ce qu'il y a de bien dans ce métier, ce n'est pas qu'on informe les gens, ou qu'on contribue à faire vivre l'idéal démocratique, c'est qu'on passe à la télé. Ou comment une chaîne sérieuse d'information continue participe elle-même à la dégradation de l'image du Journaliste…

On vous tend un micro et vous croyez que le Journaliste veut connaître votre opinion ? Non : au moment où il brandit son appareil sous votre menton, ce journaliste qui fait un « vox pop » (il recueille l'opinion de la rue) sait déjà ce qu'il va dire dans son papier ; vous lui procurez ce qu'il appelle « un son ». D'ailleurs, si vous ne dites pas ce qu'il attend de vous, il ne gardera pas votre intervention. Il dira que ce n'est pas « un bon son » et vous sautez au montage final.

Vous n'aimez pas votre nez ? Répondez à cet appel à témoignage lancé par une chaîne. On viendra vous filmer chez vous. On vous fournira le script d'une dispute avec votre mère sur le thème : « Jacqueline ne comprend pas que son fils ait recours à la chirurgie esthétique pour refaire son nez ». Un petit boîtier à la ceinture pour la prise de son (ils ne prennent même pas la peine de le cacher), vous jouez votre propre rôle devant la caméra qui feint de surprendre un échange spontané. Vous êtes prêt à cette humiliation pour *passer à la télé*. Vous prenez le risque d'être moqué, tourné en ridicule par celui-là même qui vous filme :

« Au début du mois, François Runembert était bien heureux d'accueillir une équipe de journalistes, chez lui à Loudéac. Six heures de tournage pour ce président de Dream Tuning, un club de tuning qui regroupe 25 membres et qui œuvre aussi dans l'associatif, notamment en distribuant des jouets aux enfants dans le besoin.

“C'était pour l'émission *100 % Mag*. On devait parler de la passion du tuning entre père et fils, et au sein du couple”, rappelle François Runembert. Mais lors de sa diffusion mercredi, surprise : le reportage est estampillé “Au secours ! Mon mari est un macho”.

“Je me suis fait piéger, s'emporte le fan de tuning. On m'a diminué, fait passer pour quelqu'un que je ne suis pas !”

Au menu, coupures et paroles prises hors contexte. “Mon fils avait deviné… Il sentait que le journaliste allait parler de machisme”, explique Christine, l'épouse de François. Lui, raconte que les deux journalistes de la société de production

Spinnaker leur ont forcé la main : “Il fallait que les femmes soient au barbecue et les hommes devant leurs voitures…”

Du coup, le reportage le ridiculise complètement. […] M6 assure “comprendre sa déception” […]. »

En réalisant « À l’extrême droite du Père », il n’est pas exclu que Matthieu Maye-Beurier ait exploité le même principe que les journalistes de *100 % Mag* : la mise en scène du réel. Mais cette fois, c’est pour la bonne cause, pas pour faire rire aux dépens d’un amateur de tuning : mais pour dénoncer le danger de l’extrême-droite. Et sans la complicité naïve des personnes qu’il filme. La justice a conclu à la « bonne foi » des journalistes et producteurs d’« À l’extrême droite du Père », tout en confirmant le caractère diffamatoire de certains éléments du reportage.

Ce qu’on fait dire aux photos

Personne n’est près d’oublier la photo du petit Aylan, 3 ans, noyé, échoué sur une plage de Turquie. Naturellement, on ne saurait contester sans être inhumain l’effroi et la tristesse que suscite le cliché. Certains y virent un montage ou une mise en scène. Mais contrairement aux faux charniers de Timisoara, si la photo d’Aylan était une mise en scène, elle n’ôtait rien à l’horreur de la réalité puisque des dizaines d’Aylan anonymes et non-photographiés mouraient chaque jour de la même manière. Autrement dit, l’image d’Aylan aurait pu être un dessin jailli de l’imagination d’un artiste ; elle n’eût pas été menteuse pour autant.

« Il y a des images qui parlent d’elles-mêmes, sans besoin de commentaire », s’évertua-t-on à nous répéter. C’est faux. Il fallait toute la persévérance du Journaliste pour que cette photo ne se mette pas à dire n’importe quoi. La mort d’Aylan partagea l’actualité avec celle de Bastien, tué par son père qui l'avait enfermé dans un lave-linge. Personne ne fit explicitement le rapprochement mais celui-ci opéra sans doute inconsciemment parce que les critiques visant le comportement du père d'Aylan et faisant de lui le principal responsable de la mort de son fils allèrent bon train. Sur les sites interdits, certes. Mais aussi dans la presse étrangère. Les médias français ne répercutèrent que tardivement ces témoignages et ces allégations. En outre, la mort d'Aylan en éclipsa une autre, rapidement effacée de l'actualité et pourtant géographiquement plus proche de nous : le 2 septembre, un incendie criminel, rue Myrha, tuait huit personnes dont deux enfants. Aucune photographie des petits cadavres. Dès le 3 septembre au matin, les flammes qui les avaient engloutis étaient éteintes par les flots dans lesquels avait péri Aylan. C'est que, dans le premier cas, le coupable s'appelait Mourad, alors que dans le second, d'après le diagnostic de la presse, Aylan faisait partie des « victimes de la forteresse Europe »[225].

Comme toujours, le Journaliste voulut bien faire en consacrant des articles à la mise en garde du public contre tous ceux qui condamnaient la diffusion de la photo comme une manipulation, voire la photo elle-même comme une mise en scène et plus généralement, tous ceux qui ne s'estimaient pas responsables de la mort d'Aylan, accusaient son père (pour des motifs divers, plus ou moins graves), l'islamisme et Daech (qui avaient poussé la famille d'Aylan sur le chemin de l'exil), ou l'Arabie saoudite qui refusait d'accueillir les réfugiés alors, disait-on, qu'elle aurait dû être la première à leur tendre la main. Mais comme d'habitude, les bonnes intentions du Journaliste se révélèrent plutôt contre-productives. Ainsi, le Monde.fr publie en ligne un papier intitulé « Mort d'Aylan : mensonges, manipulation et vérité »[226]. Ses rédacteurs reprenaient certaines rumeurs et entendaient prouver qu'elles étaient infondées :

« C'est une mise en scène » : pour invalider ce postulat, les journalistes s'attaquent uniquement à l'argument selon lequel le corps aurait été déplacé, allégation qui s'appuyait sur la comparaison avec une autre photo de cadavre d'enfant dans une posture différente. Ce n'était pas le même enfant. Bien, mais cela ne suffit pas à prouver que ce n'est pas une mise en scène. Naïvement, les journalistes apportent même de l'eau au moulin des sceptiques : la photo a été recadrée, la légende a changé, nous apprennent-ils.

« Le nom [de la victime] a été connu bien rapidement » : ici, les journalistes s'appuient sur le témoignage du père d'Aylan… mais concèdent qu'il a donné deux versions différentes des événements. Autrement dit, qu'il n'est pas fiable. Surprenant comme parade.

« Il n'avait pas de gilet de sauvetage » : les journalistes relaient les articles et témoignages indiquant que les hommes avaient accaparé les gilets, femmes et enfants s'en voyant privés. Rien n'oblige à les croire ; rien n'oblige à croire l'inverse. Les journalistes pourfendeurs de fausses rumeurs concluent donc : « on ne sait pas si les enfants portaient les gilets ». On a envie de leur dire : alors, au travail !

« Le père d'Aylan voulait se faire refaire les dents » : oui, mais ce n'était pas la seule raison de leur départ, répondent les journalistes, citant une tante de l'enfant, elle-même à son tour présentée comme prompte à changer de version. On a vu plus convaincant.

Et puis, pour la bonne bouche, le dernier paragraphe en intégral : « Autre argument des complotistes : la famille d'Aylan n'était pas une famille de réfugiés politiques mais de réfugiés économiques car ils ne vivaient plus dans une zone de guerre (en Syrie) mais dans un pays en paix (la Turquie). C'est oublier un peu vite que la famille a vécu pendant une longue période en Syrie (native de Kobané, dans le nord de la Syrie, elle vivait depuis quelques années à Damas, avant de fuir les combats)… » Je reformule, pour le lecteur qui n'en croit pas ses yeux : « on a prétendu que la famille d'Aylan ne vivait plus dans une zone de guerre mais dans un pays en paix ; or, elle ne vivait plus dans une zone de guerre mais dans un pays en paix ».

On sort assez perplexe de la lecture de cet article, qui semble accréditer toutes les thèses qu'il voulait détruire.

La publication de la photo d'Aylan ne relevait probablement de la propagande que par sa diffusion très opportune, censée faire basculer l'opinion publique occidentale qui se révélait trop obstinément hostile à l'arrivée de migrants. Tout le monde savait que des enfants se noyaient. La réalité n'a pas changé. Mais soudain, on la *voit*. La manipulation (si l'on veut employer ce mot) tient donc dans la distinction – opérée à l'initiative du Journaliste – entre réalité que l'on voit et réalité que l'on ne voit pas.

Les noyades d'enfants dans les piscines privées sont effroyablement nombreuses chaque été, malgré les mises en garde. Pourtant, vérification faite, on trouve toutes les photos imaginables pour illustrer les articles qui titrent sur un décès : enfants assis près de l'eau[227] ou marchant sur le bord[228], piscine vide[229], pied d'enfant tapant dans l'eau[230], enfant qui semble en difficulté mais avec la tête hors de l'eau[231], enfant qui se penche dangereusement[232]. Mais aucun petit cadavre qui flotte. On nous en montrera si, un jour, quelqu'un veut faire passer une loi pour interdire les piscines privées. Parce que la photo d'un enfant mort n'est pas informative, elle est injonctive.

Toute personne recevant avec scepticisme la photo du petit Syrien fut regardée comme cruelle et sans cœur et brocardée comme complotiste par les Décodeurs du Monde.fr (« complotiste » étant peu ou prou l'équivalent de « proche de l'extrême droite », c'est là une rude accusation). Mais chez la plupart des gens, ce n'était pas sa mort qui suscitait la suspicion, c'était les intentions du Journaliste. En diffusant la photo d'Aylan, celui-ci nous disait, en quelque sorte : « puisque je n'ai pu vous convaincre par la raison, je vous persuaderai par les sentiments ». En nous montrant cette image, on ne nous donnait pas une information : on attendait de nous une réaction prédéterminée, pire, on nous enjoignait d'adopter un certain comportement. Ce n'était pas un travail de journaliste ; mais c'était bien la mission *du Journaliste*.

MAL PARLER, MAL INFORMER, C'EST ENCORE DE L'INFO

Je vous informe que je parle mal

Si le bon Saint-Éloi ne s'était pas adressé au roi Dagobert mais au Journaliste pour lui signaler qu'il avait malencontreusement enfilé sa culotte à l'envers, au lieu de lui répondre comme le monarque « je vais la remettre à l'endroit », il lui aurait dit : « merci pour l'info » ; il aurait allumé son micro, enfilé son casque et annoncé à l'antenne que sa propre culotte était à l'envers ; mais ne l'eût pas remise à l'endroit. C'est à quoi fait penser la réaction des journalistes de France Info à l'organisation du colloque du CSA sur la langue française dans les médias (voir plus haut). Cet événement, on l'a dit, a été l'occasion de rappeler, même insuffisamment, que les journalistes devaient veiller à la qualité de la langue qu'ils parlent dans les médias audiovisuels. Il aurait pu faire date et marquer un véritable tournant dans leurs pratiques. Mais non : pour les journalistes, la dégradation de la qualité de leur propre langage est en soi « de l'information » et n'implique aucun changement de leur part. Témoin cet entretien. Une journaliste de la station s'adresse à un linguiste : « Qu'en pensez-vous ? Est-ce que vous trouvez qu'il y a, disons, un laisser-aller dans la manière de parler sur les médias d'information ? » Vous confirmez ? Ma culotte est effectivement à l'envers ? Oui ?

« Merci d'avoir été en direct pour répondre à nos questions. » Et maintenant, on va parler cuisine avec la chronique culinaire de Gérard Stèckaché, mais ça, ce sera après la météo de Pauline Bleuciel. La culotte ne sera jamais remise à l'endroit.

Ce genre d'interrogation méta-journalistique donne l'illusion d'une capacité à l'autocritique et d'une volonté d'améliorer la qualité linguistique de l'information. Ce qui inspire la méfiance, bien entendu, c'est que cette autocritique se fasse en public, à l'antenne. De fait, elle n'est suivie d'aucune amélioration réelle (comme je le disais au début de cet ouvrage, la quasi-totalité des exemples compilés ici est postérieure au colloque du CSA et donc aux divers sujets consacrés, pour l'occasion, à la manière de parler des journalistes). On serait heureux que cette autocritique restât une cuisine interne et que l'on eût seulement à en constater les effets : une langue journalistique de bonne tenue, à la fois naturelle et élégante.

Mea maxima culpa

Le nombrilisme stérile des journalistes est malsain quand il devient un moyen commode de produire de l'information à peu de frais. Une affaire fait scandale, mobilise l'attention des médias pendant une ou deux semaines, on enchaîne les éditions spéciales, les interviews d'experts, les directs sur place, reléguant à l'arrière-plan tout le reste de l'actualité. Et puis soudain l'on s'arrête ; et on invite un spécialiste des médias, un politologue et un sondeur pour leur demander : nous, les journalistes, avons-nous traité cette affaire de manière excessive ? Comme pour la qualité de son discours, le Journaliste ne cherche pas à s'améliorer, il ne devient pas plus mesuré dans le traitement des scandales, ne manifeste aucune volonté de se prémunir contre la frénésie qui gagne ses confrères. Non : car il sait que ses propres défauts lui fourniront matière à analyse, à décryptage ; donc, sont une promesse de contenu. L'emballement médiatique fonctionne en deux phases : il est d'abord un phénomène, une modalité de traitement de l'information, puis il devient en lui-même une information. Comme nous l'avons déjà constaté les journalistes disposent d'un lexique réduit. Quand il devient manifeste que l'on a épuisé un sujet et qu'arrive le moment conventionnel de l'autocritique *qui fait de l'info*, le Journaliste pose donc toujours la même question. Il pourrait se demander : « assiste-t-on à un emballement médiatique ? », « les médias accordent-ils une importance excessive à tel sujet ? », etc. Mais il dit : « Mickaël Schumacher : les médias en font-ils trop ? » (*Ouest France*), « DSK, les médias en font-ils trop ? » (Atlantico), « Les médias en font-ils trop avec Ibrahimovic ? » (En pleine lucarne), « Les médias en font-ils trop avec les faits divers ? » (Médiapart), « Libération de Florence Cassez : les médias en font-ils trop ? » (*L'Express*), « Les médias en font-ils trop autour de Cyril Hanouna ? » (*Le Figaro*), « Les médias en font-ils trop sur la libération des quatre journalistes français ? » (*Le Point*), « Grippe A : les médias en font-ils trop ? » (Allô docteurs), « Les médias en font-ils trop sur l'iPad ? » (Slate.fr), « Merah : les médias en font-ils trop ? » (Terra fémina), « Régimes : les médias en font-ils trop ? » (Europe1.fr), « Mickael Jackson : les médias en font-ils trop ? » (Jean-MarcMorandini.com), « Les médias en font-ils trop sur le virus ebola ? » (France Info), « Dijon, Joué-Lès-Tours, Nantes… les médias en font-ils trop ? » (TV5 Monde), etc. Tant sont nombreux les sujets sur lesquels les médias en ont consciemment *fait trop*, en songeant que cela leur fournirait, à terme, matière à un papier intitulé « en font-ils trop ? ». « En faisons-nous trop ? », c'est la fausse contrition de ces gens qui disent : mon principal défaut, c'est que je suis trop gentil. Le Journaliste ne se demande jamais s'il n'en fait *pas assez*.

Parfois aussi, il y aurait lieu de se demander si on n'en a pas « fait trop » mais personne ne pose la question. Que penser par exemple du traitement de l'assassinat d'Hervé Gourdel par les « Soldats du califat » ? On vit défiler un nombre important de portraits photographiques de la victime, on enchaîna les reportages en édition spéciale à Saint-Martin-Vésubie, les interviews hagiographiques de ses camarades d'escalade, et les micros-trottoirs de pauvres passants enjoints de donner leur sentiment sur cette macabre actualité. Tout cela était à la fois indécent et inutile. L'information s'en trouva totalement biaisée : après deux jours de ce traitement médiatique, on avait l'impression que le crime des terroristes se trouvait aggravé par les qualités de la victime. Pire, on en perdait de vue la raison pour laquelle on parlait d'Hervé Gourdel. L'humanité avait perdu un grand homme ; c'était là l'essentiel. Et qu'il eût été tué par des djihadistes ou qu'il fût mort lors d'une ascension, voire lors d'un accident de voiture importait finalement peu. Du moins était-ce l'impression suscitée. L'information annexe (identité de la victime) a complètement pris le pas sur l'information principale et l'a déformée. Un Français avait été assassiné par des djihadistes ; qu'il fût un saint homme ou une crapule, un « alpiniste chevronné » ou un pauvre type, un « père aimant » ou un père indigne, un « mari dévoué » ou un époux volage n'avait aucune importance en soi. Surtout, cela ne changeait rien à la gravité des faits, contrairement à ce qu'on en vint à laisser entendre, à grand renfort de *pathos* écœurant et de déballage indécent. Implicitement, on laissait entendre que l'assassinat d'un abominable salaud eût été pardonnable… Il en fut de même lors du massacre à *Charlie Hebdo* : il ne suffisait pas que les assassins fussent des monstres, il fallait que leurs victimes fussent érigées en héros. Et ces dessinateurs adeptes de la provocation basse, de la caricature vulgaire et de l'humour dégradant reçurent un hommage national démesuré sur la base du mantra « Je suis Charlie », en des proportions dont n'avaient pas bénéficié les trois enfants victimes de Mohammed Merah.

Et que dire du traitement des événements du 9 janvier 2015, dans lequel on assista à une course à l'information totalement indécente et même tout à fait révoltante lorsqu'elle se traduisit par la divulgation sur les ondes de données susceptibles de mettre en danger la vie de personnes innocentes. Évidemment, les médias ne firent pas volontiers leur autocritique et c'est sur les sites de la *réinfosphère* qu'on trouva les mises en accusation les plus virulentes du comportement des journalistes. Ainsi, dès que les terroristes sont exécutés, fdesouche.com met en ligne une interview diffusée le matin même sur RMC, dans laquelle Yves Albarello dévoile la présence d'un employé de l'imprimerie, caché sur les lieux mêmes. Les journalistes lui demandent de répéter et de confirmer cette information confidentielle, qui se trouve donc martelée à l'antenne, au mépris de la vie du pauvre monsieur recroquevillé dans son placard[233] ! Le député récidive sur Europe 1 et la radio, bien entendu, diffuse l'information[234]. L'après-midi, lors de la prise d'otages à la supérette casher de la Porte de Vincennes, il se trouve que certaines personnes ont pu trouver refuge dans la chambre froide, au sous-sol du magasin. Á l'extérieur, ceux qui le savent ont soin de ne pas divulguer cette indication extrêmement sensible. Sauf BFMTV. La femme d'une des victimes , nous l'avons souligné, affirmera que cette information a défilé dans le bandeau en bas de l'écran. Le directeur de la rédaction dément mais reconnaît qu'une allusion aux personnes cachées dans la chambre froide a été faite à l'antenne par un journaliste en plateau[235]. On apprendra que, depuis la supérette, le preneur d'otages regardait BFMTV.

En fait, c'est vous qui *écoutez mal*

« Vous écoutez France Info et France Info vous écoute » (Edwige Coupez). Tous les samedis, la radio donne la parole aux auditeurs par la voix du médiateur de Radio France qui lit leurs courriers. L'occasion pour la rédaction de se remettre en cause et de reconnaître une lecture trop partisane des faits. Le moment du *mea culpa*, peut-être. Ou peut-être pas.

« Edwige Coupez : Cette semaine, Bruno [Denaes, médiateur depuis l'été 2015 NDLA], encore beaucoup de réactions liées à la situation des réfugiés syriens et à leur accueil en Europe.

Bruno Denaes : Oui Edwige, mais soyons quand même [!] honnêtes : les réactions sont plutôt positives. Il y a tout de même Sandrine, par exemple, qui nous écrit : "Depuis des jours, vous nous soûlez avec des reportages sur les manifestations de joie en faveur de l'arrivée des migrants. Vous ne faites jamais mention des personnes qui émettent des réserves. Vous voulez donner mauvaise conscience à ceux qui ne pensent pas de la même façon".

Edwige Coupez : Alors, pour répondre à Sandrine, Bruno, vous recevez Éric Kervellec, directeur de la rédaction de France Info.

Bruno Denaes : Éric Kervellec Bonjour

Éric Kervellec : Oui, bonjour à tous.

Bruno Denaes : Alors France Info, comme le dit également Sandrine, manquerait-elle d'impartialité ?

Éric Kervellec : Alors, non ! Franchement, non. Je ne le pense pas. Et je pense que Sandrine a… Elle a raison d'écouter notre radio mais elle l'a écoutée de manière sans doute très partielle. Parce qu'il n'y a pas eu que des reportages, dans les semaines qui viennent de s'écouler, sur ces migrants, effectivement, à la frontière soit hongroise, soit autrichienne, soit allemande. Il y a eu ça d'une part. Mais pas seulement. Ces dernières semaines, il y a eu aussi, sur le terrain, des reportages sur des manifestations d'extrême droite en Saxe, des manifestations d'hostilité de la population en Hongrie. »[236]

Le directeur de la rédaction poursuit en insistant sur le fait que toutes les sensibilités politiques de France ont eu la parole, à ce sujet, sur l'antenne de France Info. Mais que vient-il de répondre à la pauvre Sandrine ? Il vient, ni plus ni moins, de lui donner raison. « Extrême droite », « hostilité » : Éric Kervellec ne parvient pas à désigner de manière non péjorative les gens qui plaident pour un renforcement des frontières face à la vague migratoire. Sandrine a « raison » d'écouter France Info, mais elle a *mal* écouté. Quand Sandrine reproche à la radio de ne « pas faire mention des personnes qui émettent des réserves », elle ne pense pas à de méchants fascistes mais à des gens comme elle à qui, selon ses mots, les journalistes cherchent à « donner mauvaise conscience ». Le directeur de la rédaction lui répond donc très doctement : mais si, nous avons parlé de ces gens ; mais nous avons dit que c'étaient des méchants. Il faut *bien* écouter.

Lorsqu'il a quitté son poste de médiateur à Radio France, Jérôme Bouvier a adressé aux auditeurs une lettre dans laquelle il énonçait la maxime qui lui avait servi de règle de conduite : « Écouter nos auditeurs pour mieux les faire entendre »[237]. Toute la posture pédagogique du Journaliste est résumée dans cette devise. Ce n'est pas le Journaliste qui exprime mal, c'est l'auditeur qui écoute mal. Le Journaliste ne peut pas être un mauvais journaliste ; c'est l'auditeur qui est un mauvais auditeur. On n'écoute pas l'auditeur afin d'améliorer la qualité de l'information mais on saisit sa critique comme l'occasion de lui rappeler comment il doit écouter, comment il doit réagir à ce qu'il entend et, en définitive, comment il doit penser. Mais rappelons, pour ceux qui en douteraient, que le médiateur « favorise le débat et la réflexion sur l'éthique et les bonnes pratiques au sein de Radio France »[238].

« Bruno Denaes : Alors il y a également Jules qui nous interpelle : "Jamais France Info ne s'est autant ridiculisée, dit-il, avec cette campagne pro-immigration bien organisée, là c'est trop gros, vous ne pourrez plus dire que vous n'êtes pas en service commandé." Bon, alors Éric, qui vous commande ?

Éric Kervellec : On est en service commandé et ce qui nous commande, c'est l'actualité. »[239]

On retrouve ici l'hypocrisie que nous dénoncions en introduction et qui repose sur l'illusion, complaisamment entretenue, que le Journaliste n'est que le témoin de l'actualité, qu'il se contente de dire ce qui est. « Modestement, on est les témoins de l'Histoire en permanence et viscéralement ce que nous recherchons, c'est de rapporter des événements ; c'est l'actualité qui le dicte, c'est tout »[240], dit Éric Kervellec. L'actualité dont il est question ici est la suivante : des centaines de milliers de gens arrivent en Europe. Les désigner comme des réfugiés, des immigrés illégaux, des migrants, des envahisseurs, etc., ce n'est pas l'actualité qui le « commande », ce n'est pas l'actualité qui le « dicte ». Désigner comme des gens « d'extrême droite » ou « hostiles à l'accueil des migrants » ceux qui estiment, quant à eux, opposer une résistance à une invasion migratoire, ce n'est pas non plus « l'actualité qui le dicte ».

Mais Éric Kervellec a raison sur un point : « Je ne suis pas le censeur d'un ensemble de toute une rédaction »[241]. Nous l'avons déjà montré : le seul censeur du Journaliste, c'est le Journaliste lui-même. Et cette autocensure est essentiellement morale. Le réflexe qui lui fait dire les choses comme il les dit est le même qui l'empêche de proférer insultes et grossièretés à l'antenne. C'est un conditionnement d'ordre éthique et, partant, idéologique. Parce que le bon mode de désignation est intimement lié à la vision que l'on a des événements (répartition entre bons et méchants, impression de progrès ou de régression, etc.). Les médias de réinformation ne fonctionnent pas autrement ; seul diffère le soubassement idéologique. Et les uns comme les autres finissent par *voir* les choses telles qu'ils les *disent*. Ce n'est pas grave : c'est même inévitable. Mais que l'on n'aille pas prétendre, comme le fait Éric Kervellec, que l'actualité s'écrit toute seule par l'entremise d'un Journaliste réduit au rôle de scribe. Il n'est d'autre dieu que l'actualité et le Journaliste est son prophète, alors croyez le Journaliste, nous dit-il en substance.

L'OBSESSION DU DÉCRYPTAGE

La grande hypocrisie du décryptage

L'apparition du mot *décryptage* dans le discours médiatique (et notamment méta-médiatique) est récente. Sans doute s'est-elle en grande partie vulgarisée grâce à un documentaire de Philippe Bensoussan sur le traitement du conflit israélo-palestinien, sorti sur les écrans en 2003, qui s'intitule justement *Décryptage*. Le statut de titre a sans doute contribué à la consécration de la notion.

Pourtant, la pratique journaliste n'a pas changé. Ou plutôt si, mais dans le sens inverse à celui qu'impliquerait la mise en œuvre systématisée du décryptage. Avant même de creuser son sens, on peut considérer que le verbe *décrypter* suppose d'analyser froidement l'information, de la décortiquer avec un esprit critique afin de la rendre plus fiable. Le développement des réseaux sociaux et l'obsession du « temps réel » ont rendu difficile l'accès à une information de qualité. De fait, le mot *décryptage* ne veut plus rien dire lorsqu'il est employé à tort et à travers, comme dans le titre de ce reportage d'Azur TV : « Décryptage du dispositif de prévention contre le virus Ebola »[242] ; il s'agit simplement de décrire et d'expliquer le dispositif en question. Rien à *décrypter*, en l'occurrence. L'émission d' iTélé « CQFD (ce qu'il fallait décrypter) » est un excellent exemple de la vacuité que recouvre ce terme alléchant de *décryptage* : on devrait nous y dévoiler le dessous des cartes, nous expliquer comment, en disant telle chose, en nous montrant telle image de telle manière, on parvient à nous faire adopter telle opinion. Il n'en est rien. Les *clouds* défilent, la taille des mots étant proportionnelle au nombre des tweets où ils sont apparus durant la semaine écoulée, puis viennent des camemberts, des graphiques, des diagrammes en barres et enfin la séance *tops/flops* des intervenants, qui travaillent pour des agences de communication, de sondage, de presse, mais n'éclairent pas du tout l'actualité qu'ils contribuent eux-mêmes à façonner.

Les commentaires des débats et discours à la radio et à la télévision ne sont pas moins affligeants. Une heure avant le début de l'émission, nous sommes en édition spéciale. Les journalistes attirent notre attention sur l'importance de la forme de la table, de la disposition du pupitre, de la hauteur de l'estrade, de la distance entre les chaises des participants, etc. Quand le discours est fini, décryptage immédiat et c'est là que l'on culmine dans le néant. Les commentaires sont du niveau des mauvaises copies de baccalauréat (type « on voit que Victor Hugo parle d'amour puisqu'il emploie deux fois le verbe *aimer* », source : copie de bac). Beaucoup ont remarqué que « Sarkozy a prononcé le mot "République" 109 fois dans son discours de Paris »[243] mais peu se sont interrogés sur les raisons et les effets de cette inflation. On s'est contenté de la relier au changement de nom du parti, l'UMP devenant les Républicains, alors que l'un des faits corollaires marquants résidait dans l'éviction du mot France, l'attachement au régime se substituant à l'amour de la patrie. Si l'on veut compter les occurrences d'un mot, il faut donc aussi savoir donner un sens au chiffre ; ce n'est pas difficile, certains le font : « Pour faire preuve d'autorité, le meilleur moyen est de se placer au cœur de l'action. Pour cela, le président a multiplié l'usage de la première personne du singulier. [...] En 38 minutes d'interview, le président a utilisé 134 fois le pronom "je", soit une fois toutes les 17 secondes en moyenne. "J'ai fait", "je veux", "je", "je", "je"... François Hollande a centré son discours sur lui-même »[244]. Mais il ne faudrait pas que l'obsession du chiffre éclipse la spécificité remarquable d'une prise de parole. « François Hollande a employé 17 fois le pronom *je* » a-t-on pu entendre sur iTélé dans la bouche d'un « journaliste politique » après une intervention du Président. La belle affaire. Tout occupé à compter les « je », notre commentateur professionnel n'avait pas vu, entre autres, que le fait de discours marquant de l'allocution – celui qui allait immanquablement influer sur l'opinion des auditeurs – était l'emploi du futur prophétique (type « nous allons relancer la croissance avec de grands projets », « le chômage va baisser », etc.) : au lieu d'annoncer qu'il allait « essayer de faire en sorte que », « tout mettre en œuvre pour parvenir à », le Président présentait l'aboutissement de son action comme une certitude, manière d'apaiser les craintes, et de donner l'illusion de maîtriser la situation, d'avoir de l'emprise sur les choses. Clemenceau disait déjà qu'on reconnaissait un discours de Jaurès au fait que tous les verbes y étaient au futur. Ce n'était pas là un simple sarcasme. Il décryptait ainsi une puissante stratégie de manipulation, toujours abondamment exploitée.

Par *manipulation*, j'entends ici tout simplement, et de manière très large, la mise en œuvre consciente de techniques de persuasion mobilisées afin de convaincre un public qui lui, méconnaît l'existence de ces techniques. La manipulation désigne donc le décalage entre un locuteur qui connaît les règles du jeu et un auditeur qui les ignore mais qui est néanmoins sommé de jouer (de se faire *librement* une opinion). Le résultat de la partie est connu d'avance.

Le comportement d'un auditeur face à un discours peut être comparé à celui des spectateurs d'un film d'épouvante, que l'on classerait en deux catégories. D'un côté le spectateur impressionnable, un enfant par exemple, qui a du mal à se convaincre que ce qu'il voit n'est pas la réalité. Horrifié, il doit détourner le regard quand il voit le zombie arracher les boyaux de sa victime encore consciente et commencer à les dévorer. De l'autre, le connaisseur, passionné d'effets spéciaux. Au moment où le zombie porte à la bouche les entrailles de sa proie, il écarquille les yeux pour mieux voir « comment c'est fait ». Ce qu'il cherche à analyser, c'est finalement la cause de l'épouvante de son voisin, le mécanisme de manipulation dont celui-ci est victime par ignorance. La plupart de nos concitoyens sont cet enfant. Plus grave, la plupart de nos journalistes aussi, alors qu'ils devraient s'identifier au second personnage.

Renouer avec l'enseignement du « décryptage »

On le voit avec la notion de manipulation, le problème tient bien moins aux procédés de persuasion mis en œuvre qu'au degré de conscience des individus soumis à ces dispositifs efficaces. Outre le problème de la dégradation de l'enseignement de la langue, on peut déplorer la disparition quasi-totale d'un autre enseignement : celui des techniques du discours. Inventée par la *démocratie* grecque, la rhétorique a atteint son apogée sous la *République* romaine. N'est-il pas troublant que l'une des premières décisions prises par les instaurateurs de la *République démocratique* française, dans le cadre des lois Ferry des années 1880, fût de mettre fin à l'enseignement de la rhétorique ? On en connaît les raisons : devenu trop formaliste, cet apprentissage technique semblait déconnecté de la pratique réelle du discours ; il avait en outre l'inconvénient, aux yeux de beaucoup, de fonctionner selon le principe du modèle à imiter, ce qui supposait la prescription de canons et paraissait une entrave au développement des goûts esthétiques personnels de l'élève. Certes, mais comment avait-on pu oublier que l'enseignement de la rhétorique était l'instrument fondamental de l'égalité entre les citoyens ? Que l'*isègorie* (égalité dans l'accès à la parole) fut de tout temps la condition *sine qua non* du bon fonctionnement de la démocratie ? La capacité à se défendre en utilisant au mieux les techniques du discours, la possibilité de prendre la parole dans les assemblées pour faire valoir son point de vue et essayer de rallier les autres à sa cause étaient, par la rhétorique, rendues accessibles à tous. Et la République française qui se flattait de permettre à tous les citoyens de bénéficier de la scolarité se hâta de les priver de la maîtrise des moyens de s'exprimer. Pire, en lui ôtant la connaissance des techniques de production du discours efficace, elle fit du peuple la victime rêvée de toutes les stratégies de manipulation. En effet, la disparition de l'enseignement rhétorique ne signa pas la disparition de *la* rhétorique. Au contraire, de la rhétorique de la parole à la rhétorique de l'image, avec le développement de la presse, de l'affichage, et des médias de masse (radio, télévision, internet), l'individu lambda est sans cesse soumis à la rhétorique, sans aucun moyen d'analyser les stratégies mises en œuvre pour le convaincre, de repérer leur limite et, éventuellement, d'y résister. La rhétorique est partout et plus personne ne sait ce qu'est la rhétorique. Qu'elle s'appelle désormais « communication », souvent abrégé en « comm' », et qu'elle emprunte de plus en plus son jargon à l'anglais ne change rien à l'affaire : longtemps avant l'invention des *SIC* (Sciences de l'Information et de la Communication), Aristote et Cicéron avait déjà compilé, répertorié et analysé toutes les techniques de persuasion auxquelles nous sommes quotidiennement soumis et leurs successeurs avaient, à travers les siècles, poursuivi leurs travaux. Le système d'enseignement jésuite, qui a longtemps servi de modèle à notre système scolaire, avait donné une place centrale à la rhétorique, instrument de liberté et de pouvoir.

En France, on le sait, les cours d'ECJS (Éducation Civique, Juridique et Sociale) devenue EMC (Enseignement moral et civique) que la plupart des enseignants rechignent à assumer, virent souvent à la traque de l'individu divergent. Chacun est appelé à exprimer son point de vue sur un thème, à partir d'un corpus documentaire. Le programme spécifie qu'il s'agit « d'amener les élèves à réfléchir » sur tel ou tel point mais en fait, la majorité partage une même opinion, celle que proposent les médias et le but de l'affaire paraît seulement de déstabiliser celui dont le sentiment peut être considéré comme inadéquat ou dangereux, afin de l'amener, sinon par la raison, du moins par l'humiliation de la solitude, à s'aligner sur la pensée de la masse. À l'inverse, aux États-Unis, le système donne encore sa place à un apprentissage réel de la pratique du débat d'idées, et les élèves se trouvent souvent en situation de devoir argumenter contre leur propre point de vue, ce qui est extrêmement stimulant pour l'intelligence. Le programme scolaire des *high schools* (équivalent de nos lycées) inclut un entraînement au débat qui n'est pas du tout conçu comme l'occasion pour l'élève d'exprimer son opinion et de se disputer avec ceux qui ne pensent pas comme lui. Il me souvient de cet assistant d'anglais venu de San-Francisco avec sa dégaine de surfeur et chargé de nous faire travailler notre oral en classe préparatoire. Il utilisait, pour ce faire, le principe du *in-class debate*. Quand il annonça que le premier thème traité serait la peine de mort, nous avons tous cru qu'il allait falloir revivre, en anglais, les cours d'ECJS dont nous pensions que l'obtention du Baccalauréat nous avait libérés. Mais il ajouta immédiatement qu'il ne voulait pas connaître notre opinion sur la question ; il divisa la classe en deux groupes : d'un côté de l'allée centrale, les opposants et de l'autre, les partisans de la peine de mort. Il nous donna vingt minutes pour compiler des arguments en les classant par thèmes (philosophique, économique, moral, etc.) et par types formels (arguments d'autorité, arguments par l'exemple, par déduction, etc.), et en réfléchissant à la force relative des uns par rapport aux autres. Si le débat final ne ressembla pas vraiment à une joute oratoire en bonne et due forme car nous n'étions pas à l'aise avec l'exercice, du moins n'avait-il rien de commun avec les procès staliniens que nous avions pu vivre au lycée. Si quelqu'un était favorable à la peine de mort dans la classe, personne ne le sut ce jour-là. On voit d'emblée la différence d'approche. D'un côté, une pédagogie qui vise à développer l'esprit critique et l'art d'argumenter, de l'autre, un système qui paraît conçu pour vérifier le degré d'imprégnation des individus par la propagande officielle. Bien sûr, les programmes de l'Education Nationale stipulent que cet enseignement a pour objectif « la maîtrise progressive d'une capacité de réfléchir et d'argumenter. Il s'agit d'aider les élèves à devenir des citoyens libres, autonomes, exerçant leur raison critique au sein d'une démocratie dans laquelle ils sont appelés à agir »[245]. Mais dans les faits, il se traduit la plupart du temps par des débats informels ou les intervenants se contentent de réciter la ligne de pensée dominante dans les médias (« tu ne peux pas dire ça parce que moi, j'ai vu à la télé un reportage sur quelqu'un qui… »). Ces séances pourraient être l'occasion d'un apprentissage efficace et contextualisé des méthodes de persuasion ; elles manifestent en réalité le lien étroit entre *éducation par l'école* et *éducation par les médias*. Elles permettent de vérifier, dans le cadre scolaire, que le mensonge consensuel a bien été intériorisé par tous et que l'individu qu'on s'apprête à lâcher dans le monde ne risque pas de briser la concorde sociale en professant des idées déviantes. Offrir à tous un accès à l'enseignement rhétorique est un risque que le régime n'accepte pas encore de prendre.

Le résultat est sans surprise. D'une part, l'homme d'aujourd'hui, privé de la connaissance des techniques du discours que Corneille applique magistralement en mettant en scène des tirades et des débats d'une grande virtuosité oratoire, n'est plus en mesure d'apprécier le théâtre du Grand Siècle, d'autre part, et c'est plus grave, les journalistes – qui n'ont à la bouche que le mot « décryptage » et vont jusqu'à donner ce titre à certaines de leurs émissions – sont totalement démunis face à la moindre stratégie de communication, face au moindre discours.

Essayant de donner une définition satisfaisante de la notion de *décryptage* employée à tout va dans les médias, Bernard Thomasson, journaliste à France Info, considère qu'elle désigne un procédé de traitement des faits qui vise à les rendre lisibles en les libérant de la « gangue » d'informations annexes, contradictoires, inutiles ou peu fiables, qui nuit à leur compréhension[246]. C'est donc un travail d'élagage, visant à mettre en évidence les enjeux profonds d'un fait d'actualité que la multiplication des « angles » rend confus. En ce sens, les émissions qui multiplient les *clouds* ne font qu'ajouter à la confusion en étoffant l'information avec des données superflues. Mais Bernard Thomasson écarte auparavant comme inadéquate la définition première du décryptage, *décodage* d'un sens caché : action de « traduire en clair un message chiffré dont on ignore la clef » (*Le Robert*). Pourtant, le développement d'une réelle « liberté de réception » (Philippe Breton[247]) suppose que le récepteur soit capable de résister consciemment et méthodiquement aux stratégies de manipulation dont il est la cible. Que l'école ne prenne plus sa part dans cette formation à la résistance intellectuelle est une chose, regrettable au demeurant. Mais que les médias, qui se prévalent du statut de contre-pouvoir et prétendent offrir des clefs de compréhension propres au développement de l'esprit critique n'assument pas cette mission est tout aussi grave.

« Alors qu'ils s'étaient présentés comme les garants d'une information, sinon objective, du moins honnête, les médias apparaissent maintenant comme le maillon le plus faible, à qui la confiance doit toujours être mesurée, quand elle peut leur être accordée. »[248] L'homme qui écrit ces mots n'est pas un polémiste adepte de la diabolisation de la presse : Philippe Breton est Professeur au Centre Universitaire d'Enseignement du Journalisme (CUEJ) de Strasbourg. Selon lui, l'absence paradoxale d'un enseignement démocratisé de la parole dans nos sociétés de communication met les individus en état de faiblesse et, on peut le dire, de soumission aveugle. Pour ne pas devenir de la manipulation, la liberté de convaincre doit se heurter à la liberté de l'auditeur de n'être pas convaincu, ce qui suppose de sa part une connaissance, au moins théorique, des techniques de persuasion. L'auteur de la *Parole manipulée* n'emploie pas le terme de *décryptage*, mais il plaide pour un enseignement du *décodage* des stratégies de parole (or, nous avons vu que c'est le premier sens du mot décryptage) :

« Apprendre à décoder passe par un apprentissage technique. Il vaut mieux connaître les procédés manipulatoires pour être capable de les analyser sans complaisance. Notre système scolaire et universitaire ne nous aide pas, pour l'instant, dans cette tâche pourtant essentielle. Il nous manque ce que l'on pourrait appeler une "culture de l'analyse du message". Son absence est d'autant plus regrettable que, d'une façon générale, comme on ne cesse de nous le dire, la communication est devenue un élément incontournable des sociétés modernes et que notre environnement social est aujourd'hui saturé de messages les plus divers, qui s'interposent le plus souvent entre nous et le monde.

Savoir analyser les messages reçus ou bien rester prisonnier de leurs effets constitue peut-être une des sources principales d'inégalité sociale aujourd'hui. »[249]

Il ajoute : « Il est urgent que notre culture accorde une place plus importante à la compréhension des mécanismes communicationnels, des procédés argumentatifs, des méthodes manipulatoires. Il est nécessaire que nous sachions mieux ce pourquoi nous faisons les choses, comment nous formons nos opinions, ce qui fonde nos décisions. »[250]

À la fois porteur d'un regard analytique sur les mots du pouvoir et lui-même producteur de discours, le Journaliste est à un poste clef dans cette *culture de l'analyse du message*. Seulement, de la même manière qu'il est victime d'une formation insuffisante en langue et coupable, par là même, d'une accélération de la dégradation de celle-ci (simplification de la syntaxe, réduction du lexique, mauvais usage des tournures verbales, etc.), il est aussi insuffisamment équipé pour étudier le fonctionnement de n'importe quel acte de discours, à commencer par son propre langage et, ne pouvant se prémunir contre les manipulations, il les relaie avec une complaisance naïve.

C'est ce qui frappe à la lecture de l'article consacré aux rumeurs entourant la diffusion de la photographie d'Aylan, le petit Syrien mort noyé. Comme nous l'avons dit, ce texte vient du site le Monde.fr ; mais il se trouve dans une section particulière : « Les Décodeurs », terme synonyme de « décrypteurs » (comme le rappelle la citation de Philippe Breton). Le slogan des décodeurs du Monde.fr est « Venons-en aux faits » et leur « mode d'emploi » indique : « Les décodeurs du Monde.fr vérifient déclarations, assertions et rumeurs en tous genres ; ils mettent l'information en forme et la remettent dans son contexte ; ils répondent à vos questions. » C'est du *fact-checking* en bonne et due forme. Mais ce n'est pas du décryptage. Encore faudrait-il que ce soit effectivement de la vérification de faits (on a vu que les rumeurs sur la mort d'Aylan étaient surtout confrontée à des témoignages présentés, par le journaliste lui-même, comme peu fiables). Loin de décrypter quoi que ce soit, cet article peu rigoureux et peu convaincant manifeste néanmoins un objectif très clair : il s'agit de rappeler l'attitude que doit nous inspirer la photographie du cadavre d'Aylan. Celle-ci a pour vocation de nous rendre favorable à l'accueil des réfugiés. C'est tout ; aucun autre comportement n'est admissible. Aucune interrogation ne doit être formulée quant à la nature des événements, la démarche du photographe, l'interprétation des faits, ou la conduite à tenir en conséquence. Aucune. En fait de décryptage, démarche qui supposerait une analyse froide et critique prenant à bras le corps la complexité du réel, on nous intime l'ordre de nous contenter de la lecture la plus simple des faits, celle qui nous inspirera le comportement moralement adéquat.

Ce que décrypter n'est pas

Le décryptage authentique ne saurait être ni gratuitement formel ni purement descriptif. Il importe de le préciser. En effet, le débat qui opposa Nicolas Sarkozy à François Hollande entre les deux tours de l'élection présidentielle de 2012 a donné l'occasion à tous les petits journaleux d'exhiber leur savoir stylistique minimal sur un mode qui rappelait, là encore, le lycéen ; mais cette fois, l'élève consciencieux, celui qui a bien appris ses figures : « à la ligne deux, on a une antiphrase, à la ligne cinq, on trouve une prolepse, à la ligne neuf, il y a une antanaclase ;

donc on voit que l'auteur utilise beaucoup de procédés littéraires. » Il lui reste à comprendre que cet étiquetage a un intérêt uniquement dans la mesure où il doit permettre de dévoiler le fonctionnement du texte, c'est-à-dire d'en expliquer les effets sur le lecteur.

Tout le monde attendait la petite phrase et, comme l'écrit Daniel Schneidermann, « la petite phrase fut une anaphore »[251]. Rappelons-nous la réponse de François Hollande à la question de Laurence Ferrari qui demandait « Quel président comptez-vous être ? » : « Je veux être un président qui d'abord respecte les Français, qui les considère. Un président qui ne veut pas être président de tout, chef de tout et en définitive responsable de rien. *Moi président de la République,* je ne serai pas le chef de la majorité, je ne recevrai pas les parlementaires de la majorité à l'Élysée. *Moi président de la République,* je ne traiterai pas mon Premier ministre de collaborateur. *Moi président de la République,* je ne participerai pas à des collectes de fonds pour mon propre parti, dans un hôtel parisien. *Moi président de la République,* je ferai fonctionner la justice de manière indépendante, je ne nommerai pas les membres du parquet alors que l'avis du Conseil supérieur de la magistrature n'a pas été dans ce sens. *Moi président de la République,* je n'aurai pas la prétention de nommer les directeurs des chaînes de télévision publique, je laisserai ça à des instances indépendantes. *Moi président de la République,* je ferai en sorte que mon comportement soit en chaque instant exemplaire. *Moi président de la République,* j'aurai aussi à cœur de ne pas avoir un statut pénal du chef de l'État ; je le ferai réformer, de façon à ce que si des actes antérieurs à ma prise de fonction venaient à être contestés, je puisse dans certaines conditions me rendre à la convocation de tel ou tel magistrat ou m'expliquer devant un certain nombre d'instances. *Moi président de la République,* je constituerai un gouvernement qui sera paritaire, autant de femmes que d'hommes. *Moi président de la République,* il y aura un code de déontologie pour les ministres, qui ne pourraient pas rentrer dans un conflit d'intérêts. *Moi président de la République,* les ministres ne pourront pas cumuler leur fonction avec un mandat local, parce que je considère qu'ils devraient se consacrer pleinement à leur tâche. *Moi président de la République,* je ferai un acte de décentralisation, parce que je pense que les collectivités locales ont besoin d'un nouveau souffle, de nouvelles compétences, de nouvelles libertés. *Moi président de la République,* je ferai en sorte que les partenaires sociaux puissent être considérés, aussi bien les organisations professionnelles que les syndicats, et que nous puissions avoir régulièrement une discussion pour savoir ce qui relève de la loi, ce qui relève de la négociation. *Moi président de la République,* j'engagerai de grands débats, on a évoqué celui de l'énergie, et il est légitime qu'il puisse y avoir sur ces questions-là de grands débats citoyens. *Moi président de la République,* j'introduirai la représentation proportionnelle pour les élections législatives, pour les élections non pas de 2012, mais celles de 2017, car je pense qu'il est bon que l'ensemble des sensibilités politiques soient représentées. *Moi président de la République,* j'essaierai d'avoir de la hauteur de vue, pour fixer les grandes orientations, les grandes impulsions, mais en même temps je ne m'occuperai pas de tout, et j'aurai toujours le souci de la proximité avec les Français. J'avais évoqué une présidence normale. Rien n'est normal quand on est président de la République, puisque les conditions sont exceptionnelles, le monde traverse une crise majeure, en tout cas l'Europe. Il y a des conflits dans le monde, sur la planète, les enjeux de l'environnement, du réchauffement climatique : bien sûr que le président doit être à la hauteur de ces sujets-là, mais il doit aussi être proche du peuple, être capable de le comprendre. »

Effectivement, c'était une anaphore. Mais contrairement à ce que pensèrent la plupart des commentateurs qui s'en tinrent à cette identification, quand on avait dit cela, on n'avait rien dit. Puisque l'anaphore désigne une formule répétée en tête de phrase, il fallait se pencher sur ladite formule, l'analyser un peu et expliciter l'effet recherché par sa réitération multiple. Ensuite, que l'expression marquante fût au début des phrases n'interdisait pas de s'intéresser au reste de chacune d'elles. Remarque préliminaire : pour être grammaticalement correcte, cette anaphore aurait dû n'être qu'une quasi-anaphore. Quand le sujet de la phrase est « je », on peut lui apposer deux éléments adventices : le « moi » d'insistance et « président de la République » (sous-entendu « [en tant que] président de la République »). Dans ce cas, il faut une virgule entre chaque élément, qui se traduit à l'oral par une pause : « moi, président de la République, je... ». Mais quand le sujet de la phrase est une entité différente de la personne de celui qui parle (quand ce n'est pas « je »), on ne peut lui apposer « moi ». En revanche, on peut antéposer une proposition participiale où le verbe *être* est sous-entendu : « moi président de la république, les ministres... » (c'est l'équivalent du fameux ablatif absolu latin et du génitif absolu grec). Maniaqueries de spécialiste enrobées dans un jargon grammatical abscons ? La vérité, c'est que, tout comme la théorie rhétorique étiquette des phénomènes que l'on peut intuitivement percevoir et élaborer, la grammaire conceptualise des faits de langues qui lui préexistent. Le sentiment de la langue, commun à ses locuteurs, est en soi normatif : la grammaire scientifique fournit seulement les notions pour exprimer cette norme de manière explicite et systémique. Quelqu'un qui parle bien ou, du moins, qui est profondément imprégné du fonctionnement de sa langue perçoit de lui-même les anomalies d'une phrase, même s'il ne dispose pas de l'arsenal conceptuel pour les décrire.

Ainsi, il y a bien eu un journaliste pour noter la « légère imperfection » de l'anaphore hollandienne – et en livrer une interprétation psychanalytique convaincante autant qu'amusante : « Étrange anaphore, à l'examiner de près. Étrange et légèrement ambiguë. Le bloc « moi président de la République », forme-t-il un tout, comme (par exemple) dans la phrase gaullienne « moi vivant, jamais le drapeau FLN ne flottera sur l'Algérie » ? Mais alors, dans ce cas, quelle étrange dissociation du moi et du je ! Quel étrange système, dans lequel « moi », pendant cinq ans, serait une sorte de… surmoi, de garde-fou, de « conscience » de « je », seule la conjonction des deux empêchant l'entité « président Hollande » de retomber dans les travers maudits du sarkozysme ! Ou bien faut-il glisser une virgule entre « moi » et « président de la République », fusionnant ainsi « moi » et « je » dans un seul groupe sujet (mais alors, la formule est un peu lourde, et pourrait faire l'économie du « je »). Je pinaille, je sais. »[252] Daniel Schneidermann se trompe seulement sur un point ; ce n'est pas du « je » qu'Hollande aurait pu « faire l'économie » mais du « moi » : « président de la République, je… ». Quoi qu'il en soit, cette anaphore contenait donc, à treize reprises sur quinze occurrences, une anacoluthe : une rupture de construction syntaxique, ou pour le dire plus simplement, puisqu'elle était manifestement involontaire, une faute de français. Mais le plus important, c'est l'effet que peut avoir sur le téléspectateur l'association obsessionnelle de « moi » à « président de la République » ; qui plus est, dans des phrases au futur (et non au conditionnel, ce qui aurait été possible) faisant donc comme si son élection était déjà entérinée : « quand je serai président, puisqu'il est certain que je le serai, voici ce qui se passera ». Ou plutôt voici ce qui ne se passera pas. De fait, c'était la dimension à ne pas manquer dans cette litanie : l'abondance des tournures négatives (douze *ne… pas*). Ceux qui se sont étonnés par la suite que François

Hollande, une fois élu, semble n'avoir pas de projet politique clair, auraient dû savoir à quoi s'en tenir. Alors que le candidat est censé livrer un discours visant à convaincre les électeurs de *voter pour lui*, François Hollande cherche avant tout à les convaincre de *ne pas voter pour son adversaire*. Il ne dit pas quel président il sera ; il dit seulement quel président il ne sera pas. Alors qu'il devrait défendre sa candidature en vantant ses propres mérites, il se lance dans un réquisitoire contre Nicolas Sarkozy. La fameuse anaphore que beaucoup trouvèrent enthousiasmante et brillante contenait déjà en creux un aveu terrible : François Hollande savait que, s'il était élu, il ne pourrait se féliciter de sa victoire, mais uniquement de l'échec de son adversaire. Il savait que la vague populaire qui le portait ne témoignait pas d'une adhésion à sa personne mais seulement d'un rejet du Président en place. Par son morceau de bravoure oratoire, le candidat socialiste reconnaissait devant la nation qu'il n'avait pas de projet politique bien établi et devant son adversaire, qu'il n'existait que par rapport à lui. Autrement dit, son projet politique consistait uniquement à jurer de ne pas commettre les mêmes erreurs que son prédécesseur. Par conséquent, Nicolas Sarkozy était théoriquement en position de force après cette tirade. Mais sa réplique manque d'à-propos :

« Monsieur Hollande, vous avez parlé, sans doute pour être désagréable à mon endroit, d'un président normal. Je vais vous dire, la fonction d'un président de la République, ce n'est pas une fonction normale. Et la situation que nous connaissons, ce n'est pas une situation normale. Votre normalité, elle n'est pas à la hauteur des enjeux. Pour postuler à cette fonction, je ne pense pas que le général de Gaulle, François Mitterrand, Valéry Giscard d'Estaing, Jacques Chirac, Georges Pompidou, c'étaient à proprement parler des hommes normaux. Vous venez de nous faire un beau discours, on en avait la larme à l'œil, mais c'est le même François Hollande qui, quand il s'enflamme en mimant François Mitterrand dans les meetings, dit : « Je ne garderai aucun des magistrats, aucun des policiers, aucun des préfets… [interruption de François Hollande]… aucun des préfets qui ont travaillé aux côtés de Nicolas Sarkozy […] ».

Manifestement, il avait préparé le passage sur la normalité et tient à le placer. Mais François Hollande avait lui-même par avance dégonflé cette attaque en concédant que cette normalité était toute relative et se limitait à la proximité avec le petit peuple. Résultat : Nicolas Sarkozy donne l'impression de répéter ce que son adversaire vient de dire. La preuve :

François Hollande	Nicolas Sarkozy
J'avais évoqué une présidence normale.	Vous avez parlé, sans doute pour être désagréable à mon endroit, d'un président normal.
Rien n'est normal quand on est président de la République,	Je vais vous dire, la fonction d'un président de la République, ce n'est pas une fonction normale.
puisque les conditions sont exceptionnelles, le monde traverse une crise majeure, en tout cas l'Europe.	Et la situation que nous connaissons, ce n'est pas une situation normale.

On peut noter une seule nuance : François Hollande semble penser que si le monde ne traversait pas une « crise majeure », les conditions ne seraient pas « exceptionnelles » et la fonction de président pourrait être exercée de façon plus « normale » (c'est l'ambiguïté de son étrange « puisque » ; on aurait attendu « surtout lorsque »). Mais ceci mis à part, Nicolas Sarkozy perd ici de précieuses secondes. Il fallait tenir compte de l'impact probable de la tirade hollandienne et le désamorcer. Pour ce faire, il convenait de mettre en évidence l'aveu de faiblesse sous-jacent. Ce qui aurait pu donner, dans le style-Sarkozy :

> « M'sieur Hollande, vous aimez les anaphores et vous êtes connu pour en abuser. Vous avez raison, après tout : c'est une technique de discours facile à utiliser et ça fonctionne bien dans les meetings. Il n'empêche que vous n'avez pas répondu à la question de Laurence Ferrari, M'sieur Hollande. Vous n'avez pas dit quel président vous serez mais seulement quel président vous ne serez pas. Vous avez énuméré des accusations en promettant de ne pas commettre les mêmes erreurs que moi. Croyez-moi, vous pouvez en commettre d'autres, peut-être pires. Ce qui est étrange, c'est que vous ne soyez capable de vous définir que de manière négative, par rapport à moi, comme si vous ne pouviez pas exister sans moi. C'est flatteur mais je pense que cela inquiète vos potentiels électeurs. Maintenant, c'est bien de vouloir être proche des gens. Mais la vérité, c'est que, président de la République, vous avez des gardes du corps ; une multitude de personnes, dont je salue les compétences, veillent sur votre sécurité. Président de la République, vous ne vous retrouvez jamais seul devant un distributeur de billets, à la merci d'un braqueur ou d'un arracheur de sac. Président de la République, vous ne vous faites pas voler votre téléphone portable, vous ne vous faites pas raquetter au coin de la rue ni violer dans un parking. Voilà ce que les gens craignent au quotidien, M'sieur Hollande. Et moi, ce qui me tient le plus à cœur, ce qui constitue et continuera d'être l'axe majeur de mon projet politique, en tant que président de la République, c'est ma volonté ferme et résolue qu'aucun citoyen ne puisse craindre qu'on attente à ses biens ou à sa vie. Ma volonté, oui, qu'aucun de mes concitoyens ne vive dans la peur. »

Le « moi président de la République » n'était pas en soi décisif dans la victoire de François Hollande. Ce qui le fut peut-être, c'est l'incapacité momentanée dans laquelle se trouva son adversaire de dégonfler cette tirade. Le piètre « on en avait la larme à l'œil », la pique inutile sur la tendance du candidat socialiste à mimer François Mitterrand et la faiblesse évidente de l'allusion à la révocation promise par François Hollande du personnel nommé par son prédécesseur ne pouvaient pas compenser la future amplification médiatique, très prévisible, dont bénéficierait la lourde anaphore.

Ce que pourrait être un vrai « décryptage »

Je voudrais juste donner un aperçu de ce à quoi pourrait ressembler un décryptage, c'est-à-dire l'analyse rhétorique d'une stratégie de parole. Je viens d'en donner un exemple avec la tirade hollandienne et j'ai déjà, plus haut dans ces pages, décortiqué tel ou tel aspect d'un reportage, mis au jour çà et là les sous-entendu d'une phrase. Ici, j'ai choisi de me concentrer sur deux interviews dont l'intérêt est d'être connues de tout le monde et qui présentent, en outre, un point commun : la présence d'un document écrit dont l'interprétation représente l'enjeu de l'entretien.

Au lieu de se concentrer sur la taille de la table, le Journaliste devrait parfois réfléchir à ce qu'il pose dessus. Les rhéteurs soulignaient en leur temps l'importance de la preuve dite extrinsèque ou extra-technique, c'est-à-dire des éléments extérieurs au discours que l'orateur intègre à sa stratégie oratoire : objets, documents, etc. Rappelons-nous l'affaire Frédéric Mitterrand : accusé d'avoir revendiqué dans un livre des actes pédophiles dans le cadre d'un tourisme sexuel en Thaïlande, le ministre de la Culture est invité à s'expliquer sur le plateau du 20h de Laurence Ferrarri[253]. L'interview porte donc sur le contenu de l'ouvrage intitulé *la Mauvaise vie* ; mais durant tout le temps de l'entretien, aucun des extraits incriminés ne sera cité, ce qui était pourtant indispensable, d'autant que la plupart des téléspectateurs n'avaient pas lu le livre. Ils sont donc censés juger le Ministre sur sa prestation oratoire et, en fonction de sa force de conviction, en déduire le caractère délictueux ou non d'un texte qu'ils ne connaissent pas. La démarche de la journaliste est proprement aberrante. En outre, celle-ci montre quelques difficultés à mener l'entretien. Dès le début c'est Frédéric Mitterrand qui est en position de maîtrise. Alors qu'il vient pour s'expliquer, se défendre, il ne semble pas du tout décontenancé. Il cherche à emmener Laurence Ferrari sur le terrain de la théorie littéraire afin de la déstabiliser. Lorsque, montrant l'ouvrage, elle le présente comme un « roman autobiographique », Frédéric Mitterrand rectifie avec un débit lent et une intonation très posée : « non, d'ailleurs vous remarquerez qu'il n'y a rien d'écrit sur la couverture : ce n'est ni un roman, ni des mémoires [...], c'est un récit mais j'ai préféré ne pas mettre *récit* parce que, au fond, c'est un tract, c'est-à-dire que c'est une manière de raconter une vie qui ressemble effectivement beaucoup à la mienne mais qui ressemble aussi à la vie de beaucoup d'autres gens ». Roman, mémoires, récit, tract : le Ministre introduit des distinctions génériques qui ancrent son discours dans le champ de l'analyse critique. De même, au cours de l'entretien, quand la journaliste signale que l'un des chapitres du livre « fait un récit de vos expériences de tourisme sexuel », le Ministre corrige avec un peu de condescendance : « des expériences du narrateur, oui », invoquant donc la distinction entre *auteur* et *narrateur*, ce qui interdit l'assimilation d'un « je » littéraire à la personne de chair qui rédige l'œuvre. En l'occurrence, ce distinguo conceptuel détourne sur la *créature* littéraire (un personnage qui raconte sa vie), les accusations portée à l'encontre du *créateur* (l'écrivain). La responsabilité morale des actes est renvoyée dans le domaine de la fiction, quand bien même cette fiction serait fortement inspirée par le vécu de l'auteur. Il entend montrer que son livre n'est pas un objet textuel aisément catégorisable et propose de le considérer comme un geste politique, un témoignage sur le mal-être de ceux qui « se sentent différents ». Il précisera peu après que les « garçons » dont il est question dans le livre ne sont pas mineurs. Autrement dit, le ministre renverse la situation : loin d'être coupable de pédophilie, il est victime d'homophobie. Cette stratégie exploitait les ressorts de l'inquisition médiatique (on pense à la traque obsessionnelle des – phobies, voir plus haut) et, comme telle, méritait une analyse. Entre-temps, Frédéric Mitterrand mobilise encore dans son plaidoyer un élément de culture littéraire qui aurait pu donner à la journaliste une occasion de briller et de reprendre la main dans cet entretien-interrogatoire, si elle en avait saisi la portée. La citation bien connue que le ministre intègre à l'explication de son projet d'écriture (« on ne fait pas de littérature avec de bons sentiments ») a de quoi faire sursauter dans ce contexte, puisqu'elle est signée d'André Gide, écrivain au talent reconnu, certes, mais aussi pédéraste notoire, adepte du tourisme sexuel. Le hasard est trop troublant pour qu'on ne puisse lire ici la réelle volonté du ministre qui, pariant sur l'inculture de son interlocutrice, adresse à ses adversaires une petite provocation censée leur rappeler que les vices dont ils le blâment ne peuvent nuire à la gloire d'un auteur.

Frédéric Mitterrand ne risque pas grand-chose car il fait face à une Laurence Ferrari qui, comme il va le comprendre, n'a même pas lu son livre. Lorsqu'elle demande au ministre : « Comment pouviez-vous savoir s'ils [les garçons prostitués] étaient mineurs ou pas ? », il rit et feint de considérer la question comme illégitime et ridicule. Pourtant, s'il était parfaitement clair que l'ouvrage narrait des relations entre hommes mûrs, rien n'aurait motivé le scandale. Bien entendu, c'est parce que le texte maintient une ambiguïté inquiétante que la polémique a pris une telle ampleur. Cela n'empêche pas Frédéric Mitterrand de répondre, sur le ton de l'évidence : « Quand même, vous reconnaissez quelqu'un qui a quarante ans. Un boxeur de quarante ans ne ressemble pas à un mineur, enfin franchement. Allons, vous avez lu le livre, Laurence Ferrarri ? » La journaliste rétorque : « J'ai lu les passages concernés effectivement ». Elle ment. D'une part, elle aurait dû lire tout le livre pour être à même de s'en faire une idée précise, comme le Ministre le souligne à deux reprises, achevant de s'affirmer en position de force dans l'entretien : « Mais *vous n'avez pas lu tout le livre. Si vous aviez lu tout le livre*, vous vous seriez rendu compte que les passages concernés ne sont que la résultante de toute une série d'autres passages ». Mais la vérité, c'est qu'elle n'a même pas lu les « passages concernés » et Frédéric Mitterrand en a la certitude à cet instant de l'interview, puisqu'il vient lui-même de mentir à propos du contenu du livre, sans que Laurence Ferrari s'en aperçoive. Il n'y a pas, dans la *Mauvaise vie*, de « boxeur de quarante ans ». Rien ne dit que le jeune homme, dans le chapitre en question, pratique la boxe, mais on apprend qu'il est « bâti comme les champions de kick-boxing » ; surtout, loin d'avoir « quarante ans », ce « garçon » en paraît vingt (« [en le regardant], j'imaginais Tony Leung à vingt ans ») et le narrateur ne cherche pas à connaître son âge réel. S'il semble avoir vingt ans, il peut aussi bien en voir trois de plus ou trois de moins, ce qui change tout au regard de la loi : dix-sept ans, c'est l'âge qu'avait la call-girl Zahia Dehar au moment de sa relation tarifée avec Franck Ribéry, qui valut à celui-ci d'être mis en examen, risquant trois ans d'emprisonnement et 45 000 euros d'amende.

Il bénéficia certes d'un non-lieu au prétexte qu'il ne pouvait pas connaître l'âge de la jeune femme, mais cela revenait à prendre acte du fait qu'il ne s'en était pas soucié. Tout comme Frédéric Mitterrand, qui préfère modifier la tranche d'âge supposée du prostitué pour ne pas avoir à admettre que son penchant éphébophile (puisqu'il s'agit bien de cela, et non de pédophilie) le porte autant vers les garçons de seize ans que de vingt-cinq.

Toutefois, Frédéric Mitterrand ne s'arrête pas là. Conscient qu'il peut mener où il veut son interlocutrice, il ajoute : « Excusez-moi, je suis ému, je pense à beaucoup d'autres choses, en même temps que je vous parle ». Beaucoup d'autres choses ? Le piège est gros. Et la journaliste tombe dedans : « À quoi ? ». Le Ministre récite un texte visiblement préparé à l'avance, qu'il attendait l'occasion de placer :

> « Je pense à mon honneur, je pense à ma famille, je pense à mes enfants, je pense à ma mère. Je ne voudrais pas faire de plaidoyer *pro domo*, mais je pense à tout cela, donc forcément je suis ému parce que ce sont des choses qui sont importantes. Je suis en train de défendre d'une certaine manière mon honneur. Oui, j'ai eu des relations avec des garçons, on le sait, je ne le cache pas mais il ne faudrait pas confondre, ou alors on serait revenu véritablement à l'âge de pierre, l'homosexualité et la pédophilie. Et si vous lisez le livre bien clairement, je pense que c'est tout à fait évident. »

La première phrase est porteuse d'une charge pathétique forte, amplifiée par l'anaphore (*je pense à… je pense à… je pense à… je pense à…*) et par le rythme ternaire lourdement scandé (trois fois six syllabes) avant la clausule (*je pense à ma mère* : cinq syllabes). La cadence mineure (le dernier groupe de mots est bref) est moins naturelle en français que la cadence dite majeure qui consiste à laisser pour la fin d'une énumération les mots ou groupes de mots les plus volumineux. Conclure sur un terme plus court produit comme un effet de chute qui lui donne un relief particulier. Ici, la tournure attire l'attention sur le terme le plus émotionnellement frappant de l'énumération, puisque celle-ci part d'une considération personnelle (le sens de l'honneur), avant de s'ouvrir à l'altérité dans un point de vue large (la famille) puis de se resserrer sur deux éléments particulièrement susceptibles de susciter la compassion de l'auditeur : les enfants, et la mère, qu'on imagine âgée, assistant impuissante au lynchage de son fils. « Je ne voudrais pas faire un plaidoyer *pro domo* » : belle prétérition ! Non seulement le Ministre est précisément en train de faire un plaidoyer *pro domo* des plus classiques puisqu'il en appelle à la pitié et à la compassion des auditeurs, mais c'est même précisément pour cela qu'il a été invité sur le plateau du 20 h. La distinction qu'il avait introduite précédemment de manière implicite en signalant que les prostitués n'étaient pas mineurs fait retour avec clarté et insistance, accompagnée d'une formule hyperbolique (une exagération) qui suggère le caractère réactionnaire de ses adversaires : « il ne faudrait pas confondre, ou alors on serait revenu véritablement à l'âge de pierre, l'homosexualité et la pédophilie ». La dernière phrase de l'extrait est insultante pour Laurence Ferrari, soupçonnée d'inaptitude à la compréhension de l'écrit, de mauvaise volonté ou d'un déficit de conscience professionnelle (elle n'a pas *pu* ou pas *voulu* lire clairement le livre). Quant au verdict « je pense que c'est tout à fait évident », là encore, il s'agit d'une provocation : s'il a été invité à « s'expliquer », c'est précisément parce que cela ne l'est pas. Seulement, il a eu la chance de se trouver face à une journaliste qui avait mal préparé l'entretien. Puisqu'il fallait éclairer le contenu d'un ouvrage, il était indispensable, bien sûr, de citer ce livre. En fait, il aurait même suffi que Laurence Ferrari glissât dans l'ouvrage des marque-pages bien visibles et le posât juste devant elle. Craignant d'être pris en flagrant délit d'autocontradiction, le ministre n'eût jamais inventé le fameux boxeur de quarante ans.

Dans l'interview de Dominique Strauss-Kahn par Claire Chazal sur le plateau de TF1[254] suite à l'affaire du Sofitel de Manhattan, c'est l'« accusé » qui tient le document-clef, pas la journaliste. Et le problème est là, précisément. DSK brandit à plusieurs reprises le rapport du procureur en invitant tout le monde à « le lire attentivement ». Mais pour sa part, il ne le lit pas, il ne le cite pas textuellement ; il prétend que, selon ce document, l'abandon des charges serait motivé par le fait qu'il « n'y avait pas lieu de poursuivre ». Claire Chazal ignore-t-elle la teneur du rapport ? Elle aurait dû en posséder également un exemplaire sur le plateau et en lire de passages comme l'y invitait l'ancien président du FMI ; on aurait constaté que le contenu de ce document ne correspondait pas aux propos de Strauss-Kahn. Il faudra attendre le lendemain pour que des journalistes mettent en lumière les discordances entre ce que disait le document et ce que DSK *prétendait* qu'il disait. Par exemple, le *Nouvel Observateur* titra sur « Ce que dit vraiment le rapport du procureur », indiquant dans le chapeau que l'ex-patron du FMI s'était « référé, plus ou moins librement » à ce texte[255]. En fait, Dominique Strauss-Kahn aurait pu apporter n'importe quelle liasse de feuilles. Ce qui compte, c'est la force persuasive de la matérialité du document accentuée par un discours qui prétend en restituer le contenu. Et cela fonctionne : si la prestation de DSK, globalement, ne convainc personne, une analyse Médiascopie[256] – qui révèle en temps réel durant l'émission le degré de conviction d'un panel de téléspectateurs actionnant un curseur gradué – révèle ceci : à chaque fois que Dominique Strauss-Kahn brandit le document ou prétend y faire référence (« le rapport du procureur dit que… »), le chiffre indicateur du degré de conviction des panelistes augmente. La présence physique de l'objet-texte renforce donc en elle-même le pouvoir de persuasion du discours de DSK, alors même que ce dernier ne cite pas le contenu du rapport.

Décryptons les décrypteurs

Décrypter suppose de faire preuve d'esprit critique. Critiquer, étymologiquement c'est *distinguer*, faire le départ entre ce qui résiste à l'objection et ce qu'elle renverse, entre ce qui tient et ce qui ne tient pas. L'esprit critique doit faire feu de tout bois. Par essence, il ne saurait être sélectif. Quand Najat Vallaud Belkacem, emboîtant le pas à tant d'autres, exprime le souhait que les enfants soient formés à exercer leur esprit critique vis-à-vis du fait religieux au nom des valeurs de la République, elle fait preuve d'un esprit critique sélectif. Aucune voix ne s'élève pour dire ce qui me semble être une évidence dans un régime qui se veut le contraire de la dictature, à savoir que les valeurs de la République doivent aussi passer sous les fourches caudines de l'esprit critique – à commencer par la notion même de « valeurs de la République », on ne peut plus étrange, oserai-je dire trompeuse : au nom de quel prétexte devrait-on sacraliser le système de pensée qui se trouve être dominant dans l'élite sociale, le corpus dogmatique d'un instant, au point de le soustraire à l'examen de la raison ? De même, il est des décryptages que le Journaliste ne fera jamais. Ainsi, il ne décryptera jamais son propre discours. C'est-à-dire qu'il ne fera jamais le travail que nous avons voulu mener dans ces pages : s'interroger sur l'implicite d'une formulation, sur la connotation d'un mot, sur le bien-fondé d'un sous-entendu systématique, etc.

Mais d'autres médias, que l'on appelle *alternatifs* et qui constituent, selon leur mot, la « réinfosphère », se sont spécialisés dans le décryptage de l'actualité. Ils bénéficient d'une bienveillance et d'une confiance absolue de la part de leur public. Le problème réside dans le fait que, si la méfiance répandue envers les médias officiels incite beaucoup de gens à vérifier, autant que possible, les informations qu'ils délivrent, en revanche, la confiance aveugle investie par les mêmes personnes dans les médias alternatifs, quelle que soit leur tendance, entraîne une forme de paresse et une propension à prendre pour argent comptant les informations qu'on y trouve. Paradoxalement, la médiocrité avérée des grands médias stimule donc un esprit critique dont l'individu se départit complètement dès l'instant où il se sent dans un environnement idéologique familier. Comme si le fait de lire une information délivrée par quelqu'un *qui pense comme lui* le mettait à l'abri de la manipulation, du mensonge, ou seulement de l'erreur.

Ainsi, sur *Radio Courtoisie*, durant la lecture des messages d'auditeurs, on entend un jour ceci : « Najat Vallaud-Belkacem a envoyé une circulaire imposant l'apprentissage de la langue arabe dans les écoles ». Le patron d'émission signale immédiatement qu'il s'agit d'une fausse information et appelle à se méfier des rumeurs. Mais ce qui frappe, c'est la formulation de ce courrier d'auditeur. La personne parle comme si elle était elle-même émettrice de l'information. Elle ne modalise pas son propos d'un « j'ai entendu dire que », « pouvez-vous confirmer que », « j'ai lu sur tel site que ». Elle ne cite pas sa source, preuve que, pour elle, l'origine de l'information importe peu. Le média qui la lui a fournie a joué le rôle de caution. Là où elle l'a lue, elle se sentait assez en confiance pour recevoir cette information comme nécessairement vraie. L'attitude de cette personne vis-à-vis de sa source est celle que Gabriel Gauthier appelle de ses vœux quand il parle des auditeurs de France Info (voir notre introduction) : je l'ai entendu = je l'ai appris (donc implicitement « c'est vrai »). Pourtant, cette attitude n'est pas moins condamnable quand l'information émane d'un site de la « réinfosphère » que lorsqu'elle vient de France Info.

Pour beaucoup d'entre eux, les médias de la « réinfosphère » sont catholiques. Il est donc fort paradoxal de les voir mettre en œuvre ce que j'ai appelé plus haut la *dissociation diabolique* qui consiste à tronquer les citations pour biaiser le sens d'une phrase. Afin de renforcer l'effet révulsant du propos de Najat Vallaud-Belkacem, le *Salon Beige*, blog d'information catholique, n'hésite pas à les déformer : « À une jeune femme qui voudrait avorter, la ministre répondrait : "je la rassurerais, je lui dirais que la vie ne s'arrête pas là ; un enfant qui arrive alors qu'il n'est pas désiré est un enfant malheureux" »[257]. En fait, la ministre a dit : « un enfant qui vient au monde alors qu'il n'a pas été désiré, c'est généralement un enfant malheureux »[258]. La substitution du verbe *arriver* à l'expression *venir au monde* confère une tonalité triviale à la phrase de Najat Vallaud-Belkacem. Mais surtout, la suppression de l'adverbe *généralement* donne une portée universalisante à son propos, alors qu'il ne s'agissait que d'une généralisation autorisant l'exception. La ministre tient compte du fait qu'un enfant non désiré puisse avoir une existence heureuse, contrairement à la caricature que ses adversaires font de ses propos. Leur stratégie est d'autant plus injustifiable que la ministre offrait ainsi, d'elle-même, prise à l'objection la plus sévère. D'une part, elle légitimait d'empêcher la naissance d'un être humain sur la base d'un calcul de probabilité, ce qui est proprement hallucinant. D'autre part, la notion de bonheur potentiel est on ne peut plus ambiguë, surtout actuellement, alors que les psychologues observent avec une inquiétude croissante, dans les sociétés qui se veulent évoluées, l'ampleur du drame des enfants désirés – et même consciencieusement « planifiés ». Ce « généralement » introduit, en creux, l'inverse du propos apparent. Ce petit adverbe dit : « ce n'est pas parce que cet enfant n'a pas été désiré qu'il ne sera pas heureux ». Au lieu de réagir par la caricature, les sites d'information catholiques, qui relayèrent tous uniquement la phrase tronquée, auraient pu puiser matière à argumentation dans le mot qu'ils supprimaient ; et même se découvrir un point de convergence avec la pensée de l'adversaire, point de convergence sans lequel aucun débat n'est possible. C'est à partir de cet élément de contact que la discussion peut s'engager et que l'on peut, éventuellement, détruire *l'argumentation* de l'adversaire. Caricaturer la pensée de l'autre pour prétendre n'avoir aucun point de convergence avec lui, c'est considérer qu'on doit *détruire l'adversaire* ; c'est en faire un *ennemi* et annoncer que, toute *discussion* étant impossible, on lui déclare la *guerre*.

La *réinfosphère* recourt donc aussi volontiers aux méthodes des désinformateurs qu'elle prétend dénoncer. Par exemple, les sites qui la constituent ont tous propagé cette déclaration de Manuel Valls : « Le départ de cent mille juifs infligerait un coup plus dur à la France que celui de cent mille chrétiens », référencée comme suit : « *Libération*, 22/01/2015 ». Le président de l'Agrif publie un communiqué. Les réactions des lecteurs de la *réinfosphère* sont nombreuses et courroucées[259]. On se hâte d'en déduire que, selon le ministre, « les juifs valent mieux que les chrétiens »[260]. Mais Manuel Valls a-t-il jamais prononcé cette phrase ? Si l'on traque l'origine de la citation, rien ne permet d'en être certain et surtout, même si l'on pense qu'elle a un fond d'authenticité, il est impossible d'en connaître la formulation exacte. Elle est effectivement tirée d'un article paru dans *Libération* mais, loin d'être une interview du Premier Ministre, ce texte est une tribune rédigée en hébreu par un intellectuel juif, Avraham B. Yehoshua et traduite en français par Jean-Luc Allouche. *Libération* donne donc à entendre la traduction en français d'un texte hébreu relatant en hébreu des propos non référencés tenus en français dans un contexte non précisé. Outre les traductions et retraductions, la situation de communication superpose donc deux filtres brouilleurs : 1. la récupération biaisée, par les sites catholiques (en vue de prouver l'acharnement antichrétien de Valls) d'une phrase qui est elle-même 2. biaisée par la visée propagandiste du texte (qui met en accusation l'antijudaïsme chrétien et suggère que les juifs contribuent plus profondément à l'identité française que les chrétiens). Le moins qu'il convenait de faire était de recevoir avec la plus grande prudence cette pseudo-citation. L'effet de la traduction est particulièrement important : si Manuel Valls a dit « aurait un impact plus net » et non « porterait un coup plus dur » – ce qui n'est pas exclu et a pu se perdre dans la traduction en un sens puis en l'autre – cela change tout. Parce que, en termes de proportions, c'est incontestable, sans impliquer aucun parti-pris idéologique. Face à la polémique suscitée par le texte, *Libération* modifie la tribune de Yehoshua le 30 janvier en substituant à la citation controversée une référence à l'affirmation de Manuel Valls selon laquelle « la France sans les juifs, ce n'est plus la France »[261].

La *réinfosphère* ne répugne pas à utiliser les mêmes techniques que les médias officiels. Un reportage de TV-Libertés en caméra cachée dans la jungle de Calais est sonorisé comme le pitoyable document des « Infiltrés » sur France 2 : musique angoissante, voix *off* sinistre. On ne découvre pas grand-chose sur ce qui s'avère être un banal bidonville, mais on se croirait dans l'antre du Démon[262].

Pour finir, le scandale de la *Mauvaise vie* fournit l'occasion de comprendre dans quel étau de manipulation idéologique on se trouve pris aujourd'hui quand on veut échapper au ventre mou de la presse consensuel. D'un côté, le *Salon Beige* qui donne cette citation du livre de Frédéric Mitterrand :

> « J'ai pris le pli de payer pour des garçons [...] Évidemment, j'ai lu ce qu'on a pu écrire sur le commerce des garçons d'ici. [...] Je sais ce qu'il y a de vrai. La misère ambiante, le maquereautage généralisé, les montagnes de dollars que ça rapporte quand les gosses n'en retirent que des miettes, la drogue qui fait des ravages, les maladies, les détails sordides de tout ce trafic. Mais cela ne m'empêche pas d'y retourner. Tous ces rituels de foire aux éphèbes, de marché aux esclaves m'excitent énormément [...].
> On ne pourrait juger qu'un tel spectacle abominable d'un point de vue moral, mais il me plaît au-delà du raisonnable [...] La profusion de garçons très attrayants et immédiatement disponibles me met dans un état de désir que je n'ai plus besoin de réfréner ou d'occulter. L'argent et le sexe, je suis au cœur de mon système, celui qui fonctionne enfin car je sais qu'on ne me refusera pas. »[263]

Outre que le texte est mal recopié (oublis de mots qui nuisent à la compréhension de la phrase, certains sauts de passages non signalés), les extraits choisis donnent l'impression d'une sorte de jubilation, d'un enthousiasme à commettre le mal, d'une abolition totale de tout scrupule. Alors que si on lit le passage dans son entier, on constate qu'il s'agit là des pensées du narrateur à l'époque des faits, auxquelles se mêle son jugement rétrospectif au moment de l'écriture, tandis qu'il revoit avec écœurement son comportement de l'époque. Le texte donne à entendre le jugement sans concession d'un homme sur ce qu'il a été et ce qu'il a commis. Ainsi, entre « ... tout ce trafic » et la phrase qui suit, il y a une autre phrase, dont la suppression n'est pas indiquée et qui dit : « Je m'arrange avec une bonne dose de lâcheté ordinaire, je casse le marché pour étouffer mes scrupules, je me fais des romans, je mets du sentiment partout ». On voit un homme harcelé par ses scrupules moraux, qui cherche à les étouffer à l'aide d'argent et de fables sentimentales, pour oublier tout ce que le tourisme sexuel a d'avilissant. Et plus loin, dans un passage que le *Salon Beige* se garde bien de citer :

> « Je me traite à l'alcool [...] Je sais aussi très bien que tout cela n'est qu'une sinistre farce que je me raconte à moi-même. J'ai beau résister, le mensonge se délite quand je prends l'avion du retour, le réel me remet le nez dans ma merde dès que j'arrive à Paris, le remords m'attrape et ne me lâche plus d'une semelle, rendu furieux par la peur d'avoir failli perdre ma trace. »

Que dire enfin de cet instant, pendant le rapport sexuel entre les deux hommes, où le narrateur est « pris d'un sentiment immense de compassion et de tendresse » à l'égard du « garçon » qu'il est en train de consommer ; saisi d'une sorte de « honte comme un chagrin d'enfance », il ne ressent « plus un soupçon de joie ni d'émotion » mais éprouve « tant pitié de lui, de moi, de toute cette histoire ». Ce texte montre la souffrance d'un homme prisonnier de son vice et conscient qu'il lui sacrifie tout à la fois sa dignité et celle des autres. Au demeurant, Frédéric Mitterrand le dit à Laurence Ferrari : « j'ai commis une faute contre la dignité humaine ». Il y a, indéniablement, dans la manière dont Frédéric Mitterrand décrit le pouvoir de la tentation, le délice d'y céder, la jouissance amoindrie par le dégoût de soi, la tristesse de constater enfin l'ampleur de sa faiblesse et la noirceur du mal qu'on a fait, une dimension universelle et profondément morale ; on pourrait dire chrétiennement morale. Mais le *Salon Beige* ne s'embarrasse pas de telles considérations et, au lieu de citer le texte d'après le livre, renvoie au site internet d'un homme politique, Thomas Joly, membre du Parti de la France, qui fournit la citation. Un site d'information qui cite un texte à partir des extraits qu'en donne un adversaire politique de son auteur ? Ce n'est pas très rigoureux pour de la *réinformation*. En fait, citer le livre de Frédéric Mitterrand d'après les extraits fournis par Thomas Joly (comme le font les *médias alternatifs*), est aussi peu honnête que citer l'interview d'Éric Zemmour sur la « déportation des musulmans » à partir de la traduction qu'en donne Jean-Luc Mélenchon (comme le firent tous les médias officiels).

D'un côté disions-nous, le *Salon beige*. En face, *Libération* qui procède de la même manière, mais dans le sens inverse. Fidèles à la tradition du soutien que ce journal a apporté au pédophile Jacques Dugué en 1979, les journalistes de *Libé* procurent comme ils peuvent leur aide au ministre accusé du même crime. Contrairement au *Monde* qui publie l'intégralité du récit concernant la relation tarifée du narrateur de la *Mauvais vie* avec le jeune Bird [264], *Libé* choisit de couper le début du texte, c'est-à-dire les deux paragraphes où il est écrit que le jeune homme paraît avoir une vingtaine d'années et où l'on peut lire que lui et ses congénères suscitent le désir par leur « séduction juvénile » [265].

Il est urgent d'apprendre à écouter, à regarder, à lire. Il est urgent d'arracher les œillères de l'idéologie pour libérer un esprit critique qu'il faut s'efforcer de maintenir perpétuellement en éveil. Se sentir en bonne compagnie, avec les uns ou les autres, ne devrait jamais dispenser de réfléchir.

Conclusion : quand la vitre se brisera

Proposant un parcours analytique et critique qui va, *grosso modo*, de la grammaire à la rhétorique, cet essai se fixait pour objet de donner à voir les salissures qui souillent la vitre. La mise en évidence de ces imperfections de surface a progressivement guidé notre attention vers des anomalies fonctionnelles. Les premières relèvent de la faute de français, les secondes peuvent être considérées comme des fautes au regard de l'éthique du journalisme. Les premières sont parfois graves dans ce qu'elles impliquent, de la part du journaliste, comme méconnaissance de son outil de travail principal (la *langue*) ; les secondes le sont sans doute plus encore dans la mesure même où, quoiqu'il s'agisse de données tout à fait objectives et identifiées, elles ne sont pas toujours aisément repérables. Elles sont le spectre du faux, derrière les petits défauts.

Ces deux aspects mettent en jeu la relation entre information et communication. Dans la mesure où le journaliste doit *communiquer* des informations, il doit s'exprimer de manière correcte et compréhensible, dans une langue accessible à tous, conforme aux règles de la sociabilité (pas de gros mots) et bien entendu, de la grammaire (fût-elle la grammaire de l'oral, qui autorise quelques écarts par rapport à la perfection exigée d'une communication écrite). Mais on ne demande pas au journaliste de prendre part à une entreprise globale de *communication* au sens que le marketing donne à ce terme : on n'attend pas de lui qu'il se charge, consciemment ou non, de la propagande en faveur d'une idée ou d'une personne. *On ne l'attend pas de lui*, c'est peu dire : on considère que s'il ose donner dans ce genre de pratique, il est un mauvais journaliste.

Or, le Journaliste avec un « j » majuscule est un mauvais journaliste, par définition. Nous avons dit que c'était un type humain. Nous l'avons constitué d'après la compilation des défauts de ces journalistes de chair, d'os et de voix que tout le monde écoute et regarde, ou lit. Il se vante d'être le roi du décryptage ? Nous avons voulu décrypter son discours.

Doit-on, dès lors, considérer que la méfiance générale vis-à-vis de la presse soit la seule attitude valable et déserter absolument les médias officiels ? Nous avons vu que la méfiance ne s'impose pas moins face aux médias de la *réinformation*. L'orientation idéologique affleure toujours sous l'information, écorne parfois le vrai, ajoute un filtre au lieu de nettoyer la vitre.

S'il ne reste probablement plus grand monde qui fasse confiance aux médias officiels, pour l'heure, *passer à la télé* ou être interrogé à la radio constituent encore le meilleur moyen d'exister. C'est, pour l'individu lambda – comme pour tout mouvement collectif – la preuve qu'il compte, que son point de vue importe. La conscience qu'il court le risque de voir ses propos déformés, qu'il n'a aucune prise sur le montage qui va en être fait, sur l'image qui est donnée de lui (cadrage, éclairage) l'empêche rarement de céder à la tentation de parler dans le micro qu'on lui tend. La désillusion est presque toujours au rendez-vous. Peut-être ne devrait-on jamais accepter de répondre aux questions du Journaliste. L'information précède l'enregistrement de notre discours, où celui-ci n'a que la place de l'illustration.

Tronqué, mal compris, mal commenté, biaisé par une analyse simpliste, le propos enregistré est méconnaissable.

Néanmoins, l'attitude que nous avons désignée en introduction sous le nom de complotisme, la paranoïa anti-médiatique, tend à prendre le pas sur la naïveté. Faute d'avoir les moyens d'analyser les techniques de discours, nous ne croyons plus rien ni personne. Ni le Journaliste ni celui qu'il interroge. Ni Laurence Ferrari et Claire Chazal, complaisantes par médiocrité, ni Frédéric Mitterrand et Dominique Strauss-Kahn, rompus aux techniques de manipulation que la majorité des gens n'est pas en mesure d'analyser. Le développement d'internet a, bien sûr, contribué à désamorcer la puissance – involontairement – propagandiste de la parole journalistique. L'information délivrée par le Journaliste n'est plus qu'une voix dans le concert des millions d'autres sources qu'offrent les blogs et les sites d'information, français ou étrangers. Mais parce que nous ne savons pas analyser les procédés discursifs des médias de masse, nous accordons une vertu excessive aux sources d'information alternatives. Elles ne racontent pas forcément autre chose mais elles le racontent *autrement* ; c'est pourquoi il est tentant de leur faire aveuglément confiance. En témoigne la fréquence de ces élans de gratitude naïve : « merci de nous dire tout ce qu'on nous cache », « merci de nous procurer une véritable information non polluée par la pensée dominante », etc. La manipulation n'est pas absente de ces contre-médias et ses protocoles d'application se révèlent strictement identiques à ceux que nous avons observés : on cache ce qui gêne, on déforme un peu, on simplifie. Finalement, la différence entre ces sources d'information et les médias officiels réside essentiellement dans leur orientation idéologique. Le *degré zéro de l'information* est un pur fantasme : ce serait un discours surgi de nulle part et ne s'adressant à personne.

Jean-Paul Sartre écrivait que, face à une difficulté, en choisissant le conseiller, on choisissait aussi par avance le conseil ; dans l'état actuel du monde de l'information, entre médias officiels et alternatifs, on peut considérer que, dans une certaine mesure, *choisir son canal d'information, c'est choisir son manipulateur*. Et, dans ces conditions, l'hypocrisie du régime est directement en cause.

On a coutume de dire que l'ascenseur social est en panne. Cela signifie que la démocratie est morte, qu'elle a dégénéré en oligarchie. Ceux qui ont le pouvoir le gardent ; ceux qui ne l'ont pas n'ont aucun espoir de l'acquérir. Sous prétexte de tendre la main aux seconds, les premiers leur vendent des entraves séduisantes : à travers les médias serviles, une information « de qualité », à travers une école délétère, une éducation « d'excellence ». On sait ce qu'il en est. La classe dominante considère qu'il est plus facile de garder sous contrôle une société d'idiots que de gouverner un peuple intelligent. Mauvais calcul. Car les masses abêties, illettrées et incultes ne restent pourtant pas amorphes. Quand on les a privées de la culture et de l'intelligence, quand on les a privées des mots et de la maîtrise du langage, il ne leur reste rien comme moyen d'expression – pire, comme mode de pensée – que la violence. L'erreur de nos oligarques réside dans le fait de croire qu'une société d'abrutis est un troupeau bêlant, docile et calme, alors que c'est une meute d'individus féroces, en guerre perpétuelle les uns contre les autres. Elle commence par abattre ses petits maîtres, au nombre desquels tous les « fabricateurs de consentement » qui ont fait dégénérer le rêve démocratique en pensée totalitaire. L'illettrisme entraîne la violence, et l'insécurité appelle la tyrannie. Le système qui, par son œuvre éducatrice (scolaire et médiatique), se targuait d'engendrer des personnes libres et responsables, pétries des idéaux les plus nobles, s'écroulera donc sous les coups de ce qu'il a lui-même produit, en réalité : un gibier de dictature.

Notes

1. http://www.24hdansuneredaction.com/tv/3-produire-de-linformation/

2. D. Wolton, *Informer n'est pas communiquer*, Paris, CNRS Éditions, 2009.

3. Voir, entre autres, Jean Yves Le Gallou dans l'émission « I-média » du 28 août 2015 (http://www.tvlibertes.com/i-media-s2e20-hommage-a-emmanuel-ratier/) et Henry de Lesquen dans un tweet du 31 août 2015. Sur *Boulevard Voltaire*, un contributeur qui se fait appeler Maxime Sentence forge le mot-valise « migranvahisseurs » (http://www.bvoltaire.fr/maximesentence/a-quelque-chose-malheur-autres, 202680).

4. http://www.rtl.fr/actu/societe-faits-divers/le-mot-migrant-est-lourd-de-connotations-negatives-regrette-nicolas-domenach-7779505285

5. On trouvera ici le texte de la « loi Léotard » : http://www.legifrance.gouv.fr/affichTexte.do?cidTexte=LEGITEXT000006068930 & dateTexte = 20110914

6. http://www.legifrance.gouv.fr/affichTexte.do?cidTexte=LEGITEXT000005616341

7. On peut en consulter le texte sur le site du CSA : http://www.csa.fr/Television/Le-suivi-des-programmes/Le-respect-de-la-langue-francaise/Recommandation-du-18-janvier-2005-du-CSA-relative-a-l-emploi-de-la-langue-francaise-par-voie-audiovisuelle

8. http://www.franceinfo.fr/culture-medias/le-rendez-vous-du-mediateur/promouvoir-et-illustrer-la-langue-francaise-1247779-2013-12-13#

9. http://www.csa.fr/Espace-Presse/Interventions-publiques/Discours-d-Olivier-Schrameck-en-ouverture-du-colloque-Quel-avenir-pour-la-langue-francaise-dans-les-medias-audiovisuels-le-9-decembre-2013

10. http://www.franceinfo.fr/culture-medias/le-rendez-vous-du-mediateur/promouvoir-et-illustrer-la-langue-francaise-1247779-2013-12-13#

11. *Ibid.*, voir aussi : http://www.20minutes.fr/television/1260221-20131206-patrice-gelinet-membre-csa-la-langue-francaise-nest-si-menacee

12. http://www.spl.gouv.qc.ca/fileadmin/medias/pdf/Premier_rapport. pdf, p. 9

13. *Ibid.*, p. 10.

14. http://csa.fr/Espace-Presse/Communiques-de-presse/Premiere-journee-de-la-langue-francaise-dans-les-medias-audiovisuels

15. http://www.parismatch.com/Culture/Medias/Hanouna-apporte-beaucoup-a-la-langue-francaise-cyril-csa-727006

16. *Ibid.*

17. *Ibid.*

18. http://www.csa.fr/Espace-juridique/Decisions-du-CSA/Propos-tenus-par-Robert-Menard-dans-l-emission-Mots-croises-du-4-mai-2015-sur-France-2-reponse-aux-plaignants

19. http://www.canalplus.fr/c-emissions/c-le-petit-journal/pid6515-le-petit-journal.html?vid=1319520

20. Francis Puyalte, *L'Inquisition médiatique*, Editions Dualpha, 2011.

21. http://lci.tf1.fr/culture/livres/la-societe-des-schtroumpfs-monde-merveilleux-ou-totalitarisme-6508917.html

22. http://eeas.europa.eu/delegations/tunisia/documents/page_content/charte_munich1971_fr.pdf

23. Laurent Fidès, *Face au discours intimidant. Essai sur le formatage des esprits à l'ère du mondialisme*, Paris, Éditions du Toucan, 2014, p. 109.

24. Olivier Reboul, *Langage et idéologie*, Paris, Presses Universitaires de France, 1980, p. 40.

25. http://www.programme-tv.net/news/tv/58328-on-n-est-pas-couche-lea-salame-jean-luc-melenchon/

26. http://www.franceinfo.fr/evenement-professionnel-vivons-bien-informes-la-nouvelle-campagne-de-france-info

27. http://www.hommenouveau.fr/292/culture-de-vie---contreculture-de-mort/j-ai-voulu-avorter---enquete-au-planning-familial.htm

28. http://www.lefigaro.fr/actualite-france/2013/05/12/01016-20130512ARTFIG00145-mur-des-cons-plainte-contre-le-syndicat-de-la-magistrature-pour-destruction-de-preuve.php

29. http://www.leparisien.fr/politique/mur-des-cons-le-syndicat-des-journalistes-soutient-celui-de-la-magistrature-28-04-2013-2765757.php

30. http://www.leparisien.fr/politique/clement-weill-raynal-oui-j-ai-filme-le-mur-des-cons-et-j-en-suis-fier-29-04-2013-2768009.php

31. http://www.fabula.org/actualites/colloque-international-les-nouveaux-reactionnaires-genese-configurations-discours_61977.php

32. http://www.canalplus.fr/c-emissions/c-le-petit-journal/pid6515-le-petit-journal.html?vid=1319520

33. Edward Bernays, *Propaganda. Comment manipuler l'opinion en démocratie*, Paris Editions La Découverte, 2007 [1928], p. 136.

34. *Ibid.*

35. http://mediateur.radiofrance.fr/le-mediateur-qui-quoi-comment

36. Edward Bernays, *Propaganda.*, *op. cit,* p. 136-137.

37. *Ibid.*, p. 47-48.

38. *Ibid.* p. 49.
39. http://lebleublancroi.wordpress.com/2013/03/20/democratie-moderne-une-definition/
40. http://www.lesinrocks.com/2010/07/12/actualite/finkielkraut-zemmour-levy-pensee-unique-ta-mere-1128325/
41. Philippe de Villiers, *Le Moment est venu de dire ce que j'ai vu*, Albin Michel, 2015, p. 16.
42. Philippe Breton, *La Parole Manipulée*, Paris, La Découverte, 1997, p. 20.
43. Adolf Hitler, *Mein Kampf (Mon Combat)*, traduction J. Gaudefroy-Demombynes et A. Calmettes, Paris, Nouvelles Editions Latines, 1979 [1934], p. 177.
44. *Ibid.*, p. 182
45. *Ibid.*
46. *Ibid.*
47. *Ibid.*, p. 183-184.
48. Serge Halimi, *Les Nouveaux chiens de garde*, Paris, Liber, 1997, cité dans Daniel Bougnoux, *Introduction aux sciences de la communication*, Paris, La Découverte, 2001 [1998], p. 83.
49. Daniel Bougnoux, *ibid.*
50. *Ibid.*
51. Walter Lippmann, *Public Opinion*, Harcourt Brace & Cie, New York, 1922, Chap. XV, section 4.
52. N. Chomsky et E. Herman, *La fabrication du consentement : De la propagande médiatique en démocratie*, Agone, 2008 [1988].
53. http://www.rtl.fr/actu/taches-menageres-normal-d-en-faire-plus-pour-48-des-femmes-7770181161
54. Sur *Tweeter*, le 2 février 2014.
55. http://video.lefigaro.fr/figaro/video/le-pen-a-cohen-vous-etes-un-adversaire-politique-deguise-en-journaliste/4485570157001/
56. http://leplus.nouvelobs.com/contribution/1420764-marine-le-pen-vs-patrick-cohen-sur-france-inter-arretons-de-derouler-le-tapis-rouge-au-fn.html
57. Olivier Reboul, *op. cit.*, p. 23.
58. http://www.lemonde.fr/afrique/article/2013/07/03/egypte-pres-d-une-centaine-d-agressions-sexuelles-sur-la-place-tahrir-ces-derniers-jours_3441013_3212.html
59. http://www.20minutes.fr/societe/830900-caroline-sinz-violee-tahrir-la-foule-applaudissait
60. http://grenoble.indymedia.org/2010-11-18-Stop-aux-anti-avortement-a
61. http://www.lesinrocks.com/2015/01/17/actualite/virginie-despentes-les-hommes-nous-rappellent-qui-commande-et-comment-11547225/
62. http://www.ladocumentationfrancaise.fr/var/storage/rapports-publics/994001174/0000.pdf.
63. Un exemple sur le site des services gouvernementaux du Canada (les éventuelles divergences avec le belge et le français sont signalées) : http://www.btb.termiumplus.gc.ca/redac-chap?lang=fra & lettr = chapsect9 & info0 = 9.

64. http://www.dna.fr/sports/2014/06/30/certainement-sans-sakho

65. http://www.lesechos.fr/sport/football/sports-682099-bleus-le-doute-subsiste-pour-sakho-1019273.php

66. http://www.beinsports.fr/news/title/bleus--le-doute-subsiste-pour-sakho/article/1oto81mfudj8m18xezo3xlgbir

67. http://sport24.lefigaro.fr/football/coupe-du-monde/2014-bresil/equipe-de-france/actualites/mamadou-sakho-incertain-mais-rassure-701772

68. Martin Riegel, Jean-Christophe Pellat et René Rioul, *Grammaire méthodique du français*, Paris, PUF, 1994.

69. Jean Damourette, *Traité moderne de ponctuation*, Paris, Larousse, 1939, cité dans Martin Riegel *et al.*, *ibid.*

70. http://www.csa.fr/Television/Le-suivi-des-programmes/Le-respect-de-la-langue-francaise

71. Franck Frommer, *La Pensée Powerpoint*, Paris, Éditions de la Découverte, 2010.

72. *Ibid.*, p. 65.

73. http://www.francebleu.fr/infos/peine-de-mort/peine-de-mort-en-2013-plus-de-750-personnes-ont-ete-executees-1400029

74. http://www.dailymotion.com/video/x1gg7gw_point-de-presse-de-christiane-taubira-le-12-mars-2014_news.

75. http://www.franceinfo.fr/culture-medias/le-rendez-vous-du-mediateur/promouvoir-et-illustrer-la-langue-francaise-1247779-2013-12-13#

76. http://tempsreel.nouvelobs.com/societe/20150724.OBS3147/affaire-lambert-pourquoi-les-pro-vie-peinent-a-mobiliser-en-france.html?xtor=RSS-25

77. http://www.marieclaire.fr/, pierre-berge-pma-gpa-louer-son-ventre, 20123,680919.asp

78. *Ibid.*

79. http://www.leparisien.fr/laparisienne/actu-people/des-meres-porteuses-aux-homophobes-antisemites-pierre-berge-cree-la-polemique-28-01-2013-2519517.php

80. http://www.leparisien.fr/laparisienne/actu-people/des-meres-porteuses-aux-homophobes-antisemites-pierre-berge-cree-la-polemique-28-01-2013-2519517.

81. *Ibid.*

82. http://www.directmatin.fr/france/2013-03-16/bombe-sur-les-champs-elysees-le-retweet-de-pierre-berge-derange-426011

83. http://www.lexpress.fr/actualite/societe/sante/vaccins-dangereux-la-ministre-de-la-sante-denonce-la-petition-controversee-du-pr-joyeux_1684566.html

84. http://www.laprovence.com/article/culture-loisirs/3568627/a-lapproche-des-elections-le-fn-attaque-la-culture.html

85. http://www.laprovence.com/article/culture-loisirs/3568627/a-lapproche-des-elections-le-fn-attaque-la-culture.html

86. *Ibid.*

87. http://www.lefigaro.fr/actualite-france/2014/02/13/01016-20140213ARTFIG00094-la-belgique-s-apprete-a-autoriser-l-euthanasie-pour-les-enfants.php

88. Témoignage de « Sean » (http://blog.jevaisbienmerci.net/2011/05/de-lautre-cote-de-la-canule/)

89. http://www.lemonde.fr/sante/article/2014/06/26/kouchner-veut-bannir-le-terme-euthanasie_4446012_1651302.html

90. http://www.lemonde.fr/societe/article/2014/06/25/vincent-lambert-n-est-pas-dans-une-situation-de-fin-de-vie_4445119_3224.html

91. http://www.sos-homophobie.org/sites/default/files/rapport_annuel_2014.pdf, p. 11.

92. http://www.coordinationlesbienne.org/spip.php?article309

93. http ://ajlgbt.info/informer-sans-discriminer, p. 12

94. http ://ajlgbt.info/informer-sans-discriminer, p. 15

95. http://www.ladocumentationfrancaise.fr/docfra/rapport_telechargement/var/storage/rapports-publics/144000199/0000.pdf, p. 13.

96. *Ibid*, p. 14, et la note : Caroline Fourest et Fiammetta Venner, « Islamophobie ? », *ProChoix*, no 26-27, en 2003 : « Le mot "islamophobie" a une histoire, qu'il vaut mieux connaître avant de l'utiliser à la légère. Il a été utilisé en 1979 par les mollahs iraniens qui souhaitaient faire passer les femmes qui refusaient de porter le voile pour de "mauvaises musulmanes", en les accusant d'être "islamophobes". […] En réalité, loin de désigner un quelconque racisme, le mot "islamophobie" est clairement pensé pour disqualifier ceux qui résistent aux intégristes, à commencer par les féministes et les musulmans libéraux. »

97. *Ibid.*, p. 15.

98. *Ibid.*, p. 15-17.

99. Olivier Reboul, *Langage et Idéologie*, Paris, Presses Universitaires de France, 1980, p. 114.

100. http://www.slate.fr/story/19077/eric-zemmour

101. http://www.france2.fr/emissions/mots-croises/diffusions/14-01-2013_22379

102. https ://twitter.com/ DavidAbiker/status/290943409596801025

103. http://www.christianophobie.fr/

104. http://www.franceinfo.fr/emission/c-est-ma-planete/2015-2016/les-climatoseptiques-sont-de-retour-31-10-2015-06-25

105. *Ibid.*

106. http://www.lexpress.fr/actualite/societe/meteo/philippe-verdier-un-climatosceptique-complotiste_1726831.html

http://television.telerama.fr/television/philippe-verdier-climatosceptique-en-chef-a-france-televisions, 132191.php

http://www.arretsurimages.net/breves/2015-10-13/Verdier-conges-forces-pour-le-presentateur-climato-sceptique-de-France-2-id19361

107. http://www.canalplus.fr/c-emissions/c-le-petit-journal/pid6515-le-petit-journal.html?vid=1319520

108. http://rue89.nouvelobs.com/2011/12/03/jeanette-bougrab-je-ne-connais-pas-dislamisme-modere-227193

109. http://www.francetvinfo.fr/monde/proche-orient/offensive-jihadiste-en-irak/y-a-t-il-vraiment-15-des-francais-qui-soutiennent-l-etat-islamique_678217.html

110. Boualem Sansal, *Gouverner au nom d'Allah. Islamisation et soif de pouvoir dans le monde arabe*, Paris, Gallimard, 2013, p. 130.

111. Olivier Reboul, *op. cit.*, p. 163.

112. http://geopolis.francetvinfo.fr/etat-islamique-la-megalomanie-dun-homme-41457

113. http://www.lefigaro.fr/vox/societe/2014/02/07/31003-20140207ARTFIG00274-alain-finkielkraut-une-partie-de-la-gauche-a-perdu-la-raison-et-la-memoire.php

114. http://rue89.nouvelobs.com/2010/02/10/jacques-myard-et-les-jeunes-gaulois-derapage-incontrole-137818

115. http://www.la-croix.com/Religion/Actualite/La-manif-pour-tous-rassemble-une-foule-festive-et-familiale-_NG_-2012-11-17-877236

116. http ://ajlgbt.info/informer-sans-discriminer, p. 12.

117. http://www.wat.tv/video/racaille-sarkozy-verite-2fly_2fwfz_.html

118. http://www.youtube.com/watch?v=E7tmxPZVHmc

119. http://tempsreel.nouvelobs.com/societe/20140905.AFP5331/enquete-sur-dieudonne-apres-une-video-sur-la-decapitation-de-james-foley.html

120. http://leplus.nouvelobs.com/contribution/1375023-veronique-genest-affligeante-moque-diam-s-dans-sept-a-huit-boycottons-la-sur-twitter.html

121. http://www.scribd.com/fullscreen/240584069?access_key=key-5bQX0o0tgSL9PcddM4DR & allow_share = true & escape = false & view_mode = scroll

122. http://www.lefigaro.fr/politique/le-scan/couacs/2015/01/23/25005-20150123ARTFIG00326-le-maire-ump-le-champomy-et-l-integration.php

123. http://www.halalbook.fr/actufiche-19-4225.html?0 [Vidéo]

http://www.islamophobie.net/articles/2015/01/27/champomy-xavier-lemoine

124. http://www.lexpress.fr/actualite/medias/pour-le-maire-de-montfermeil-ne-pas-boire-de-champony-rime-avec-refus-d-integration_1643813.html

125. http://temoignagechretien.fr/articles/christianophobie-le-tsunami-et-le-clapotis

126. http://www.franceinfo.fr/actu/societe/article/explosion-du-nombre-d-actes-homophobes-en-2013-453137

127. http://www.franceinfo.fr/actu/societe/article/explosion-du-nombre-d-actes-homophobes-en-2013-453137

128. http://www.sos-homophobie.org/sites/default/files/rapport_annuel_2014.pdf.

129. http://www.lemonde.fr/idees/article/2015/07/03/julian-assange-monsieur-hollande-accueillez-moi-en-france_4668919_3232.html

130. http://www.rtl.fr/actu/politique/jean-francois-cope-sur-le-mensonge-de-christiane-taubira-trop-c-est-trop-7770398991

131. http://www.lepoint.fr/politique/taubira-a-l-elysee-rien-a-signaler-13-03-2014-1800924_20.php.

132. http://www.lemonde.fr/politique/article/2014/03/12/les-documents-brandis-par-taubira-renforcent-les-soupcons-contre-sarkozy_4381961_823448.html

133. Serge Halimi, *Les Nouveaux chiens de garde*, Paris, Liber, 1997, cité dans Daniel Bougnoux, *Introduction aux sciences de la communication*, Paris, La Découverte, 2001 [1998].

134. V. Volkoff, *Petite histoire de la désinformation*, Monaco, Éditions du Rocher, 1999.

135. http://www.liberation.fr/politiques/2012/12/06/autour-de-cahuzac-le-gouvernement-en-rang-serre_865521

136. Déclaration de Manuel Valls, ministre de l'Intérieur (http://www.lefigaro.fr/flash-actu/2013/06/06/97001-20130606FILWWW00375-deces-du-militant-la-marque-de-l-extreme-droite-valls.php).

137. http://www.lepoint.fr/societe/meric-cope-demande-la-dissolution-des-groupuscules-violents-d-extreme-droite-comme-d-extreme-gauche-06-06-2013-1677319_23.php

138. http://www.lemonde.fr/societe/article/2014/06/19/clement-meric-la-mort-en-sept-secondes_4441098_3224.html

139. http://www.elysee.fr/videos/declaration-lors-du-deplacement-a-l-039-epide-de-montry/

140. http://www.franceinfo.fr/emission/l-interview-politique/2014-2015/pecresse-veut-reprendre-la-loi-macron-zero-17-02-2015-08-01

141. http://www.tvlibertes.com/i-media-s2e23-campagne-mediatique-contre-un-journaliste-catholique/. Vers 31 min 26 s.

142. En fait, elles ont également ciblé des lieux de cultes musulmans mais n'ont pu y entrer. Leurs happenings devant la Grande Mosquée de Bruxelles (http://www.rtbf.be/info/societe/detail_des-femen-manifestent-topless-devant-la-grande-mosquee-de-bruxelles?id=7962440) et de Paris (http://www.lexpress.fr/actualites/1/societe/des-femen-brulent-le-drapeau-salafiste-devant-la-grande-mosquee-de-paris_1237146.html) sont donc moins spectaculaires que dans les églises. Il faut aussi signaler leur irruption remarquée au salon de la femme musulmane (http://www.lemonde.fr/religions/article/2015/09/13/des-femen-s-invitent-au-controverse-salon-de-la-femme-musulmane-a-pontoise_4755386_1653130.html)

143. http://www.ladepeche.fr/article/2010/01/08/751765-differend-futile-origine-mort-lyceen-poignarde-lycee. html

144. http://www.lefigaro.fr/actualite-france/2010/01/08/01016-20100108ARTFIG00451-un-eleve-poignarde-dans-son-lycee-entre-la-vie-et-la-mort-.php

145. Cette désignation et la suivante sont tirées de la citation d'une camarade

de lycée des protagonistes, qui dit avoir assisté à la scène : « Selon Bianca-Love, 19 ans, élève de terminale ES, une histoire liée à la sœur de l'agresseur serait à l'origine de la dispute. « Ils se sont pris la tête à cause d'elle. L'agresseur a alors sorti un couteau, et l'a planté dans la victime », a-t-elle affirmé, en précisant avoir assisté à la scène. »

On peut se demander si ce n'est pas le journaliste qui a pris la liberté de transformer les propos de la jeune fille. En effet, cette manière de parler correspond plus au discours d'un procureur ou d'un policier que d'un témoin des faits connaissant les personnes impliquées.

146. *Cf.* note précédente.

147. http://www.leparisien.fr/faits-divers/islam-le-meurtrier-d-hakim-ecroue-12-01-2010-773278.php

148. http://www.defrancisation.com/hakim-eleve-poignarde-est-decede/

149. http://francaisdefrance.wordpress.com/2010/01/09/ycee-darius-milhaud-le-kremlin-bicetre-france-islam-a-tue-hakim/

150. http://www.lemonde.fr/idees/article/2012/07/02/crenom-de-prenom_1727393_3232.html

151. http://www.lexpress.fr/actualite/societe/ce-que-l-on-sait-de-la-mort-du-collegien-rennais_1130114.html

152. http://alyaexpress-news.com/2012/06/kilian-tue-par-son-camarade-souleymane-et-non-par-vladimir/

153. À 7 h 37 : http://www.ladepeche.fr/article/2014/07/05/1913624-elle-voulait-vraiment-cette-ecole.html

A 11 h 54 : http://www.ladepeche.fr/article/2014/07/05/1913693-albi-enfants-parents-pris-charge-psychologues.html

154. https ://fr. news. yahoo.com/ religion-deux-fois-revendications-au-travail-044100024.html

155. http://actu.orange.fr/france/religion-au-travail-une-question-qui-se-banalise-afp-s_CNT0000009eBJL.html

156. http://www.lexpress.fr/actualites/1/actualite/religion-au-travail-un-sujet-regulier-pour-un-manager-sur-quatre-selon-une-etude_1673198.html

157. http://www.lavoixdunord.fr/france-monde/religion-et-travail-la-premiere-s-invite-de-plus-en-ia0b0n2785519

158. http://www.lemonde.fr/societe/article/2015/04/21/laicite-au-travail-les-manageurs-de-plus-en-plus-confrontes-au-fait-religieux_4619632_3224.html

159. http://www.lepoint.fr/societe/la-religion-s-immisce-dans-le-travail-21-04-2015-1923062_23.php

160. http://www.lesechos.fr/politique-societe/societe/02121359034-la-religion-un-sujet-de-plus-en-plus-recurrent-au-travail-1113204.php

161. Jean-Yves Le Gallou et Michel Geoffroy, *Dictionnaire de novlangue*, Éditions Via Romana, 2015.

162. George Orwell, *1984*, Gallimard, « Folio », 1950, p. 61.

163. Laurent Fidès, *Face au discours intimidant. Essai sur le formatage des esprits à l'ère du mondialisme*, Paris, Éditions du Toucan, 2014.

164. https ://web. archive. org/web/20150921061603/ http://www.franceinter.fr/depeche-refugies-le-fantasme-de-linfiltration-terroriste

165. *Ibid.*

166. http://www.francetvinfo.fr/faits-divers/terrorisme/attaques-du-13-novembre-a-paris/enquete-sur-les-attentats-de-paris/info-france-2-l-un-des-kamikazes-a-bien-emprunte-la-route-des-refugies-pour-arriver-en-france_1178061.html

http://www.planet.fr/societe-un-des-kamikazes-aurait-emprunte-la-route-des-refugies-pour-arriver-en-france.966615.29336.html

167. http://www.franceinter.fr/depeche-refugies-le-fantasme-de-linfiltration-terroriste

168. On la trouve, avec cette application, dans la bouche d'Olivier Faure lors de sa question à Vincent Peillon, le 28 janvier 2014 : http ://blogs.rue89.nouvelobs.com/les-mots-demons/2014/01/30/theorie-du-genre-de-quel-theorie-parle-t-bon-dieu-232237

169. http://www.20minutes.fr/politique/778750-theorie-genre-il-essentiel-enseigner-enfants-respect-differentes-formes-didentite-sexuelle-afin-batir-societe-respect

170. http://www.najat-vallaud-belkacem.com/2013/06/09/la-theorie-du-genre-nexiste-pas/

171. http://www.bfmtv.com/politique/tous-a-poil-confusion-genres-a-lassemblee-708062.html

172. http://www.franceinfo.fr/emission/un-monde-d-info/2013-2014/danemark-ni-filles-ni-garcons-la-creche-sans-genre-04-15-2014-18-17

173. Laurent Fidès, *Face au discours intimidant. Essai sur le formatage des esprits à l'ère du mondialisme*, Paris, Éditions du Toucan, 2014, p. 44.

174. *Ibid.*

175. http://www.education.gouv.fr/bo/2006/2/MENB0600023C.htm

176. http://www.ifop.com/?option=com_publication & type = poll & id = 25

177. http://www.franceinfo.fr/emission/le-vrai-du-faux/2013-2014/marion-marechal-le-pen-dit-elle-vrai-sur-l-apprentissage-de-la-lecture-12-04-2013-09-30#comment-form

178. http://cache.media.eduscol.education.fr/file/ecole/60/7/Lire_au_CP_136607.pdf

Voir notamment p. 11-12 et 43.

179. http://www.lemonde.fr/livres/article/2015/08/27/ecole-primaire-la-fabrique-des-dyslexiques_4738024_3260.html

http://www.liberation.fr/societe/2015/08/31/anne-claudine-oller-et-sandrine-garcia-il-y-a-une-instrumentalisation-politique-de-l-apprentissage-d_1373041

http://www.marianne.net/ecole-ses-khmers-100236807.html

180. Sandrine Garcia et Anne-Claudine Oller, *Réapprendre à lire : De la querelle des méthodes à l'action pédagogique*, Paris, Seuil, 2015.

181. http://www.liberation.fr/societe/2015/08/31/anne-claudine-oller-

et-sandrine-garcia-il-y-a-une-instrumentalisation-politique-de-l-apprentissage-d_1373041

182. http://www.francetvinfo.fr/societe/education/masturbation-theorie-du-genre-a-l-ecole-decryptage-de-cinq-folles-rumeurs_516005.html

183. https ://www.sante-sexuelle.ch/wp-content/uploads/2013/11/Standards-OMS_fr.pdf

184. http://www.leparisien.fr/societe/le-monde-entier-aime-les-pompiers-09-05-2014-3826937.php

185. http://www.liberation.fr/societe/2014/01/28/non-vos-enfants-ne-devront-pas-se-masturber-a-la-maternelle_976035

186. http://www.nytimes.com/2011/10/23/technology/at-waldorf-school-in-silicon-valley-technology-can-wait.html?pagewanted=all & _r = 2 &

187. http://www.lejdd.fr/Societe/Justice/Actualite/Zemmour-Bilger-convoque-181921

188. Sur l'emploi ironique des mots consensuels qui constituent la langue du politiquement correct, on pourra lire avec profit l'article scientifique d'Alice Krieg : « Vacance argumentative : l'usage de (sic) dans la presse d'extrême droite contemporaine », *Mots*, mars 1999, n° 58. Argumentations d'extrême-droite. p. 11-34. On lira aussi le papier du *Monde.fr* sur *#padamalgam* : http://www.lemonde.fr/pixels/article/2015/02/16/padamalgam-sinistre-point-de-ralliement-de-l-islamophobie-en-ligne_4577256_4408996.html. Son rédacteur accuse ceux qui n'adoptent pas sérieusement ce mot d'ordre d'être des « islamophobes » et, sur la base de ce grief, pratique lui-même l'amalgame sans aucun scrupule…

189. Voir entre autres :

http://www.lefigaro.fr/actualite-france/2009/04/10/01016-20090410ARTFIG00681-la-victime-agressee-dans-le-bus-temoigne-. php

http://www.20minutes.fr/france/319391-video-agression-bus-victime-denonce-instrumentalisation

190. A. Minc, *Le Fracas du monde, Journal de l'année 2001*, Paris, Seuil, 2002, cité dans Elisabeth Lévy, *Les Maîtres censeurs*, Paris, Jean-Claude Lattès, 2002, p. 348.

191. http://www.lefigaro.fr/actualite-france/2012/09/11/01016-20120911ARTFIG00446-le-mariage-homosexuel-est-deja-autorise-dans-10-pays.php

192. http://www.lesechos.fr/16/12/2013/lesechos.fr/0203193144318_euthanasie---les-legislations-europeennes.htm

193. http://www.franceinfo.fr/emission/france-info-junior/2011-2012/abolie-en-france-il-y-30-ans-la-peine-de-mort-est-encore-appliquee-dans-21-pays-09-16-2011

194. http://www.lemonde.fr/societe/visuel/2012/11/13/homosexualite-un-crime-dans-de-nombreux-pays-d-afrique-et-du-moyen-orient_1789748_3224.html

195. http://www.lejdd.fr/International/Europe/Espagne-le-retour-en-arriere-sur-l-avortement-644991

196. http://www.atlantico.fr/pepites/polygamie-inceste-quand-monseigneur-barbarin-evoque-mariage-homosexuel-482738.html

197. http://www.slate.com/articles/double_x/doublex/2013/04/legalize_polygamy_marriage_equality_for_all.html http://www.slate.com/articles/double_x/doublex/2013/06/polyamory_should_be_legal_it_s_consensual_and_fine_for_children.html

Traduit en français sur le site *Slate.fr* (http://www.slate.fr/story/71167/legalisons-polygamie), le premier de ces deux articles ne fut guère pris au sérieux et certaines internautes crurent qu'il s'agissait d'un texte ironique rédigé par une opposante au mariage gay. Jilian Keenan avait seulement choisi de raisonner sans préjugés, en prenant au sérieux les arguments en faveur de la polygamie.

198. http://www.lefigaro.fr/actualite-france/2012/09/15/01016-20120915ARTFIG00321-mariage-gay-les-propos-de-mgr-barbarin-creent-la-polemique.php

199. http://www.lefigaro.fr/vox/societe/2014/12/16/31003-20141216ARTFIG00425-stefan-montefiori-eric-zemmour-n-a-pas-employe-le-mot-deportation.php

200. http://www.sos-homophobie.org/sites/default/files/rapport_annuel_2014.pdf, p. 21.

201. http://www.sos-homophobie.org/sites/default/files/rapport_annuel_2014.pdf, p. 106.

202. Chaïm Perelman et Lucie Olbrechts-Tyteca, *Traité de l'argumentation*, Editions de l'Université de Bruxelles, 2008 (6e édition), p. 277.

203. http://www.franceinter.fr/blog-main-courante-inceste-dans-la-somme-si-ce-n-etait-pas-de-l-amour-on-ne-serait-pas-ensemble

204. http://www.causeur.fr/mariage-gay-polygamie-mayotte-22535.html

205. http://www.lemonde.fr/idees/article/2012/05/18/un-contrat-universel-a-plusieurs-plutot-qu-un_1703865_3232.html#xtor = AL-32280258

206. http://www.lessentiel.lu/fr/news/europe/story/12022445

207. http://www.ladyblitz.it/attualita/uomo-60-anni-letto-bimba-cassazione-no-violenza-amore-1525254/

208. http://www.zeta-verein.de/en/der-verein/grundsatze.html

209. Rémy Rieffel, *Que sont les médias ?*, Gallimard, 2005, p. 296.

210. *Ibid.*

211. http://www.atlantico.fr/pepites/femen-infiltrees-etudiante-catholique-737431.html

212. *Ibid.*

213. http://www.lepoint.fr/societe/les-profanations-de-lieux-de-culte-en-forte-augmentation-29-11-2011-1401752_23.php

214. http://www.kp.ru/daily/25829/2804995/

215. Rémy Rieffel, *Que sont les médias ?*, Gallimard, 2005, p. 433.

216. Rémy Rieffel, *op. cit.*, p. 116-117.

217. Marc Bloch, *Réflexions d'un historien sur les fausses nouvelles de la guerre*, Allia, 1999 [1921], p. 49.

218. http://www.lcp.fr/emissions/docs-ad-hoc/vod/141035-le-populisme-au-feminin

219. http://www.canalplus.fr/c-emissions/c-le-petit-journal/pid6515-le-petit-journal.html?vid=1319520

220. http://www.dailymotion.com/video/xsrn6e_documentaire-les-infiltres-a-l-extreme-droite-du-pere_news

221. http://www.riposte-catholique.fr/riposte-catholique-blog/breves/mathieu-maye-un-ancien-du-fnj-obsede-par-les-juifs

222. http://tvmag.lefigaro.fr/le-scan-tele/polemiques/2014/10/16/28003-20141016ARTFIG00293-france-2-david-pujadas-relaxe-dans-un-proces-intente-par-des-catholiques-traditionalistes. php

223. http://www.dailymotion.com/video/x25qrdh_ouverture-du-proces-contre-les-infiltres-de-france-2_news

224. http://www.ozap.com/actu/le-csa-epingle-d8-pour-son-doc-en-camera-cachee-sur-le-front-national/455263

225. http://makingof.blog.lemonde.fr/2015/09/06/pourquoi-nous-avons-publie-la-photo-du-petit-aylan/

226. http://www.lemonde.fr/les-decodeurs/article/2015/09/10/mort-d-aylan-mensonges-manipulation-et-verite_4751442_4355770.html

227. http://www.sudouest.fr/2015/08/02/quatre-morts-noyes-par-jour-2085865-4778.php

228. http://www.ladepeche.fr/article/2009/07/06/635078-piscines-privees-attention-danger.html

229. http://www.lexpress.fr/actualite/societe/fait-divers/un-bebe-noye-dans-une-piscine-son-jumeau-dans-un-etat-grave_1020893.html

230. http://www.20minutes.fr/lyon/1654127-20150720-rhone-alpes-serie-noyades-dimanche-piscines-privees-drome

231. http://www.lemonde.fr/vous/article/2012/07/26/les-adultes-sous-estiment-les-risques-de-noyade_1738774_3238.html

232. http://www.directmatin.fr/france/2012-08-08/un-enfant-de-18-mois-se-noie-59780

233. http://www.fdesouche.com/551323-irresponsabilite-medias-yves-albarello-depute-ump-devoile-11h20-rmc-presence-taupe-du-gign

234. http://www.fdesouche.com/551323-irresponsabilite-medias-yves-albarello-depute-ump-devoile-11h20-rmc-presence-taupe-du-gign

235. http://www.lemonde.fr/societe/article/2015/01/11/accusee-d-avoir-mis-en-danger-des-otages-bfm-tv-se-defend_4553633_3224.html

236. http://www.franceinfo.fr/emission/le-rendez-vous-du-mediateur/2014-2015/les-refugies-syriens-et-leur-accueil-en-europe-12-09-2015-11-47

237. http://mediateur.radiofrance.fr/article-depart-de-jerome-bouvier

238. http://mediateur.radiofrance.fr/le-mediateur-qui-quoi-comment

239. http://www.franceinfo.fr/emission/le-rendez-vous-du-mediateur/2014-2015/les-refugies-syriens-et-leur-accueil-en-europe-12-09-2015-11-47

240. *Ibid.*

241. *Ibid.*
242. http://www.dailymotion.com/video/x258qrs_nice-decryptage-du-dispositif-de-prevention-contre-le-virus-ebola_news
243. http://lelab.europe1.fr/On-a-compte-Sarkozy-a-prononce-le-mot-Republique-109-fois-dans-son-discours-de-Paris-18318
244. http://lelab.europe1.fr/La-petite-lecon-d-autorite-signee-Francois-Hollande-lors-de-son-interview-du-14-juillet-15453
245. http://www.education.gouv.fr/cid56295/mene1109954a.html
246. http://espacepublic.radiofrance.fr/debat-decryptage
247. Philippe Breton, *La Parole manipulée*, Paris, La Découverte, 1997, p. 203.
248. *Ibid.*, p. 8-9.
249. *Ibid.*, p. 195.
250. *Ibid.*, p. 195.
251. http://www.arretsurimages.net/vite.php?id=13741
252. *Ibid.*
253. http://videos.tf1.fr/jt-20h/2009/mitterrand-au-20h-il-s-explique-4837650.html
254. http://videos.tf1.fr/jt-we/2011/l-interview-de-dsk-au-20h-l-integrale-6712566.html
255. http://tempsreel.nouvelobs.com/l-affaire-dsk/20110919.OBS0637/dsk-sur-tf1-ce-que-dit-vraiment-le-rapport-du-procureur.html
256. http://www.dailymotion.com/video/xl78bg_analyse-mediascopie-de-l-interview-de-dsk-18-09-2011_news? start = 413
257. http://lesalonbeige.blogs.com/my_weblog/2014/07/agravation-de-la-loi-sur-lavortement-dans-lindiff%C3%A9rence.html
258. http://www.lcp.fr/emissions/etat-de-sante/vod/158278-ivg-un-droit-en-danger
259. http://lesalonbeige.blogs.com/my_weblog/2015/01/pour-ses-propos-dincitation-%C3%A0-la-discrimination-manuel-valls-doit-d%C3%A9missionner-du-gouvernement-.html
260. http://inagist.com/all/560907668031012864/
261. http://www.liberation.fr/monde/2015/01/22/l-antisemitisme-chretien-de-droite-nourrit-indirectement-l-antisemitisme-islamiste_1186501#valls
262. https ://www.youtube.com/watch?v=SxGDjuWWfdE
263. http://lesalonbeige.blogs.com/my_weblog/2009/09/pourquoi-fr%C3%A9d%C3%A9ric-mitterrand-atil-mis-autant-dempressement-%C3%A0-soutenir-roman-polanski-.html
264. http://www.lemonde.fr/politique/article/2009/10/08/extrait-de-la-mauvaise-vie-de-frederic-mitterrand_1251310_823448.html
265. http://www.liberation.fr/livres/2009/10/08/que-dit-la-mauvaise-vie-extraits_586607

MAQUETTE ET MISE EN PAGES

Zeharbegi@

ACHEVÉ D'IMPRIMER EN JANVIER 2016
SUR LES PRESSES DE L'IMPRIMERIE CORLET S.A.
À CONDÉ-SUR-NOIREAU (14)
DÉPÔT LÉGAL : MARS 2016. N° D'IMPRESSION 179526
IMPRIMÉ EN FRANCE